张建华 编著

食品链工厂质量管理实务

手把手教你管质量

化学工业出版社

·北京·

本书从实际操作的角度阐述了如何对食品链工厂实施质量管理，全书共分 10 章。主要包括：近年来国内外出现的食品安全事件以及当前企业面临的环境变化；如何实现有效的质量管理；前提方案的关注重点；来料接收和成品检测的管控；HACCP 体系；在产品实现过程中的注意事项；如何通过体系管理来保证产品质量；如何实现质量的持续改进；在法规符合性方面的注意事项；过敏原和转基因的相关要求等。

本书可供食品链上各组织的工作人员，特别是食品和食品配料工厂从事质量管理、生产、采购、仓储管理和维修管理等人员学习使用，可作为从事食品链工厂第三方认证审核以及第二方客户审核人员的常备书。

图书在版编目（CIP）数据

食品链工厂质量管理实务：手把手教你管质量/张建华编著．—北京：化学工业出版社，2019.6（2022.11重印）
ISBN 978-7-122-34235-5

Ⅰ.①食…　Ⅱ.①张…　Ⅲ.①食品厂-工业企业管理-质量管理　Ⅳ.①F407.82

中国版本图书馆 CIP 数据核字（2019）第 059471 号

责任编辑：胡全胜　姚晓敏　　　　　　　　　　装帧设计：刘丽华
责任校对：宋　玮

出版发行：化学工业出版社（北京市东城区青年湖南街 13 号　邮政编码 100011）
印　　装：北京七彩京通数码快印有限公司
787mm×1092mm　1/16　印张 15　字数 331 千字　2022 年 11 月北京第 1 版第 3 次印刷

购书咨询：010-64518888　　　　　　　　　　售后服务：010-64518899
网　　址：http://www.cip.com.cn
凡购买本书，如有缺损质量问题，本社销售中心负责调换。

定　　价：69.00 元　　　　　　　　　　　　　　　　　版权所有　违者必究

序 言

在春意盎然的四月，收到我校98级食品科学与工程专业学生张建华为其新书《食品链工厂质量管理实务——手把手教你管质量》作序的邀请，从他2002年毕业至今已经过去了整整17年，印象虽有些模糊，但是考虑到他一直在食品行业默默耕耘并且能坚持把自己工作这么多年学到的、看到的和想到的用心写下来，已经是非常不容易，欣然接受。

本书以国内外食品安全事件为切入点，通过10章的大量事实来展开论述，每个章节都有所侧重，都能找到亮点。例如，在第2章提出"现场是管理的第一使命"这一理念，强调"反复灌输"式培训的重要性；在第4章把"先进先出"这一原则扩展到供应商、原物料仓库、生产车间和成品仓库的管理中；在第5章中，把危害分析高度概括为"两个源头十三个方面"，将食品安全危害分成"看得见的危害"（物理性的）和"看不见的危害"（化学性的和生物性的），将CCP形象地比喻成传统家庭的小儿子；在第7章中则一针见血地指出"加强"和"强化"在纠正预防措施中的不可操作性和不可验证性……这些创新性的理念、观念和概念的提出，是作者在平常的工作中善于思考、善于总结的结果。

现在很多人喜欢把简单的事情做复杂，但是，我们知道，复杂会带来成本的上升，会导致效益的下降。在我看来，这肯定不是企业所希望的。作为企业，要创造价值，产生效益，必须要把复杂的事情做得简单，把简单的事情做得更有效。然而，把事情做简单，做有效，并不表示不要关注细节。相反，作为企业管理人员，不能放过任何一个细节，更应该从细节中去寻求质量改进的空间。本书每个章节结束后，都留有一页带横线的空白，可供读后做笔记使用，由此也可见作者对细节的把握非常到位。

可是，如何去关注细节，如何去发现问题呢？本书给你方法，通过近乎手把手教你的方式，以简单、通俗易懂的语言把质量管理和食品安全的道理说得很透彻，让人一看就懂，一学就会，让人耳目一新。在我看来，这也是本书最大的亮点，无不倾注着作者大量的心血，确实难能可贵。

食品工业在世界经济中占据着举足轻重的地位，我国也不例外。然而，很长一段时间以来，我国的食品消费一直以直接的农产品为主，食品工业未能得到长足发展。2003年以来，这一状况有较大改观，食品工业驶入发展的快车道。但是，发展很不平衡，东部沿海与内陆地区差距明显；从事食品安全和质量管理的人员也良莠不齐。如何缩小甚至消除这种差距，实现均衡发展日渐成为迫切需要解决的问题。

"中国制造2025"提出的二十字基本方针讲到了"质量为先"，从政策层面上强调了质量在中国制造的关键和优先地位。作为企业的每一个员工，包括生产者和管理者，以及广大的科教工作者，其实都应该考虑如何为"中国制造"贡献自己的力量。在这方面，我觉得张建华同学就是很好的一个例子，他能够把自己切身感悟到的东西用文字记录下来，通过微信公众号和书籍进行分享，让更多的人学会如何管理质量，如何把质量做得更好更扎实。

衷心希望这本书能成为你的良师益友，能给你所在的食品企业产生实实在在的效益，同时也祝愿张建华同学的事业越做越好，继续保持脚踏实地、认真执着、求真务实的作风，用丰富的专业知识和工作经验帮助更多需要帮助的食品企业和个人。

是为序，以记之。

鞠兴荣　博士
南京

推荐语

本书是作者17年来在这个行业辛勤耕耘的个人成果，也是帮助食品企业建立完善质量体系的利器，更希望它能帮助食品企业管理人员在企业内部建立全员质量管理和持续改进的文化，把理念和知识转化为具有可操作性的要求落实到企业的每个环节，说到做到进而达到知行合一的境界！

刘湘文　先生

曾任亿滋中国南区　制造总经理

新的国内外形势，让我们开始反思国内企业"商业模式创新"与"技术创新"孰轻孰重。用同样的视角观察食品质量与安全管理，我们需要"看得见的卫生"，更需要"基于科学的食品安全"。本书作者有超过17年食品质量、安全管理工作经验，服务过世界500强的欧美企业，也因工作需要亲身审核过国内上百家不同规模的食品配料制造工厂，本书不是理论说教或体系教条，而是可以直接拿来使用的作业指导。

李明灯　先生

通用磨坊亚洲区　质量与法规总监

作者具有17年食品加工行业的质量控制经验，本书介绍了从食品工厂的建造和食品加工线的布局，直至食品在生产加工过程中的质量管理流程，系统地介绍了"人"与"物"之间的依赖关系。本书阐述的这种依赖关系是从理论到实践，从战略到战术，从大到小，从粗到细，具有相当强的实操落地功能，不愧为食品行业具有创新功能的一本好书！

刘毛华　先生

知名项目管理专家

本书作者根据其多年的跨国公司质量管理经验，以其独特的视角和领悟，结合我国食品工厂质量管理的现状，给广大读者呈现了很多简单有效且增值的质量管理思考和实践。本书必将成为食品工厂质量管理工作者案头必备书之一，为提升我国食品工厂质量管理做出贡献。

唐文志　先生

曾任美国维益食品公司苏州和上海工厂生产总监

随着人们生活水平的逐渐提高，消费者对食品健康和安全提出了越来越高的要求，这给食品企业的质量管理带来了前所未有的挑战和机遇。作者长期在国内外食品企业工作，积累了非常多也非常丰富的食品质量管理经验。本书从食品工厂的设计入手，比较全面地阐述了整个食品链的质量管理和控制过程，内容深入浅出，能够让读者快速地学习并掌握质量管理的相关知识，也能够帮助企业切实提高其质量管理水平。同时，本书也涉及一些食品质量相关的法律法规，体现了作者的社会责任感！期望在未来能够有更多的人来分享国际一流企业的质量管理经验，一起推动我国食品企业管理水平的提高，进一步增强我国食品企业在国际上的市场竞争力！

李云龙　先生

某国际知名食品公司　资深管理人员

本书从企业质量与安全管理者角度，对食品、饮料企业常见的诸多问题进行原因分析，对改善对策及长效预防机制等进行剖析。更加可喜的是，作者把枯燥乏味的法律法规解析以非常接地气的问答方式呈现，字里行间少了说教的成分，多了层层解析、步步引导，这种方式比较容易被年轻的从业人员所接受！

邵哲祥　先生

广东春晓食品有限公司　经理

作者以其严谨、求真、务实的工作风格，结合自己17年的从业经历创作出这本总结经验的企业质量管理类书籍，通俗易懂，必定可以帮助食品企业管理人员切实提高质量管理水平，保障食品安全，非常值得推荐！

李祥水　先生
台州市丰润生物化学有限公司　总经理

  不同于网络资料的堆砌和传统书籍的说教，本书作者以热心、务实和开朗的心态，教你如何用简单的方法去发现问题，正确有效地解决问题，从而实现企业增值。本书思路清晰，层次鲜明，简单易懂，即使没有质量管理基础的人，也完全可以通过对本书的系统学习成为质量管理的高手。

刘建刚　先生
浙江花园生物高科股份有限公司　常务副总经理

  作者多年于全球顶尖食品工厂工作，积累了丰富的质管经验，他审核工厂的目的是为其打预防针。他喜提出引导性问题，启发工厂质管人员思考到底出现了什么问题、所产生的后果及可能对工厂造成的巨大损失，详细解释问题所在并说明改善方法，工厂质管人员对他的专业给予"我的导师"称号！作者将过往质管经验系统地整理成书，以使读者容易了解和掌握！此书值得推荐给参与食品行业的质管工作人士。

陈健强　先生
美国普惠集团大中华区行政总裁

前　言

这些年，随着经济的不断发展，我国食品工业呈现出迅猛发展之势。据国家统计局官网数据，2016年我国规模以上食品工业（农副食品加工业，食品制造业，酒、饮料和精制茶制造业）企业实现主营业务收入（食品工业总产值）11.1万亿元，较2000年的6917亿元增长了15.1倍，实现年均增长19％。与此同时，城镇居民人均食品消费支出正随着城镇生活节奏的变化呈持续上升之势。2016年，我国城镇居民人均食品消费支出为6762元，较2000年的1971元增长了2.4倍，实现年均增长8％。

目前，我国的食品生产还有不少是以传统手工的方式进行，试想一下，如此大体量的食品工业，得有多少人在为这个行业服务啊！然而，在这些从业者中，又有多少人了解食品质量管理，即便熟悉食品质量管理，又有多少人能把食品质量管理真正应用到工作当中呢？近年来食品安全事件不断发生，食品质量管理暴露出不少问题，使得国家对食品安全的监管力度不断加大。

自2002年大学毕业以来，我一直在食品行业工作，从最初的品管技术员，到品管主任，再到质量经理，我经历了很多，也学到了很多。2010年，因工作的关系，我实地审核了国内许多食品原辅料工厂。在与他们交流沟通的过程中，我发现，其实很多工厂非常希望改进质量，但是苦于找不到一种合适的方法，不知道该如何去做，做了也不知道是不是做对了，是不是已经做到位了。

那时，我就在想，是不是可以为他们做些什么呢？在这种想法的支配下，从2012年我开始准备素材，用通俗的语言，去诠释食品链工厂质量管理的方方面面。2016年12月18日，更是开通个人微信公众号"TONNY张伢子"（ID：Quality-TONNY），坚持每天用原创文章去分享食品质量管理的经验和教训，去感受食品质量管理的快乐与苦痛。

经过6年孜孜不倦的努力和日复一日的坚持，如今梦想成真，书稿终于付梓。作为一个在食品行业摸爬滚打17年的人，我希望能通过本书，把自己这些年想到的、用心悟到的心得体会，毫无保留地分享给大家，也希望自己能为我国的食品安全尽微薄之力。衷心希望本书能成为大专院校食品质量管理相关专业学生的好参谋，更希望这本书能成为食品企业质量、生产和仓储管理人员，甚至生产一线普通操作工的好帮手。希望食品链工厂以一颗真诚、善良的心，把食品做好，把质量管好，对消费者、对社会和对企业自身负责！

在这里，首先，我要感谢我的家人，特别是妻儿的无私奉献和大力支持；其次，要特别感谢我尊敬的老师——江南大学博士生导师、曾任南京财经大学食品科学与工程学院院长、南京财经大学副校长的鞠兴荣博士,他不仅在百忙之中为本书作序,还认真仔细地阅读本书并提出了不少非常有建设性的意见,让我感动不已;再次,我要感谢为此书的顺利出版而付出辛勤工作的相关老师们,以及诸多曾经帮助我、鼓励我的人生导师和亲朋好友,是他们在我迷茫的时候给我指明方向,是他们在我颓废的时候给我不断向前的动力;最后,我还得感谢自己,感谢自己做事脚踏实地、不走捷径,感谢自己选择坚强、风雨无阻,感谢自己坚持不懈,从不轻言放弃。

不忘初心,方得始终!由于时间仓促,加上编者水平有限,书中难免会存在这样或那样的不足和疏漏,竭诚希望使用本书的读者不吝赐教,并将有关意见和建议发至电子邮箱:TONNY2046@126.com。

张建华
姑苏城外

目　录

第 1 章　写在前面 **001**

  1.1　近年来食品安全事件 001
      1.1.1　国内报道 001
      1.1.2　国外报道 003
  1.2　全面了解食品行业资质证书 005
      1.2.1　食品企业常见的"本本"你全知道吗？ 005
      1.2.2　食品链工厂，"本本"并非越多越好 012
  1.3　"从天而降"的食品标准 013
      1.3.1　放大招，国家标准全文公开了 013
      1.3.2　国家标准正在不断精简 015

第 2 章　管理职责 **017**

  2.1　质量管理就是要兑现承诺 017
      2.1.1　质量与食品安全，别再傻傻分不清 017
      2.1.2　质量经理必须汇报于总经理，为什么？ 018
      2.1.3　质量管理中的人、财、物配置 020
      2.1.4　现场是管理的第一使命 022
      2.1.5　作为品管，必须关注整改是否到位 023
  2.2　思维导引 024
      2.2.1　关于开会，对你有话说 024
      2.2.2　努力培养得力助手 027
  2.3　企业不仅生产产品，还应承担社会责任 029
  2.4　目标该如何去达成？ 031
      2.4.1　SMART，目标设置应遵循的原则 032
      2.4.2　设立质量目标，从哪里入手？ 033
      2.4.3　客户满意度如何测量？ 034
      2.4.4　质量目标如何分解与跟进？ 036
  2.5　人很关键 037
      2.5.1　上下左右向前走——经营好你的人脉 037
      2.5.2　作为主管，要随时随地随人随事培训下属 038

    2.5.3 反复灌输是培训的最好方式 ·· 039
    2.5.4 员工培训要关注4个方面 ·· 040
    2.5.5 全员质量培训做起来 ·· 041

第3章 前提方案 ··· 044

  3.1 PRP 涵盖的内容 ··· 044
  3.2 厂房建筑 ·· 046
    3.2.1 厂房布局要合理 ·· 047
    3.2.2 保安门卫不应成摆设 ·· 047
    3.2.3 宿舍和餐厅最好不要设在厂区 ···································· 048
  3.3 基础设施不可或缺 ·· 048
    3.3.1 建筑应满足的一般要求 ·· 048
    3.3.2 重视更衣室的每一个细节 ··· 049
    3.3.3 卫生间应彻底告别脏臭乱 ··· 051
    3.3.4 五步洗手消毒法 ·· 052
    3.3.5 务必保证水的干净卫生 ·· 053
    3.3.6 压缩空气要过滤 ·· 055
    3.3.7 空调系统的空气清洁 ·· 055
    3.3.8 照明不应一视同仁 ··· 055
    3.3.9 地漏做到防臭防虫害 ·· 056
  3.4 设备设计与维护优劣直接影响产品质量 ······························ 057
    3.4.1 设备设计的基本要求 ·· 057
    3.4.2 预防性维修 ··· 057
    3.4.3 设备的使用应科学规范 ·· 059
    3.4.4 设备的维修流程/步骤 ··· 060
    3.4.5 食品级润滑油并不是可以食用的 ·································· 061
  3.5 工厂废弃物应分门别类进行管理 ······································ 063
    3.5.1 车间废弃物有时会"说话" ·· 063
    3.5.2 试验废弃物万万不可成为"祸根" ······························ 064
    3.5.3 厂区废弃物要谨防被竞争对手利用 ······························ 064
  3.6 清洁和消毒是对双胞胎 ·· 065
    3.6.1 清洁的方法和频率 ··· 065
    3.6.2 干清洁省时省力又省心 ·· 065
    3.6.3 湿清洁应尽可能避免使用化学试剂 ······························ 066
    3.6.4 原位清洗（CIP） ··· 067
    3.6.5 移位清洗（COP） ·· 067
    3.6.6 消毒应保证消毒液不残留 ··· 068
    3.6.7 清洁工具的有效管理 ·· 068

3.7 虫害要重视 ························· 069
3.7.1 食品厂虫害的"防"与"治" ························· 069
3.7.2 虫害防治外包的注意事项 ························· 072
3.7.3 虫害防治，该检查什么？ ························· 074
3.8 非生产用化学品该如何管理？ ························· 075
3.9 人员资质和卫生 ························· 076
3.9.1 人员资质是什么？ ························· 076
3.9.2 食品企业中的个人卫生应包含哪些内容？ ························· 078
3.9.3 患有哪些疾病的人不能从事食品生产，你知道吗？ ························· 079
3.9.4 员工受伤或者患病了，该如何处理？ ························· 080
3.9.5 食品加工区对工作服有何要求？ ························· 081
3.9.6 什么情况下必须再次洗手消毒？ ························· 083
3.9.7 在生产区域到底能不能吃东西？ ························· 083
3.9.8 外来人员进入车间，应注意什么？ ························· 084
3.10 食品安全的危机管理，该注意哪些方面？ ························· 086
3.11 食品如何防护？ ························· 087
3.11.1 如何做食品防护计划？ ························· 087
3.11.2 食品防护计划应该关注哪几方面的安全？ ························· 088
3.11.3 食品防护中几个容易被忽视的问题 ························· 089

第 4 章 一进一出 ························· 092

4.1 建立"患难与共"的供应商关系 ························· 092
4.1.1 合格供应商审核的五大步骤 ························· 092
4.1.2 建立合格供应商清单的注意事项 ························· 093
4.1.3 对供应商的级别评定不建议使用打分制 ························· 095
4.1.4 对外来承包商的管理应该注意什么？ ························· 096
4.1.5 供应商管理需要跟进的事项 ························· 097
4.2 物料管理要保证有效性和完整性 ························· 098
4.2.1 先进先出，你理解全了吗？ ························· 098
4.2.2 仓储管理不容忽视的四防 ························· 100
4.2.3 原物料到达工厂后，该做些什么？ ························· 101
4.2.4 对物料进行抽样应注意的问题 ························· 103
4.2.5 原物料的批号如何设定？ ························· 104
4.2.6 散装物料如何定义批号？ ························· 105
4.2.7 领料单要体现物料的批号信息 ························· 106
4.3 实验室，应成为企业的亮点 ························· 107
4.3.1 实验室管理的注意事项 ························· 107
4.3.2 出具 COA 需要注意什么？ ························· 108

  4.3.3　做稳定性试验需要关注哪些方面？ ……………………………… 109
  4.3.4　产品留样应注意什么？ …………………………………………… 111
  4.3.5　对环境致病菌监测需要了解什么？ ……………………………… 112

第 5 章　HACCP 体系 …………………………………………………… 120

5.1　HACCP 的"前世今生" …………………………………………………… 120
5.2　危害分析 …………………………………………………………………… 121
  5.2.1　如何分析：两个源头+三个方面 …………………………………… 121
  5.2.2　看不见的危害之农药残留 …………………………………………… 123
  5.2.3　看不见的危害之重金属 ……………………………………………… 126
  5.2.4　看不见的危害之非食用物质 ………………………………………… 127
  5.2.5　看不见的危害之微生物 ……………………………………………… 129
5.3　HACCP 小组成员 ………………………………………………………… 130
5.4　原料、辅料和产品接触材料的特性描述 ………………………………… 132
5.5　绘制 HACCP 流程图的七个注意事项 …………………………………… 133
5.6　HACCP 的七大原理 ……………………………………………………… 137
5.7　HACCP 计划和操作性前提方案 ………………………………………… 138
  5.7.1　HACCP 计划 ………………………………………………………… 138
  5.7.2　操作性前提方案 ……………………………………………………… 140
  5.7.3　OPRP 和 CCP 的异同 ……………………………………………… 141
5.8　需要澄清关于 HACCP 的几个概念，分享几张重要表单 ……………… 142
  5.8.1　澄清关于 HACCP 的几个概念 ……………………………………… 142
  5.8.2　关于 HACCP 计划编制的几张重要表单 …………………………… 145

第 6 章　运营控制 ………………………………………………………… 148

6.1　特殊订单必须经过评审，为什么？ ……………………………………… 148
6.2　关于质量管理使用计算机控制系统的建议 ……………………………… 149
6.3　不合格管理的注意事项 …………………………………………………… 150
6.4　2S、5S、6S、7S、9S 到 12S，你想要几S？ …………………………… 151
6.5　重视对计量器具的管理 …………………………………………………… 153
  6.5.1　关于计量器具检定的注意事项 ……………………………………… 153
  6.5.2　哪几种情况下，需要对秤在使用前进行验证？ …………………… 154
  6.5.3　秤在使用前进行验证的注意事项 …………………………………… 155
6.6　如何才算做好了标识？ …………………………………………………… 157
6.7　异物控制 …………………………………………………………………… 158
  6.7.1　异物的来源 …………………………………………………………… 158
  6.7.2　异物控制的三个重要原则 …………………………………………… 160
  6.7.3　生产车间应禁止使用的七大类物品 ………………………………… 161

	6.7.4	使用在线异物控制装置应注意什么?	162
	6.7.5	使用金属探测器应注意什么?	163
	6.7.6	对玻璃等易碎品管理的注意事项	166
6.8	做变更,要小心		167
6.9	客户投诉了,我们该注意些什么?		168

第7章 体系保证 171

7.1	ISO 9000,告诉你不知道的秘密		171
7.2	要让审核服务于质量改进		172
	7.2.1	审核是什么?	173
	7.2.2	不要让审核老师想太多	174
	7.2.3	一看二问三查四确认,告诉你如何审核	175
	7.2.4	做审核需要哪些装备?	176
7.3	内部审核		178
	7.3.1	内部审核,不能这样做	178
	7.3.2	内部审核的八个注意事项	179
	7.3.3	内部审核的两个要求	181
7.4	管理评审		182
7.5	模拟召回		183
	7.5.1	做模拟召回时,应注意什么?	184
	7.5.2	模拟召回,我们到底该怎么做?	185
7.6	追溯管理		186
	7.6.1	正确理解可追溯性	186
	7.6.2	顺向可追踪,逆向可溯源——教你如何做追溯演练	188
7.7	记录控制		189
	7.7.1	什么是真正的质量记录?	189
	7.7.2	质量记录为什么如此重要?	190
7.8	文件管理		192
	7.8.1	编制操作指导书,向宜家学习	192
	7.8.2	文件编制需要掌握的几个原则	194
7.9	整改措施		196
	7.9.1	纠正、纠正措施和预防措施,你是否分得清	196
	7.9.2	加强与强化,想说爱你不容易	197

第8章 持续改进 200

8.1	做体系的最高境界,你觉得是什么?	200
8.2	两种解决问题的方法:DMAIC 和 PDCA	201
8.3	如何寻求问题的答案,并做持续改进?	202

  8.3.1 如何寻求问题的答案? ………………………………………………… 202

  8.3.2 持续改进应从哪几个方面着手? ………………………………… 203

 8.4 如何让数据说话? ………………………………………………………… 204

第9章 符合法律法规要求 ………………………………………………… 209

 9.1 食品销售包装上打印的生产日期,应注意什么? ……………………… 209

 9.2 如何严格管理成品标签? ………………………………………………… 211

 9.3 与法规部门来往需要注意什么? ………………………………………… 212

第10章 特殊要求 …………………………………………………………… 215

 10.1 过敏原管理 ……………………………………………………………… 215

  10.1.1 什么是过敏原? ……………………………………………… 215

  10.1.2 过敏原管理为什么很重要? ………………………………… 215

  10.1.3 欧盟、美国和中国对食品过敏原的界定 …………………… 216

  10.1.4 针对过敏原,个人和企业该怎么做 ………………………… 218

 10.2 转基因控制 ……………………………………………………………… 220

  10.2.1 关于转基因的几个概念 ……………………………………… 220

  10.2.2 食品企业如何管控转基因物料? …………………………… 221

参考文献 …………………………………………………………………………… 224

第1章
写在前面

"民以食为天"出自《汉书·郦食其传》,这个说法流传至今已经有2000多年历史了,说明"吃"对老百姓来说是天大的事情。我们经常用"你吃了吗?"来打招呼,俗话"人是铁饭是钢,一顿不吃饿得慌"也强调了"吃"的重要性,更预示着人如果不吃不喝是会饿死的。然而,话又说回来,你吃下去的食品虽然不会让你"饿死",但是谁又知道吃下去的食品会不会把人"毒死"呢?因此,后人又加上了"食以安为先",来说明食品要让人吃得健康,吃得安全。

食品安全,其实是一个非常广义的概念。我国《食品安全法》将食品安全定义为:"食品无毒、无害,符合应当有的营养要求,对人体健康不造成任何急性、亚急性或者慢性危害。"而食品指"各种供人食用或者饮用的成品和原料以及按照传统既是食品又是药品的物品,但是不包括以治疗为目的的物品。"可见,食品不是以单体出现,而是涉及食品及其辅料的生产、加工、分销、储存和处理,从初级生产直至消费的各环节和操作的顺序,这在ISO 22000:2005中称之为"食品链"。食品链是一根链条,更像一根纽带,通过它,将食品呈现给消费者。从这个意义上说,食源性动物饲料以及与食品接触的材料的生产都应属于食品链的范畴。因此,纵观食品行业的发展,以及对食品行业目前面临的挑战与机遇进行分析,可以窥探出食品链的发展该何去何从。

1.1 近年来食品安全事件

不论国内,还是国外,各种食品安全事件经常出现,不仅造成经济上的损失,还导致人员的死亡,对消费者的心理、人类的健康以及政府的公信度都产生深远的影响。

1.1.1 国内报道

随着生活水平提高,人们开始更加关注健康,更加注重食品安全。2000年以来,发生在我们身边的食品安全事件,至今还历历在目。

(1) 冠生园陈馅月饼事件

2001年9月3日,中央电视台《新闻30分》栏目披露南京冠生园食品厂用陈馅做月饼,揭出了陈馅隔年制作新月饼的潜规则。

(2) 吊白块事件

2001年，针对一些地区相继发现违法分子在食品中违禁使用非食品原料次硫酸氢钠甲醛（俗称吊白块）的行为，原国家质量监督检验检疫总局（简称原国家质检总局）于当年7月在华东、华南、西南地区16个省、自治区、直辖市组织了统一联合行动，取得了一定成效。据统计，在这次联合行动中，共检查生产、销售企业3.5万个，查出372家生产食品的企业违禁使用吊白块，160家企业销售含吊白块的食品；没收违法使用吊白块生产的食品91.13吨，在食品生产现场查获违法使用的吊白块1.03吨。

(3) 太仓肉松事件

2003年10月26日，中央电视台《每周质量报告》曝光了苏州太仓市有食品厂用"病死母猪肉"生产肉松的事件。百年传承的太仓肉松遭到重创。

(4) 阜阳"大头娃娃"事件

2004年4月，发生在安徽省阜阳市的劣质奶粉事件造成了229个婴儿营养不良、12个婴儿死亡。国家检测结果表明这些劣质奶粉的蛋白质含量只有2.9%，远远低于婴儿奶粉蛋白质含量不得低于10%的国家标准要求。

(5) 广州"毒酒"事件

2004年5月11日，广州市白云区发生"假酒中毒"事件，先后导致14人甲醇中毒身亡，39人不同程度受到伤害。后查明，在饮用的散装白酒中甲醇含量高达29.3%，超标近3倍。饮用含甲醇的酒会使人中毒、昏迷、眼睛失明，甚至死亡。

(6) 福寿螺事件

2006年春夏之交，因在北京蜀国演义酒楼食用凉拌螺肉（又称香香嘴螺肉），138名食用者患上广州管圆线虫病，据查原因为厨师对福寿螺加工不当。

(7) 三聚氰胺事件

2008年6月28日，首例因长期食用三鹿婴幼儿奶粉患上肾结石病症的婴幼儿出现，之后不久，全国各地陆续收治泌尿系统结石患儿多达千余人，在不到半年的时间，让这个自1956年创立、拥有无数光环的奶制品企业——三鹿集团轰然倒闭。

(8) 双汇瘦肉精事件

2011年3月15日，据央视3·15节目《"健美猪"真相》报道，河南孟州等地采用"瘦肉精"饲养生猪，这些有毒的猪肉已经部分流向双汇集团下属分公司——济源双汇食品有限公司。将这个号称"中国最大的肉类加工基地"推向了舆情的风口浪尖。

(9) 上海福喜事件

2014年7月20日上海卫视18：40以《食品工厂的黑洞》为题，报道记者化身流水线工人卧底调查2个多月，发现麦当劳、肯德基等知名洋快餐连锁店的肉类供应商——上海福喜食品有限公司存在大量采用过期变质肉类原料的行为。节目播出后，上海食品药品监管部门连夜出击彻查。2015年1月4日，将涉及并召回的521.21吨问题食品全部实施无害化处理。

1.1.2 国外报道

(1) 英国疯牛病事件

疯牛病，学名为"牛海绵状脑病"（Bovine Spongiform Encephalopathy，简称 BSE），是一种发生在牛身上的进行性中枢神经系统病变，症状与羊瘙痒症类似。1986 年 11 月，疯牛病在英国萨里郡韦布里奇（Weybridge, Surrey）被发现。1996 年 3 月 20 日，英国政府官方承认出现疯牛病病例，并证实和人类的感染性海绵状脑病（Transmissible Spongiform Encephalopathies，简称 TSE）有关，造成全球恐慌。至 2003 年底，在不到 20 年的时间内，疯牛病就已扩散到了欧洲、美洲和亚洲的几十个国家，造成至少 137 人死亡。在英国，1100 多万头病牛被屠宰，经济损失达数百亿英镑。

(2) 比利时二噁英污染事件

多年来，欧洲各国普遍在家禽和牲畜饲料中添加一种动物粉料，其主要原料是各种动物的骨头、皮、脂肪和下水。使用添加这种粉料的混合饲料，可以大大缩短禽畜的上市周期。维克斯特（Verkest）正是比利时一家生产这种粉料的工厂。

1999 年 1 月 18 日，维克斯特工厂一辆装载动物油脂的油罐车遭到工业用油的严重污染。但考虑到巨大的市场需求和丰厚的利润，当年 1 月 19 日至 26 日，维克斯特继续把受污染的动物油脂供应给 9 家比利时饲料生产厂，同时也卖给法国 2 家、荷兰和德国各 1 家饲料工厂，这 13 家饲料厂又把污染了的饲料出售给 1500 多家养殖厂。1999 年 2 月，比利时一家叫得伯让班德（De Brabander）的养鸡户发现使用该饲料后，母鸡下蛋减少，蛋壳坚硬，而肉鸡出现病态反应，才使事件浮出水面。1999 年 5 月 26 日，在对送检的肉鸡和鸡蛋样品检测时，发现致癌物质二噁英的含量超过正常量 800~1000 倍，让比利时政府大为震惊。经过初步排查，仅在比利时，截至 1999 年 6 月 1 日有 400 家鸡场、500 家猪场、150 家牛场受到污染，约占养殖场总数的 1/3。1999 年 6 月 1 日，比利时政府宣布停售和召回市场上所有比利时制造的蛋禽食品；6 月 3 日再次宣布，全国的屠宰场一律停止屠宰，并决定销毁 1999 年 1 月 15 日至 1999 年 6 月 1 日生产的蛋禽及其加工制成品。

二噁英事件造成欧盟生鲜肉类和肉类深加工产品的重大污染，使整个欧洲陷入极大恐慌之中，包括美国在内的世界许多国家都禁止从欧盟进口肉类产品。据统计，本次事件共造成直接损失 3.55 亿欧元，间接损失超过 10 亿欧元，对比利时出口的长远影响可能高达 200 亿欧元。同时，迫于强大的国际和国内压力，比利时卫生部部长和农业部部长相继被迫辞职，并最终导致内阁的集体辞职。

(3) 法国李斯特氏菌事件

2000 年 1 月，法国发现了数名因食用熟肉制品而感染了李斯特氏菌的患者。经调查，认定古德雷食品公司生产的熟肉酱和猪舌是引发这次食品污染事件的罪魁祸首。2000 年 1 月 8 日，法国卫生部门下令从商场货架上撤下古德雷食品公司生产的所有熟肉制品，并勒令其停业整顿。这次危机涉及法国 19 个省，造成至少 9 人死亡，其中包括两名新生婴儿。

(4) 英国口蹄疫事件

口蹄疫（Foot and Mouth Disease，简称 FMD）是牛、猪等偶蹄动物共患的一种病毒性传染病。2001年2月20日，口蹄疫第一次被确诊是在英国埃塞克斯郡（Essex）一家牛肉猪肉屠宰场。口蹄疫通过直接或者间接接触传播，有严重的传染性，对牛、绵羊、山羊和猪的危害很大。在口蹄疫食品安全事件中，估计有550万头牲畜被宰杀，给英国造成的经济损失大约有70亿英镑，其中7.5亿英镑用于控制和消除该疾病的蔓延。

(5) 苏丹红事件

2005年2月21日，英国第一食品公司宣布召回474种可能被苏丹红1号色素污染的食品，包括香肠、泡面、熟肉、馅饼、调味酱等产品。一时间，全球谈"红"色变，肯德基烤翅等都成为该事件的焦点。

(6) 吉百利巧克力沙门氏菌事件

据《泰晤士报》报道，吉百利公司在对位于英国赫里福德郡莱姆斯特附近的马尔布鲁克工厂的日常检查中，发现一根管道泄漏，导致清洁设备污水污染了巧克力，致使42人因食用被沙门氏菌感染的巧克力而发生食物中毒。2006年6月23日，迫于当局和舆论的压力，吉百利不得不宣布召回7个产品100万块巧克力。当年，吉百利公布因此事件造成的损失达3000万英镑。

(7) 日本金黄色葡萄球菌感染事件

2000年6月，位于日本大阪的雪印乳业公司生产的低脂高钙牛奶被金黄色葡萄球菌污染，造成14500多人出现腹泻、呕吐症状，180人住院治疗。市场份额占日本牛奶市场总量14%的雪印牌牛奶紧急进行产品回收，全国21家分厂停业整顿，接受卫生调查。根据日本卫生部门公布的数字，从1980~1999年的20年间，日本出现了2525次因金黄色葡萄球菌引起的食物中毒，涉及59964人，共造成3人死亡。

(8) 欧洲"挂牛头卖马肉"事件

2013年1月15日，爱尔兰食品安全机构宣布，在对市面上销售的牛肉汉堡和牛肉馅饼的例行抽样检验时发现，牛肉中掺杂了马肉和猪肉的成分。随着事态的进一步扩大，又发现英国乐购等超市中出售的部分冷冻食品中含有60%~100%的马肉。随后，"马肉丑闻"跨出英伦三岛，波及欧洲16国。英国媒体表示，这些问题肉的供货商是总部设在瑞典的欧洲最大的冷冻食品加工企业芬德斯，而生产商则是位于法国东北部的一家名为斯潘盖罗的肉类加工企业。

2013年2月14日，法国消费者事务部公布的调查结果显示，斯潘盖罗在6个月内把750吨马肉贴上牛肉标签出售，其中500吨出售给一家名为可米吉尔的法国企业。然后，可米吉尔在卢森堡的工厂用这批马肉加工成450万份速冻肉食品，并贴上各种标签发往欧洲16个国家的各大超市进行销售。

(9) 恒天然肉毒杆菌乌龙事件

2013年8月2日，新西兰初级产业部宣布，新西兰乳制品巨头恒天然旗下工厂生产的约28吨浓缩乳清蛋白粉被检测出含有肉毒杆菌毒素，这些乳清蛋白粉作为原料生产婴幼儿配方奶粉、饮料等产品，已有部分出口至中国等海外市场。直到8月18日，恒天然才完成对所有涉及产品的追溯。而到了 8 月 28 日，新西兰初级产业部宣布，经多次重新检测，结果并未发现浓缩乳清蛋白中含有致病的肉毒杆菌，而是含有一般不会引发食品安全问题的梭状芽孢杆菌。

2014 年 12 月 9 日，在新西兰政府内务部官网发布的长达 107 页的报告中指出，导致这场乌龙事件发生的原因是有手电筒破碎镜片掉进恒天然郝塔普工厂的加工机器里。

(10) 美国冷冻食品李斯特氏菌污染事件

美国食品药品监督管理局（FDA）在 2016 年 4 月 23 日发布报告称，来自华盛顿帕斯科市的冷冻食品企业 CRF 公司疑似有 15 款冷冻蔬菜受到李斯特氏菌污染。据悉，受影响产品涉及该厂自 2014 年 5 月 1 日之后出产的相关商品。来自加利福尼亚州、马里兰州和华盛顿州的 8 位病人上报罹患李斯特氏菌症。FDA 报告显示，10 人因感染李斯特氏菌在医院接受治疗，其中有 3 人因免疫系统低下而不治身亡。

(11) 法国奶粉沙门氏菌感染事件

2017 年 12 月 2 日，法国卫生部发布公报称，来自法国 8 个大区的 20 名半岁以下婴儿近期感染沙门氏菌，经调查，已确认其中 13 名婴儿在感染前曾食用当年 7 月中旬至 11 月底之间产自兰特黎斯集团同一生产地点的一段婴儿奶粉。因疑似沙门氏菌感染，紧急召回由该集团生产的 3 个品牌 12 批次婴儿奶粉。2017 年 12 月 8 日，将召回的产品扩大到 2017 年 2 月 15 日（含）以来生产的 600 余批；2017 年 12 月 21 日，召回批次又增加了 720 批；2018 年 1 月 12 日，最后要求涉事工厂的所有产品——遍布 83 个国家达 1200 万箱——全部召回。据悉，此次大规模召回导致该公司遭受数亿欧元的损失，还有可能失去产品出口许可。

后经调查发现，细菌感染源最初位于克朗工厂 1 号干燥塔的底部，随后扩散到整个干燥塔。

1.2 全面了解食品行业资质证书

当今社会，什么都流行打广告，推销自己，食品也不例外！我们经常会在食品的外包装——外箱和零售包装上看到各式各样的证书标志，很多企业也乐于或者迫于客户的压力，要去申请这些认证，或者做某些检测，以获得这些"本本"。但是，我们心中会有这样的疑问：有这些证书的公司，其生产的产品质量就一定很好吗？

1.2.1 食品企业常见的"本本"你全知道吗？

(1) 食品生产许可证

现行《食品安全法》于 2018 年 12 月 29 日起施行，是在 2015 年修订版的基础上作了修改。作为该法的配套规章——《食品生产许可管理办法》（国家食品药品监督管理总局令第 16 号）也于 2015 版《食品安全法》施行的当日，也就是 2015 年 10 月 1 日起同步实施。国务院新闻办公室网站于 2015 年 10 月 8 日发布的《食品药品监管总局就〈食品生产许可管理办法〉答问》中明确要求：2018年10月1日及以后生产的食品一律不得继续使用原包装和标签以及QS标志。这就意味着，运行满15周年的QS标志将消失，成为历史！原先的生产许可证编号（英文字母QS加12位阿拉伯数字，例如QS3301 1801 0031）也将被新的食品生产许可证编号（字母SC加上14位阿拉伯数字组成，例如SC11833011000791）代替。

关于QS标志的两种不同含义：质量安全和生产许可。

质量安全（以英文名称Quality Safety的缩写QS表示），是根据2003年7月18日发布施行的《食品生产加工企业质量安全监督管理办法》（国家质量监督检验检疫总局令第52号）执行的。

生产许可（以"企业产品生产许可"汉语拼音Qiyechanpin Shengchanxuke的缩写QS表示），是根据2010年4月7日原国家质量监督检验检疫总局发布的《食品生产许可管理办法》（国家质量监督检验检疫总局令第129号，2010年6月1日起施行）执行的。

获得了食品生产许可证，意味着什么呢？其实，仅仅表示你具备进行食品生产经营最基本最起码的条件，但无法百分之百保证后续你生产的东西是好还是坏。

(2) 型式检验报告

在《标准化工作指南 第1部分：标准化和相关活动的通用词汇》（GB/T 20000.1—2002）中，曾经这样定义型式检验：根据一个或多个代表生产产品的样品所进行的合格测试。但是，当该标准升至2014版，即《标准化工作指南 第1部分：标准化和相关活动的通用术语》（GB/T 20000.1—2014）后，型式检验的定义没有在新版本中体现出来。

然而，大家都知道，型式检验是指依据产品执行的标准（一般是国家标准），对产品的各项指标进行的全面检验，以评定产品的质量是否完全符合所执行的标准。型式检验属于周期性抽检，频次在食品生产许可实施细则中会有体现，一般是一年两次。

(3) 无公害农产品认证

根据2002年4月29日发布施行的《无公害农产品管理办法》（中华人民共和国农业部、国家质量监督检验检疫总局令第12号），无公害农产品的定义是指产地环境、生产过程和产品质量符合国家有关标准和规范的要求，经认证合格获得认证证书并允许使用无公害农产品标志的未经加工或者初加工的食用农产品。

根据此定义，只有农产品才能申请无公害农产品认证。但是，并不是所有的农产品都能申请！只有在《实施无公害农产品认证的产品目录》（中华人民共和国农业部、国家认证认可监督管理委员会令第2034号，2013年12月25日发布）内的567个食用农产品，才能申请认证。

(4) 农产品地理标志

根据2008年2月1日起施行的《农产品地理标志管理办法》（中华人民共和国农业部令第11号）规定：农产品地理标志是指标识农产品来源于特定地域，产品品质和相关特征主要取决于自然生态环境和历史人文因素，并以地域名称冠名的特有农产品标志。例如，根据原农业部2017年1月10日发布的第2486号公告，2017年第一批获准登记农产品地理标志的"凯里水晶葡萄"，其划定的地域保护范围为：凯里市所辖大风洞镇、炉山镇、万潮镇、龙场镇、舟溪镇、湾水镇、旁海镇、凯棠镇、三棵树镇、湾溪街道、洗马河街道、开怀街道、鸭塘街道共 9 个乡镇 4 个街道。地理坐标为东经 107°40′58″～108°12′09″，北纬 26°24′13″～26°48′11″。农产品地理标志登记证书长期有效。

（5）全国工业产品生产许可证

随着国家对食品安全重要性认识的不断深入，以及监管机构的调整，符合食品法规的"本本"也有了相应的改变，比如，一家生产食品添加剂的企业，所需的"本本"从卫生许可证，到全国工业产品生产许可证，再变更为现在的食品生产许可证。

1995 年 10 月 30 日，《食品卫生法》颁布并实施，规定对食品、食品添加剂、食品容器、包装材料和食品用工具、设备、洗涤剂、消毒剂实行食品卫生监督制度。原卫生部发布的《食品卫生许可证管理办法》自 2006 年 6 月 1 日起施行，第三条规定"地方人民政府卫生行政部门遵守本办法，对食品生产经营者发放卫生许可证。"第四条规定"食品添加剂、保健食品和新资源食品生产企业生产活动的卫生许可，由省级卫生行政部门发放卫生许可证。"

2009 年 6 月 1 日，《食品安全法》颁布并实施，预示着我国从法律层面实现了食品卫生向食品安全的转变。该法第二十九条规定"国家对食品生产经营实行许可制度。从事食品生产、食品流通、餐饮服务，应当依法取得食品生产许可、食品流通许可、餐饮服务许可。"第四十三条规定"国家对食品添加剂的生产实行许可制度。申请食品添加剂生产许可的条件、程序，按照国家有关工业产品生产许可证管理的规定执行。"原卫生许可证就此下岗，取而代之的是食品生产许可证和全国工业产品生产许可证。

2014 年 8 月 1 日起施行的《工业产品生产许可证管理条例实施办法》第二条规定"国家对生产重要工业产品的企业实行生产许可证制度"。根据 2010 年 8 月 25 日公布的《关于公布实行生产许可证制度管理的产品目录的公告》，和食品关联的"加工食品"和"直接接触食品的材料等食品相关产品"被纳入此目录；而 2012 年 11 月 20 日发布的《关于公布实行生产许可证制度管理的产品目录的公告》中，和食品关联的只有"直接接触食品的材料等相关产品"。

之后，《食品安全法》开始大幅修订，现行《食品安全法》是在 2015 年修订版的基础上进行了修改并于 2018 年 12 月 29 日起施行的。该法第三十九条规定"国家对食品添加剂生产实行许可制度。从事食品添加剂生产，应当具有与所生产食品添加剂品种相适应的场所、生产设备或者设施、专业技术人员和管理制度，并依照本法第三十五条第二款规定的程序，取得食品添加剂生产许可。"第四十一条规定"生产食品相关产品应当符合法律、法规和食品安全国家标准。对直接接触食品的包装材料等具有较高风险的食品相关产品，按照国家有关工业产品生产许可证管理的规定实施生产许可。质量监督部门应当加强对食品相关产品生产活动的监督管理。"同日生效施行的《食品生产许可管理办法》规定了食品生产许可申请、受理、审查、决定及其监督检查的具体事宜。食品添加剂和食品一样，需要取得食品生产许可证。食品添加剂的全国工业产品生产许可证就此废止，而包装材料的生产仍旧需要有全国工业产品生产许可证。

（6）绿色食品认证

根据 2012 年 10 月 1 日起施行的《绿色食品标志管理办法》规定，绿色食品是指产自优良生态环境、按照绿色食品标准生产、实行全程质量控制并获得绿色食品标志使用权的安全、优质食用农产品及相关产品。绿色食品标志使用证书有效期三年。

中国绿色食品发展中心（1992 年由原农业部批准组建，简称 CGFDC）将绿色食品分为两类：A 级和 AA 级（等同于有机食品）。A 级绿色食品要求在生产过程中限量使用限定的化学合成生产资料，并积极采用生物技术和物理方法，确保产品质量符合绿色食品标准要求；而 AA 级绿色食品，则要求在生产过程中完全不使用化学合成农药、肥料、添加剂、兽药及有害环境和人体健康的生产资料，而是通过使用有机肥、种植绿肥、采取生物或物理方法等技术，培肥土壤，控制病虫害，保护或提高产品品质。可以看出，与 A 级相比，AA 级的标准和要求更为严格。

为了区分，两者标志的颜色不尽相同：A 级绿色食品的标志底色为绿色，标志与标准字体为白色；而 AA 级绿色食品标志底色为白色，标志与标准字体为绿色。

（7）有机产品认证

根据 2014 年 4 月 1 日起施行的《有机产品认证管理办法》，有机产品是指生产、加工和销售符合中国有机产品国家标准的供人类消费、动物食用的产品。有机产品认证是指认证机构依照本办法的规定，按照有机产品认证规则，对相关产品的生产、加工和销售活动符合中国有机产品国家标准进行的合格评定活动。可以看出，有机产品认证由第三方认证机构进行。

2011 年 12 月 5 日原国家质量监督检验检疫总局和中国国家标准化管理委员会联合发布了有机产品的国家标准：《有机产品 第 1 部分：生产》（GB/T 19630.1—2011）、《有机产品 第 2 部分：加工》（GB/T 19630.2—2011）、《有机产品 第 3 部分：标识与销售》（GB/T 19630.3—2011）和《有机产品 第 4 部分：管理体系》（GB/T 19630.4—2011）。该标准成为中国有机产品生产、经营、认证实施的唯一标准，已于 2012 年 3 月 1 日开始实施。

上面提到的（3）、（6）和（7）探讨了三大类食品，加上我们常见的没有认证的普通食品，可以分为四大类食品，一般说来，有机产品要求最苛刻，标准最高，不含农药、激素等，质量理应最好；绿色食品质量较好，通过严密监控，有效防范农药残留、重金属等看不见的危害；无公害农产品质量尚可，能将有害物质控制在规定标准之内，主要会涉及常见的蔬菜水果、茶叶、肉、蛋、奶、鱼等；而无认证的普通食品，需要我们在日常生活中多加注意。

（8）ISO 9000 质量管理体系认证

ISO 9000 质量管理体系认证，通俗来讲就是由第三方认证机构来评定是否符合 ISO 9000 质量管理体系标准（通常是 ISO 9001，即 Quality management systems-Requirements，对应我国 GB/T 19001《质量管理体系 要求》）。截至 2018 年 10 月 27 日，我国有资质做 ISO 9000 质量管理体系认证的机构有 334 家。

（9）ISO 14000 环境管理体系认证

ISO 14000 环境管理体系认证，通俗来讲就是由第三方认证机构来评定是否符合 ISO

14000 环境管理体系标准（通常是 ISO 14001，即 Environmental management systems-Requirements with guidance for use，对应我国 GB/T 24001《环境管理体系 要求及使用指南》）。截至 2018 年 10 月 27 日，我国有资质做 ISO 14000 环境管理体系认证的机构有 305 家。

（10）OHSAS 18000 职业健康安全管理体系认证

OHSAS 18000 职业健康安全管理体系认证，通俗来讲就是由第三方认证机构来评定是否符合 OHSAS 18000 职业健康安全管理体系标准（通常是 OHSAS 18001，即 Occupational health and safety management systems-Requirements，对应我国 GB/T 28001《职业健康安全管理体系 要求》）。截至 2018 年 10 月 27 日，我国有资质做 OHSAS 18000 职业健康安全管理体系认证的机构有 301 家。

这里需要注意的是：不可想当然将 OHSAS 18000 认为是 ISO 18000，ISO 18000 是一个国际性安全及卫生管理系统验证标准，两者差别非常大。OHSAS 18001 已被纳入 ISO 旗下，变成 ISO 45001 职业健康安全管理体系，并于 2018 年 3 月 12 日发布，实现与 ISO 9001（质量）和 ISO 14001（环境）兼容。至此，1999 年面世的、我们耳熟能详的 OHSAS 18000 已然成为了历史。

（11）ISO 22000 食品安全管理体系认证

ISO 22000 食品安全管理体系认证，通俗来讲就是由第三方认证机构来评定是否符合 ISO 22000 食品安全管理体系标准（即 Food safety management systems-Requirements for any organization in the food chain，对应我国 GB/T 22000《食品安全管理体系 食品链中各类组织的要求》）。截至 2018 年 10 月 27 日，我国有资质做 ISO 22000 食品安全管理体系认证的机构有 83 家。

ISO 22000 标准糅合了 ISO 9001 和 HACCP 原理。编者认为，ISO 22000 食品安全管理体系标准是众多 ISO 标准中最好的一个，该标准自 2005 年发布，至 2018 年 6 月 18 日才推出第二版，用了将近 13 年才作修改，这从侧面也说明该标准很成功，否则升级会更频繁。

（12）危害分析与关键控制点（HACCP）体系认证

HACCP 始于 20 世纪 60 年代美国太空总署的太空计划，目的是给宇航员提供足够安全的食品。1973 年，美国食品药品监督管理局（FDA）首次将 HACCP 概念应用于低酸性罐头食品加工，以防止腊肠毒菌感染。到 20 世纪后期，HACCP 得到进一步发展与完善。

2005 年 9 月 1 日 ISO 22000 标准《食品安全管理体系 食物链中各类组织的要求》发布，由于各国对 ISO 22000 标准和 HACCP 在理解上存在着一些分歧，导致有些国家承认 ISO 22000 证书，不承认 HACCP 证书；而有些国家承认 HACCP 证书，却不承认 ISO 22000 证书。

2011 年 12 月 6 日，国家认证认可监督管理委员会发布《关于发布危害分析与关键控制点（HACCP）体系认证相关文件的公告》，自 2012 年 5 月 1 日起开始实施危害分析与关键控制点（HACCP）体系认证。截至 2018 年 10 月 28 日，我国有资质做危害分析与关键控制点体系认证的机构有 72 家，比 ISO 22000 少 11 家。

(13) BRC 认证

1998 年，英国零售商协会（British Retail Consortium，一个国际性贸易协会）应行业需要，制定了 BRC 食品技术标准（BRC Food Technical Standard），用以评估零售商自有品牌食品的安全性。后来，该技术标准演变成为 BRC 食品安全全球标准（BRC Global Standard for Food Safety）。目前，该标准已经升级至第八版，已于 2019 年 2 月 1 日实施。其实，该标准的核心仍旧是 HACCP。

因此，我们常说的 BRC 认证，通俗来讲就是由第三方认证机构来评定是否符合 BRC 食品安全全球标准。BRC 认证，被 GFSI（Global Food Safety Initiative，全球食品安全倡议）组织认可。目前，我国有资质做 BRC 认证的机构主要是有外资背景的几家公司。

(14) FSSC 22000 认证

FSSC 是 Food Safety System Certification（食品安全体系认证）的简称。FSSC 22000 主要是整合了 ISO 22000 食品安全管理体系、食品安全公共可用规范（PAS）220 和 ISO/TS 22003 食品安全管理体系审核和认证机构要求等三方面，最主要的是前两者的内容。该标准的核心也是 HACCP。FSSC 22000 认证，也被 GFSI 认可。目前，国内有资质可以做这个认证的机构并不多。

(15) SA8000 认证

SA8000 中的"SA"是英文 Social Accountability（社会责任）的缩写，是由美国的一个非政府组织——社会责任国际（Social Accountability International，简称 SAI）在 1997 年 10 月颁布的。原则上，SA8000 标准每 5 年修订一次，以确保它的连续性和适用性。自发布至今，SA8000 标准共修订了四次：2001 年、2004 年、2008 年和 2014 年。现行版（即 2014 版）已经于 2016 年全面实施。SA8000 标准关注九大要素：童工、强迫或强制性劳动、健康与安全、自由结社和集体谈判的权利、歧视、惩戒性措施、工作时间、工资报酬和管理体系。

2010 年 11 月 1 日，国际标准化组织（International Organization for Standardization，简称 ISO）发布 ISO 26000 Guidance on Social Responsibility。这里，用 Social Responsibility 表示社会责任。之后，基于 ISO 26000 英文版，国家标准化管理委员会（SAC）推出中文版，即《社会责任指南》，并得到了 ISO 的认可。2015 年 6 月 2 日，GB/T 36000—2015《社会责任指南》、GB/T 36001—2015《社会责任报告编写指南》和 GB/T 36002—2015《社会责任绩效分类指引》三项国家标准正式发布，并于 2016 年 1 月 1 日实施。GB/T 36000—2015《社会责任指南》修改采用（MOD）ISO 26000:2010。

相比于 SA8000，ISO 26000 为非管理标准，不能用于认证。

(16) Sedex 供应商道德数据交流

Sedex 是 Supplier Ethical Data Exchange（供应商道德数据交流）的缩写，是一家总部设在英国的非盈利性的会员资格机构。据其官网消息称"自 2004 年我们开始运营以来，已有来自世界各地的超过 38000 家机构将 Sedex 选作他们交换道德供应链数据的平台。"Sedex 采用会员资格制，根据企业所处的位置来确定会员级别，分成三类：客户（A 类）会员、客户/供应商（AB 类）会员和供应商（B 类）会员。通俗来讲，你只买东西，属于 A 类会员；你既要买东西又要卖东西，属于 AB 类会员；你只卖东西，那么属于 B 类会员。客户可以通过这个 Sedex 平台看到其供应商道德方面的数据。

Sedex 依据《Sedex 会员道德贸易审核（SMETA）最佳实践指南》进行审核。该指南目前生效的是第 6.0 版，2017 年 4 月发布。审核条款方针主要参考道德贸易联盟基本守则（Ethical Trading Initiative（ETI）Base Code），包括：自由选择职业（Employment is freely chosen）、尊重结社自由及集体谈判权（Freedom of association and the right to collective bargaining are respected）、工作环境安全卫生（Working conditions are safe and hygienic）、不可雇用童工（Child labour shall not be used）、基本生活工资（Living wages are paid）、工作时间不可过长（Working hours are not excessive）、不可歧视雇员（No discrimination is practiced）、正常劳资关系（Regular employment is provided）、禁止以苛刻或不人道手法对待雇员（No harsh or inhumane treatment is allowed）等 9 项内容。

（17）IP 认证

自 1996 年以来，世界范围内开始大规模商业化种植转基因作物，转基因食品已经广泛进入人们的日常生活。然而，转基因食品的安全性尚无定论。

IP 认证指的是非转基因身份保持认证（Non-GMO Identity Preserved Certificate）。非转基因身份保持（IP）体系是指从非转基因作物种子及其田间种植到产品收获、运输（出口）、加工及进入市场的整个生产供应链进行严格的控制、转基因检测、可追溯信息建立等，确保非转基因产品的纯粹性，防止在食品、饮料生产中发生潜在的转基因成分污染的系统。IP 认证为自愿性的，由第三方机构完成。目前，对转基因产品的检测主要是依据 GB/T 19495.5—2004，采用核酸定量 PCR 检测。

（18）Halal 认证

Halal，中文译为清真，即符合穆斯林生活习惯和需求的食品、药品、化妆品以及生产食品、药品和化妆品所用到的添加剂。Halal 认证即是为了满足穆斯林群体的食用需求。目前世界上可以做 Halal 认证的机构很多，有些国家还互不认可，例如印度尼西亚和马来西亚。所以，我们在选择认证机构的时候一定要考虑清楚产品要销往的国家，如果这个国家对 Halal 有认证要求的话，必须首先要获得其认可的 Halal 证书。换言之，如果产品销往的几个国家的 Halal 证书都互不认可，那么意味着公司必须逐个申请其认可的 Halal 证书。否则，产品是无法进入那个国家进行销售的。

（19）Kosher 认证

Kosher（希伯来语），意思是符合犹太教教规的、清洁的、可食的，也就是洁食。Kosher 认证（又可称洁食认证）就是为了满足信奉犹太教的犹太人的食用需求。目前，可以做 Kosher 认证的机构很多。同样，我们需要知道产品将销往的地区，因为有些 Kosher 证书并不被接受。

1.2.2 食品链工厂，"本本"并非越多越好

前面概述了食品企业常见的 19 项资质证书，可以分成以下六大类。

① 法律法规规定的，属于强制性的：食品生产许可证、全国工业产品生产许可证、型式检验报告；

② 为让自己做得更好，属于推荐性的：ISO 9000 质量管理体系认证、ISO 14000 环境管理体系认证、OHSAS 18000 职业健康安全管理体系认证、HACCP 体系认证、ISO 22000 食品安全管理体系认证、BRC 认证、FSSC 22000 认证；

③ 体现人文关怀、社会责任类的：SA8000 认证、Sedex 供应商道德数据交流；

④ 扩充市场，满足特定人员需求的：Halal 认证、Kosher 认证；

⑤ 为产品增光添彩的：农产品地理标志、无公害农产品认证、绿色食品认证、有机产品认证；

⑥ 证明产品是非转基因的：IP 认证。

那么证书是不是越多越好？如果不是，企业应该重点持有哪些证书呢？如何让证书真正产生价值呢？

(1) 证书并不是越多越好，保持证书需要成本

有些企业的负责人很自豪，你要什么证书他都能提供。然而，这些证书的含金量到底有多少呢？是不是逢"证"必"拿"呢？个人认为，不是这样。首先，拿证书的目的是满足客户的需要或者法规方面的要求。法规是强制性的，没有证书或者证书无效，你的企业将面临罚款或者关闭。而客户，我们的"上帝"，你没有证书，他们不买你的产品，去买另外一家有证书的企业的产品。其他方面的证书，是用来装点门面的。其次要知道，获取证书是需要成本的。这个成本不仅仅是给认证公司的钱，还有用于维护体系运转的费用，比如人员工资、设备运转费用等。按照上面提及的 19 个资质证书，每个证书以一两万来计算，估计每年需要几十万的认证费用。加上维护体系运转的人工成本等，大概四五十万。在市场竞争日趋激烈的今天，这对企业是一笔不小的开支。而且，一般证书都是有有效期的。这也就意味着"生命不息，认证不止"！必须要持续地投入，才能保证说、写、做与体系要求一致。

因此，我们需要做减法。第一，把一些相似的认证合在一起，只做其中的一个。例如，做 FSSC 22000 认证就不做 BRC 认证，不做 HACCP 认证，不做 ISO 22000 认证；做了 ISO 22000 认证就不做 ISO 9000 认证等。第二，在考虑是否需要做某个认证之前，先得看看这个认证是否会增值——给企业带来效益或者助力员工成长，如果只是为了撑门面，可以考虑不做。

(2) 认证只是手段，目的是要让管理更加规范

获得证书意味着什么？只能说明，企业通过了认证。准确地说，企业通过了审核老师的一次或者两次的检查。检查只能是抽样，不可能是全检。因此，审核的时候你做得好的地方被抽查到了，而做得不到位的地方没有被抽查、没有被发现，完全有可能，这并不能

代表你所在的企业不存在问题。有时候,你认为自己很幸运,但是,在我看来,那是大不幸!因为,企业并没有从这样的认证中获得什么长进,员工并没有从中获得一些有用的知识,也没有为他们今后工作的开展提供帮助。

认证不是目的,只是手段!我们应该通过认证,让团队提高管理意识。让这些标准的条款能够真正落地,被不折不扣地实施。很多公司,认证前是一回事,领导高度重视,扫除一切认证过程中的障碍。然而,认证之后呢?完全变样!这就失去了做认证的意义!所以说,打算认证是好事,顺利通过认证更是值得高兴的,但是最重要最关键的是应该把认证所必须遵守的要求真正落实。这些体系,都是行业顶级专家经验的积累,必然有益于管理团队。通过长期坚持,必定会让团队更优秀。

(3)认证的体系有很多,要懂得如何糅合精简

一说到体系认证,大家都会想起一套套文件和记录。何为体系?《现代汉语词典》(第7版)定义为"若干有关事物或某些意识互相联系而构成的一个整体",而百度百科解释为"一定范围内或同类的事物按照一定的秩序和内部联系组合而成的整体"。相比较而言,我更喜欢后者的定义。

体系,它是一个整体,但只是针对某一个方面而言。对于企业管理来说,涉及很多方面,因此也必然涉及诸多体系,例如质量管理体系、环境管理体系、职业健康安全管理体系、食品安全管理体系等,估计今后还会有社会责任管理体系等。既然它们都归结为体系,必然具有体系的特点,对于一个企业来讲,必定有可以通用的地方。在查看各体系标准条款时,不难发现这一点。例如,体系都有"能力、培训和意识"要求,那么我们是不是可以把质量、食品安全、环境和职业健康安全等整合到一起?都有文件控制和记录保持的要求,那么我们是不是需要把质量、食品安全、环境和职业健康安全等放到一块呢?大家讲的都是同样的东西,放在一起,减少无用功,也就减少了资源的浪费。

很多人一说到体系就头疼,就害怕,这说明对于体系才刚刚入门。我们需要沉下心来,寻找各体系之间的共同点和不同点,把体系糅合在一起,让体系真正服务于企业。换句话说,就是要把体系用"活"。ISO已经建立了很多体系,既是好事但也给企业带来了一定的困扰。随着人们对体系认识的不断深入,对产品质量、环境保护、职业健康安全和食品安全的日益关注,估计ISO会把这些标准体系整合到一起,形成一套服务于企业的管理体系。当然,这需要智慧,也需要时间。

1.3 "从天而降"的食品标准

管质量的人,是标准的执行者,手头必须要有标准,而且必须是现行的最权威的标准!那么标准从何而来?天上不会掉下来,去新华书店买标准的时代已经成为历史,我们可以通过网上获取。那么,关注权威、专业的网站就显得至关重要!

1.3.1 放大招,国家标准全文公开了

2017年2月3日,国务院标准化协调推进部际联席会议办公室印发《推进国家标准

公开工作实施方案》（国标委信办〔2017〕14号）的通知要求，到2020年，强制性国家标准和推荐性国家标准将全部免费在线阅读，不收取任何费用。

2017年3月17日，国家标准化管理委员会官网发布一则要闻——《"国家标准全文公开系统"正式上线运行》，"为进一步加快推进国家标准公开工作，满足社会各界便捷地查阅国家标准文本的迫切需求，'国家标准全文公开系统'于3月16日正式上线运行。"

点击进入"国家标准全文公开系统"（http://www.gb688.cn/bzgk/gb/index），输入你想查的标准号或者标准名称，就可以获得你想要的国家标准。例如，在"检索"栏输入"饮用水"就迅速出现7个和饮用水相关的标准，这些标准包括现行标准和已经废止的标准，如图1。

序号	标准号	是否采标	标准名称	类别	状态	发布日期	实施日期	操作
1	GB 15892-2009	采	生活饮用水用聚氯化铝	强标	现行	2009-04-08	2009-09-01	查看详细
2	GB 5749-2006		生活饮用水卫生标准	强标	现行	2006-12-29	2007-07-01	查看详细
3	GB 19298-2003		瓶(桶)装饮用水卫生标准	强标	废止	2003-09-24	2004-05-01	查看详细
4	GB 11730-1989		农村生活饮用水量卫生标准	强标	现行	1989-02-10	1990-07-01	查看详细
5	GB 8244-1987		救生艇筏饮用水	强标	废止	1987-10-04	1988-06-01	查看详细
6	GB 8161-1987		生活饮用水源水中铍卫生标准	强标	现行	1987-07-24	1988-05-01	查看详细
7	GB 5749-1985		生活饮用水卫生标准	强标	废止	1985-11-16	1986-10-01	查看详细

图1 在"检索"栏输入"饮用水"出现的页面

找到你想要的标准，点击"查看详情"，出现如图2所示页面。

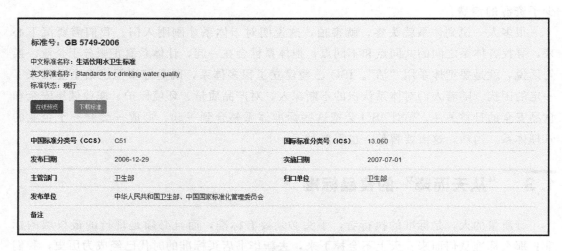

图2 点击"查看详情"出现的页面

你可以选择"在线预览"或者"全文下载"，出现如图3和图4所示页面。

需要提醒的是，电脑必须安装"Adobe Reader"阅读器和FileOpen系统专用工具，否则不能打开"在线预览"和"全文下载"。

图 3　点击"在线预览"出现的页面

图 4　点击"全文下载"出现的页面

1.3.2　国家标准正在不断精简

2017 年 3 月 23 日，原国家质量监督检验检疫总局联合国家标准化管理委员发布 2017 年第 6 号公告——废止《微波和超短波通信设备辐射安全要求》等 396 项强制性国家标准，和第 7 号公告——将《水泥包装袋》等 1077 项强制性国家标准转化为推荐性国家标准。在废除的 396 项强制性国家标准里面，2000 年以前的标准达 309 项，占比 78％。在 1077 项强制性国家标准被转化为推荐性国家标准中，有 32 项涉及食品和化工小料。

标准很多，并不一定是好事。国家标准必须精而且符合当今社会发展的需求，适当做减法是很有必要的。有些国家标准降为推荐性标准也是很有必要的。有些标准，国家强制了，企业能不能执行，得打个大大的问号！在推荐性标准中的指标要求也完全可以让市场来决定。

其实，作为企业，也应该如此。企业在日复一日、年复一年的运转中，会形成很多文件、记录，企业的管理人员应认真去总结，去做适当的减法，废止那些已经过时、没有必要的文件；修订那些不合时宜的作业指导书。让程序变活，把工作做顺。

好记性不如烂笔头！发现好东西，立马记下来！

随心所感（1）：

第2章
管理职责

什么叫管理？管理是协调资源的过程，有四大基本职能：计划、组织、领导、控制。计划（Plan）就是明确要干什么活，怎么干，要达到何种目标；组织（Organize）就是分配任务，安排谁做；领导（Lead）就是想办法指导和激励大家好好干；控制（Control）就是要知道活干到什么程度，出了问题及时解决，确保任务完成。从这个意义上讲，管理就是通过别人达成目标的过程。我们经常说，分工要明确，职责要清晰。职责指的就是为了完成分派的活动而必须履行的义务。因此，管理职责就是进一步强调为了达成目标而再次明确谁该担当何种义务。通俗来讲，就是让人好好干活！

质量管理也属于管理的一部分，且属于非常重要的一部分，因此质量管理也承载着管理的各项职能，比如采用何种组织架构，如何分工，怎样合作，需要配置哪些资源，达成哪些质量目标，如何评审，是否能最终让客户满意。

2.1 质量管理就是要兑现承诺

管理承诺，承诺什么？通过什么样的方式以保证承诺能兑现？就是需要管理层，更确切地说是最高管理者、企业一把手为了实现目标，配备足够的人力、物力和财力。只有兑现了管理承诺，质量管理才能落到实处，质量管理工作才能顺利开展，才能达成企业的质量目标，最终让客户满意。

2.1.1 质量与食品安全，别再傻傻分不清

什么是质量，什么又是食品安全？很多人弄不清楚，搞不明白。这里，我们就来理理思路。

在有道词典里输入"质量"二字，就会出现两条释义：mass 和 quality。

先来说说前者，英文单词 mass 就是我们之前在初中物理上学到的"质量"，指的是物体所具有的一种物理属性，是物质的量的量度，常用 m 来表示。而后者 quality 常用于产品和服务上，根据 ISO 9000:2015 的定义，指的是客体的一组固有特性满足要求的程度。

要谈食品安全，我们得先清楚什么是食品？现行《食品安全法》对食品是这样定义的——食品指各种供人食用或者饮用的成品和原料以及按照传统既是食品又是中药材的物品，但是不包括以治疗为目的的物品。根据这个定义，饮料也属于食品。因此，通俗来

讲，食品就是除药品外能吃能喝的东西。

知道了什么是食品，我们接下来探讨一下什么是食品安全。同样，根据现行的《食品安全法》，食品安全指食品无毒、无害，符合应当有的营养要求，对人体健康不造成任何急性、亚急性或者慢性危害。根据 ISO 22000:2018 的定义，食品安全指的是"保证食品在按照预期用途进行制备和（或）消费时，不会对消费者造成不良健康影响"。通俗地讲，食品安全就是正常吃，不会有问题。

安全这个词在英文中有 safety 和 security 两层意思，因此食品安全有 "Food safety" 和 "Food security" 两种说法。根据维基百科（Wikipedia）的定义，"Food safety is a scientific discipline describing handling, preparation, and storage of food in ways that prevent foodborne illness." 而 "Food security is a condition related to the supply of food, and individuals' access to it." 联合国粮食及农业组织（Food and Agriculture Organization of the United Nations，FAO）是这样描述 Food security 的——"Food security exists when all people, at all times, have physical, social and economic access to sufficient, safe and nutritious food which meets their dietary needs and food preferences for an active and healthy life. Household food security is the application of this concept to the family level, with individuals within households as the focus of concern." 从上述定义，我们不难看出，Food safety 是一个比较大的范畴，侧重于整个过程；而 Food security 对应的范围比较小，只体现在储存和获取阶段。因此，Food safety 可以理解为"食品安全"，而"Food security"则是"食品防护""食品安保"或"食品防御"。

通过上面的分析，相信大家对质量、食品、食品安全和食品防护有了清晰的认识，但在食品企业进行职责界定时，很多人很迷茫。因此，有些公司设置质量保证部（简称质保部）、品质管理部（简称品管部）、品质检验部（简称质检部或者品检部）、质量管理部（简称质量部或者质管部），有些公司设置食品安全部（简称食安部），还有的公司设置质量与食品安全管理部，五花八门，各式各样。之所以出现了这么多杂乱的名称，说到底，还是对概念理解不清，即使学习了 ISO 9000 标准，不少企业也在多年前就通过了质量管理和食品安全管理体系认证。

根据 ISO 9000:2015 的定义，质量管理指的是"关于质量的管理"。这个定义过于简单，不好理解，我们可参考 ISO 9000 的上一版本，也就是 ISO 9000:2005 的定义，质量管理是指"在质量方面指挥和控制组织的协调的活动"。前面提到，质量指的是"客体的一组固有特性满足要求的程度"。作为食品，既然是可以吃的，那就必须保证安全，因此食品安全对于食品来讲就应该是其质量的固有特性之一。在一定程度上讲，质量应该包含食品安全。到这里，可以确定负责这些工作的部门叫什么名字了，质量管理部（Quality Management Department），简称质量部或者质管部。其实，话说回来，如果这些工作都做了，而且都做好了，叫什么名字，并不重要。

2.1.2 质量经理必须汇报于总经理，为什么？

组织作为动词，是四大管理职责之一，决定着要完成的任务是什么，谁去完成这些任务，这些任务怎么组合分类，谁向谁报告，以及各种决策应在哪一级上制定。而组织作为名词，是对实现某些特定目的人员的一种系统性安排。那么，组织架构（Organizational Structure，也称组织结构）是从形式上对工作任务如何进行分解、组合和协调给予明确。因此，组织架构图（Organization Chart，也称组织结构图）能够形象地反映出组织内各机构、岗位上下左右相互之间的关系。

组织架构有很多种类型，例如直线型、职能型、事业部制等。作为生产企业或者制造工厂，采取哪一种类型更合适呢？根据目前现状，对于食品链工厂而言，直线型组织架构比较合适。直线型组织架构下属部门只接受一个上级的指令，各级主管负责人对所属单位的一切问题负责，其结构简单，责任分明，能够确保步调一致。这与食品链工厂对发现的问题要及时处理、明确职责相吻合。

目前很多公司，特别是当初的小公司，经过一段时期的原始积累，形成了一定规模，公司的组织架构显得臃肿。公司有总经理，下有若干个副总经理，副总经理下面有总监、副总监，总监下设部门经理、部门副经理、主任、科长、班长、组长等。管理的跨度很小，但是层级非常多。其实，作为生产工厂，没有必要设置这么多的岗位和职位。组织架构要简单明了，直接有效。层级太多，指令由上往下传达会失真；层级太多，信息由下往上传递会走样。管理跨度（Span of Management，又称"管理宽度""管理幅度""控制跨度"）决定了一个组织要设置的管理层级和配备的管理者人数。在其他条件相同的情况下，管理跨度越宽，组织效率越高。

但是，有人会这样认为，一个企业好不容易找到了一个难得的管理人才，或者希望给公司元老一个比较高的职务，仅仅给一个部门经理是不是有点太委屈。其实不然，一个人有没有才干，是不是受委屈，不是职位所能体现的。部门经理完全可以做到不同的级别，例如初级经理、经理和高级经理，把经理分成三个等级，而且每个等级之间又可以通过工资待遇来区分。因此，虽然是经理，但是不论是待遇还是权力方面都有很大的差异。安排副总经理、总监、副总监有时是不得已而为之，一旦授予这样的头衔，今后很难去掉。在公司，就会出现很多这个"总"那个"总"的，严重的官僚主义就此滋生，这对生产型的公司是个很不好的现象，不利于后续的管理。如果确实需要，可以考虑兼任模式，例如生产副总经理兼生产部经理，质量副总经理兼质量部经理等。

接下来谈质量经理工作汇报的问题。

目前，很多公司，质量经理直接汇报于生产副总，而不是总经理，现场品管直接汇报于生产经理或者车间主任。质量和生产两者本来是水火不相容的，把他们放到了一起，被同一个人，但不是最高领导来统一管理，发生的质量问题会被很快解决，很容易私了，却不会暴露出来，后续再发生的可能性比较大。同时，最高管理者很难知道是不是出现了质量问题，无法去考量产品的质量。因为出现的质量问题都已经被生产副总或者生产经理扼杀于萌芽状态。在公司高层看来，天下一片太平，因为听不到不同的声音。看似风平浪静，实则隐藏着很大的危险。事实上，这个状况应该是企业负责人最担心的，因为危险可能会突然爆发。

作为一个看重产品质量的公司领导，希望能听到不一样的声音，特别是关乎产品质量的。当生产和质量有冲突，出现不一样的意见，需要裁决时，作为最高管理者的公司总经理，要站在更高的层面，作出判断。作为高层管理者，制定规则，让下面的人动起来，为了产品质量吵架，为了产品质量不放松，为了产品质量面红耳赤，才能够真正保证产品质量。我们经常讲"质量第一"，何为质量第一，怎么做才能保证质量第一呢？生产和质量不争不吵不闹，一片太平能保证质量第一吗？每次出现的质量问题，都要能摆在桌面上，讲讲是谁的错？该怎么办？如何预防？如果只知道错了，不去追究，那么今后类似的问题会一而再再而三地出现，损失将更多更大。换句话说，当生产人员和质量人员因为产品质量吵得不可开交的时候，应该是最高管理者最高兴最放心的时候。

有些公司，工厂的质量经理是直接汇报给总部的质量管理部经理。对于工厂出现的质量问题，工厂的生产经理以及厂长都无权处理，而对于产品作出判断的只有工厂的质量经理以及总部的质量管理部经理。通过这种方法，完全杜绝了关于产品质量瞒报或者欺骗的行为。作为一家独立的工厂，质量经理应该能够真正承担起责任，真正懂得如何评估产品的质量风险。而工厂总经理必须对产品质量和人员安全负第一责任，所以工厂质量经理应该汇报给工厂总经理而不是不承担全部责任的副总经理。

在很多客户审核中，经常会关注这一点，质量经理是否直接报告于总经理。因为，在客户看来，这种形式从一定程度上可以消除此类隐患，或者将其瞒报的可能性降至最小。

2.1.3　质量管理中的人、财、物配置

要做到资源配置，首先必须明确什么是资源。《现代汉语词典》把"资源"定义为"生产资料或生活资料的天然来源"，这个定义用在此处并不是很贴切。这里所讲的资源，包括质量管理所需的人力、物力和财力。

(1) 第一是人力

我们经常说人机料法环，人是第一位的，没有了人，估计什么事情都办不了；没有了人，一切都是空中楼阁。因此，人是最为重要的因素。质量管理，作为企业管理的一个部分，具有管理的一切属性。谈到管理，就离不开人，那么应该为质量管理配备多少人力呢？通常来说，企业为质量团队配置多少人员取决于公司高层对产品质量的重视程度。

对产品质量重视，那么就会配置高水平的质量管理团队，会寻找优秀的人才担当质量团队的领头羊，而不是招聘新手，或者是刚毕业的大学生。质量管理有两大职能：监督和辅导。要监督，必须要了解产品，必须要懂得质量管理理念，必须深谙产品相关的法律法规要求。如果对产品都不了解，或者一知半解，那么如何监督呢？不具备这方面的知识，即使生产工艺出错，可能都看不出来，因此不可能监督。从这个意义上说，质量管理团队的成员应该是来自于对生产过程比较了解、对产品比较熟悉的生产部门。再者是辅导，辅导就是你不懂、你不会我就教你，直到你会了你懂了为止。别人不会的你会，你才能辅导。如果对产品都不熟，对工艺都不懂，谈何辅导呢？这又回到了质量管理的第一项职能：监督。两者的前提都是对产品要熟悉，对工艺要了解，否则，不可能保证产品质量。

找到了团队的领头人，接下来要做的事情就是配置团队，团队的大小取决于企业的规模以及管理的风格。ISO 9000:2005 指出，质量管理通常包括制定质量方针和质量目标，以及质量策划、质量控制、质量保证和质量改进。据此，我们可以把质量管理部职能分成

三大块：一进一出（来料和成品检验）、过程控制和体系保证。来料和成品检验、过程控制属于质量控制的范畴，体系保证等同于质量保证，而制定质量方针和质量目标、质量策划和质量改进应贯穿于上述两项活动之中。

首先，是负责一进一出的质量控制。

"一进"指的是来料检验（或称进料检验，Incoming materials Quality Control，IQC），包括产品生产所用的各种原料、辅料、加工助剂和包装材料。要生产一种产品，特别是食品链制造工厂，需要用到各种各样的原料，但原料到了工厂并不是都能直接使用，而是要对照标准进行取样检验，这个标准就是采购交给供应商的采购标准。"一出"指的是对成品的检验，已经生产出来的产品，在发给客户之前，需要对照客户给定的产品标准进行检验，以确定产品能够满足客户要求。从以上可以看出，一进一出更侧重实验方面，是需要检测的，通过数据检查与标准的匹配程度来判定是否合格。

其次，是生产过程质量控制（Process Quality Control，PQC），或称制造过程（简称制程）质量管理，或叫现场品管、现场品控。

这个过程很长，原辅料、包材从仓库被合格放行到生产现场，产品加工完成进入成品仓库，产品到达客户或者消费者手上都属于这个范畴。整个过程涉及人员卫生、质量控制点、设备清洁、追溯标识等。过程控制应重点检查车间的操作是否符合工艺要求，对过程潜在的异常或者已经出现的偏差是否采取有效的措施给予预防和控制。可以根据产品线或者工序，划定不同的区域，让不同的品管来监督管理。所以，依据产品工序的复杂程度以及工厂的规模来确定现场质量控制团队的人数。

最后是品质保证或者质量保证（Quality Assurance，QA），简称品保或质保，指的是质量管理体系，主要涉及程序、流程、作业指导书，以及持续改进、客户投诉等。

很多人认为品保就是对文件进行管理，认为品保无外乎写写文件、改改记录。其实不然，一个有效的体系保证专员或者主管不仅要有丰富的体系管理知识，更要对现场的每一个点、每一个过程都很了解。否则，闭门造车，坐井观天，做出来的流程不像流程，缺胳膊少腿；写出来的文件不像文件，和实际操作之间的差异巨大；编出来的表格不像表格，真正可以获得的信息，寥寥无几！质量系统就相当于公司的脉络，脉络清晰顺畅与否都决定着公司管理水平的高低。通过文件，通过程序，来明确职责，要做什么？怎么做？谁来做？因此，品保站得高望得远，看问题比较全面，真正把质量放在首位的公司对品保的要求都是比较高的。

公司的质量团队分成三个部分，但它们不是孤立的，而是相互关联、彼此协调的。那么，质量团队配置多少人比较合适呢？一般说来，质量团队的成员数占员工总数的6%～9%比较合适。例如一个160人的食品工厂，生产休闲肉制品，配置原料品管4人、现场品管3人和品质保证2人，再加上1名部门主管，共10人，占员工总数160人的6.25%。

(2) 第二是物力

物力指的是进行质量管理活动所需的建筑物、检测设备、仪器仪表、工器具、能源、原材料和辅料等。上面我们说到IQC，对原材料进行检测，肯定需要用到检测设备和检验试剂，才能对原材料的指标进行检测，甚至还要使用标准试剂；检测需要用到样品，需要对原材料进行抽样，所以要用到抽样的工器具；使用检测设备，要用到电源，甚至气体等能源；成品检测，包括理化检测和微生物检测，都需要有独立的空间；成品需要留样，需要有存放样品的空间；有检测就有记录，有记录就要用到纸张、打印机之类的物品。这些是物力的范畴。没有这些，谈不上管理，更谈不上质量管理。可以说，物力是进行质量管理的前提。

（3）第三是财力

企业管理每一项活动都需要财力来保证，毕竟不论是企业还是公司，最终都是以盈利为目的。质量团队的工资福利、外部检测费用、质量损失费用、检测仪器设备的检定费用等都属于财力的范围。

人力、物力和财力，构成了质量管理的资源配置。在这三项资源中，人力最为重要，是决定性因素，人力决定物力和财力。所以，彼得·德鲁克会发出这样的感叹——企业只有一项真正的资源：人。

2.1.4 现场是管理的第一使命

现场很重要，发生命案，警察会要求第一时间保护好现场，并认真仔细查看，一次、两次、三次，甚至数十次。其中的缘由，大家都很清楚，通过现场可以找到一些蛛丝马迹，以获得有利的证据，为后续抓住罪犯提供重要的线索。应用到企业管理，现场管理也是相当重要的，特别是制造型的实体企业。当然，这里所说的现场，不单单指出现异常之后要去查看的现场，还指日常工作中我们自己所负责的区域。

为什么说现场是管理的第一使命，笔者从以下三个方面给予说明。

（1）通过现场的深入调查，可以发现问题出现的根源

没有调查，就没有发言权。而且，不做正确的调查同样没有发言权。所以，要去现场做调查，而且是正确地去调查。接到客户投诉，应该组织生产、质量等相关部门的人做调查。随便敷衍回复一下客户或者简单开个会想当然地讨论一下，是远远不够的。针对客户投诉，我们要第一时间到现场去查看设备，去询问当时的员工，去查看当时的质量记录。虽然，出现了投诉，往往已经过了很长时间了，但若认认真真、仔仔细细去调查，还是可以发现一些问题，为产品质量的提高提供一些思路。

产品出现异常，作为一名合格的管理者，不要总是打电话问员工到底是怎么回事，如果有可能，应该第一时间赶到现场去了解情况，掌握当时到底出现了什么问题。作为品管，更是如此！针对产品出现的质量问题，我们应该从人机料法环等五个方面做深入调查：出现异常时，当时的员工有没有严格按照操作规程来作业？是否新员工？设备是否出现过问题？设备有没有被维修？使用的原辅料包材是否发生变化？使用的原辅料包材的供应商有没有改变？使用的原辅料包材批次是否有差异？现场的工艺规程是否和要求的相一致？之前是否出现过类似的问题？有没有记录？产品生产的环境是否不一样……要很彻底地了解这些问题，你不到现场，到了现场不仔细看、不详细问、不认真想，是不可能找到问题出现的根本原因的。这些第一手资料，非常珍贵，不仅为你即将制定的相关措施提供依据，同时也增加了你的阅历，丰富了你的经验。我们知道，信息在传递的过程中，总有失真的可能。你打电话询问员工异常出现的原因，获取的信息已经被过滤，可能一些我们认为很重要的信息已经被员工遗忘或者漏掉了。有些事情，"眼见了也不一定为实"，你不去看，更可能被蒙蔽。坐在办公室，对着电脑，吹着空调，也许可以写出很漂亮的调查报告，但却不易找到问题出现的根本原因。

（2）通过日复一日的现场检查，可以让员工养成良好的工作习惯

有些人，一直苦恼找不到合适的方法去实施现场检查：现场检查了，但是涉及其他部门的工作，无法及时得到支持，很多现场的问题经常反复出现，让人头疼。笔者曾经工作的公司，在每天某个特定时间，总是由总经理带队去进行现场检查，其他各部门经理或者骨干参与。检查的时候，有人做记录，有人拍照片，有人带抹布随时准备搞卫生。对于发现的问题，要求现场相关部门确定责任人并给出完成时限。最重要的是，现场发现的所有问题，需要记录存档跟进，次日晨会要告知完成进展。每月每年对发现的问题，进行统计分析。对那些反复出现的问题，成立专门的小组给予攻克或者要求责任部门进行检讨。将每个责任部门被发现问题的数量以及整改完成的速度和质量，直接纳入绩效考核。

如果长期这样坚持，在大检查之前，所辖区域的责任人或者员工都会把属于自己的那一亩三分地照看好。比如，把记录及时填好，把工具随时归位好，把卫生认真做好，把标识正确贴好等。坚持一个月、半年、一年、两年，相信以前杂乱不堪的现场会有质的改变，变得干净整洁。同时，改变的还有员工的工作习惯和心态，这是公司最珍贵的财富。

（3）经常到现场去走走，可以实现管理者和员工之间的良好沟通

作为管理者，经常亲临第一线，既可以知道公司推行的政策是否被执行，同时也意味着有机会和员工面对面去交流，可以去询问员工工作上有什么困难，哪些地方有改善的空间。如果有必要，作为上司，也有义务随时随地去培训员工，让员工掌握工作技能，把自己的本职工作做得更好。员工也喜欢被领导关注，因此必定会把自己最优秀的一面展现出来。当然，希望员工能和自己充分有效地交流，作为管理者首先必须放下架子。此外，对于员工提出的问题，应给予重视，能解决的迅速加以解决，不能解决的也应该知会员工不能解决的原因。如果员工提出的问题，管理者不重视，一次不解决，两次不解决，或者从来不管不问，那么员工以后再也不会提出任何问题了，因为说了也没用。从这个层面上讲，那是管理者失职的表现。

品管，被称作"车间的警察"，在和岗位上的员工交流时，首先要尊重员工，不要说那个谁谁谁，而应该叫师傅；不可直接以命令的口气说你该怎么做，而是应该在提出自己的主张之前，问员工有没有什么好建议。彼此尊重，才显得平等，才会建立信任，员工才可能会告诉你隐藏在问题背后的真相。

现场，是管理的第一使命，更是与基层员工交流的纽带。

2.1.5 作为品管，必须关注整改是否到位

什么情况下需要整改呢？一般说来，出现异常，出现了不能满足要求的情况就需要整改。例如，出现了不合格，包括不合格原料，过程产生偏差，成品检验不合格；出现了客户投诉；审核出现了不符合项等。

整改应该贯穿于整个管理过程当中，尤其在现场管理当中。现场管理水平的好与坏，

直接影响到是否会出现异常、出现异常的严重程度以及出现异常的频次。很难想象，现场管理一团糟的车间能生产出多少合格的产品，过程控制能有多优秀，人员培训能有多到位，整改能达到多么好的效果。现场管理优秀与否直接决定了过程控制能力的强与弱，不合格成品的多与寡以及员工素质的高与低。

因此，现在越来越多的企业，特别是世界一流的企业都非常注重现场管理，将现场管理作为日常管理一个非常重要的分支。例如，有这样的公司，每天午饭后，工厂总经理或者厂长会带领各部门经理巡查现场，包括车间、实验室、仓库、维修间，甚至办公室等。一般说来，只要有公司最高领导参加的活动，部门经理都会积极参加，不仅自己参加，还会带上自己的得力干将前往。这样，现场巡检的时候，队伍浩浩荡荡，有人拿照相机负责拍照，有人负责做记录，甚至有人戴上了白手套来检查现场卫生。一趟下来，只需要半个小时的时间就能发现不少问题，而且可以当场确定整改责任人以及完成时限，同时指定专人负责跟进，甚至可以在公司每日早会或者周会上对现场巡检发现未完成的问题让责任部门进行检讨。这样做，目的有两个，一是能把现场管理的弱点暴露出来，把现场潜在的隐患充分挖掘出来，尽可能多地把潜在的问题消灭在萌芽状态；二是可以让员工养成一种良好的习惯，员工知道领导会到现场来检查，会把现场该做的都做好，因为做得不好，会受到惩罚。长期坚持下来，现场巡检发现的问题会越来越少，最主要的是通过不断巡检让员工养成习惯。一旦养成了好习惯，做什么事情都有板有眼，有模有样。此外，可以让下属知道如何现场巡检，需要关注哪些问题点，这远比坐在培训教室用投影仪讲课效果好得多。即使某一天公司总经理因故不参加巡检了，下属的部门经理和其骨干也知道如何实施这样的巡检。

出现问题需要整改，那么整改有没有达到预期的目标，整改的措施是不是执行到位，如何检验？检验整改是否到位的唯一标准就是看看类似的异常是否再次发生。出现了问题，实施了整改，最后同样的问题依旧出现，或者换成另外一种形式出现，那就说明没有整改到位，或者没有找到产生问题的根本原因。

其实，发现问题，出现异常，最主要最关键的就是要找到原因，而且是根本原因（Root cause），只有找到了根本原因，才有可能对症下药。在医院看病的时候，医生通过问询、化验等手段进行诊断，也是为了找到根本原因。但有时根本原因并不好找，因此有些病人到医院就医多次，却无法治愈。根本原因找到，那么辅以对应的处方，就易实现药到病除。

2.2 思维导引

管理需要思维去引导才会闪光，与其说它是一门学问，还不如说是一门艺术，需要很多花儿去点缀。

2.2.1 关于开会，对你有话说

每个人，特别是管理者，都参加过各种会议。这里说的会议不是指庆功会、动员大

会、说明会、展销会、培训会等，而是指企业在日常管理过程中，碰到难题、遇到问题、出现异常或者有必要进一步沟通协调时，需要召集其他部门的人共同讨论、交流的活动。

有些人觉得开会很好玩，在会上大家各抒己见，说说而已，把开会当成一种享受；有些人觉得开会很累，在会上大家热烈讨论，说了很多，结果发现并没有实质性的收获，开会后和开会前没有什么明显的改善；还有些人，把开会当成一种任务，开会结束后，问他会议上传达了什么要求，一概不知。还有很多这样不好的现象，不一一列举。既然是开会，说明已经存在问题并且需要尽快解决，可以说，开会很重要。在决定开会前，应注意以下几点。

(1) 考虑会议的成本

有些人认为开会不存在成本，这种想法是极其错误的。开会要不要占地方？即使是站着开会，那也是公司的地盘，需要付租金。开会需不需要人参加？没有人参加，不叫开会。会议上使用的一些设备，比如投影仪、麦克风等，需要使用费。若出差到异地去参加会议则会产生差旅费。

有人这样核算会议成本：会议成本＝每小时平均工资的 3 倍×2×开会人数×开会小时数。我们知道，开会者主要是管理人员，以全体员工每小时平均工资的 3 倍作为与会管理人员的平均工资，应该比较科学；"×2"，主要是考虑到因为某人参加会议，而其他事情受到影响造成的损失乘以 2 倍计。以一个公司全体员工平均工资 5600 元计算，6 个人开会 1 小时，产生的会议成本为 5600 元/(月·人)÷21 天/月÷8 小时/天×3×2×6 人×1 小时＝1200 元。这仅仅是 6 个人 1 小时的会议成本，如果人员扩大到 10 人 3 小时，那么成本将变成 6000 元，这还不包括使用会议设备设施费用以及开会人员的差旅费。既然会议的成本如此之大，那么我们该如何考量呢？

① 这个会议能不能不开？其实，要不要召开会议就像做 5S 一样，首先得清楚哪些会议可开可不开，对于那些可开可不开的会议坚决不开。如果两个人面对面可以沟通完成，没有必要再找一个人开会讨论，因为这都是成本的浪费。有些公司，因为会议太多，竟然还设置了"会议经理"。而有些公司为了控制会议的效果，把"会议成本"纳入部门年度绩效考核，这是一种好方法。这样，想开会的人，在召开会议之前一定会好好思考一下，是否有必要去开这个会。

② 开会的主题是否明确？有些人经常叫嚷着要开个会讨论一下，但是具体要讨论什么，却又说不清楚。会议没有主题，就像无头的苍蝇。还有些人，把开了什么会写入自己的工作计划和工作总结报告中，这是很奇怪的。开会是为了解决问题，你开多少会议不是关键，关键的是你通过开会解决了多少问题，有多少问题不是在会议中反复提及的。针对这一点，建议每次开会的主题只有一个，大家就围绕这个唯一的主题各抒己见，群策群力，一个主题攻破后再开会讨论下一个。

③ 这个会议需要谁参加？开会的是哪些人？这是重点！有些人觉得参加会议的人越多越好，这是错误的观点。人多了并不是好事，在会上你一句我一句，浪费时间不说，效率也会大幅度降低。还有些人，动不动就把各部门的负责人请来参加会议。当然，让部门经理参加会议无可厚非，但有时，不如让当事的主管甚至班组长参加更有效。需要强调的是，开会的时候一定要有一个可以拍板的人参加，这个人可以是所有与会人员的领导或者是总经理授权人员。

④ 这个会议时间有多长？这一项很重要，但很难控制。有些会，一开就是一上午，或者一下午，或者是一整天，有些公司到晚上还在开会。试想，开这么长时间会，能有效果吗？参加会议的人早就坚持不住了，估计他们在会上不是玩手机就是打瞌睡，很少有人会关注会议的内容。一般说来，开会之前，要确定每次会议的主题，每次会议的时间控制在30分钟内。

（2）考虑会议的效果

人们经常会问："今天开会讲了什么？"而"没什么，就是以前那些内容"也成了习惯性的回答。会议在不断地开，但是很少有人关注会议的效果，如果都很在乎会议的效果，怎么会有如此多反复出现的问题需要讨论呢？"会而必议，议而必决，决而必行，行而必果"经常被作为一句口号，挂在嘴上，贴在墙上。但是，每次会议前、会议中和会议后，却没有反思：开会的时候大家热烈地讨论了吗？会议达成决议了吗？达成的决议落地了吗？现实中，最怕出现"会而不议，议而不决，决而不行"的结果。

很多人在开会时，沉默寡言，但一旦离开会议室，却说个不停，这也不是，那也不是，这是极其不负责任的行为，也是对他人不尊重的行为。在会议中，我们要热烈地讨论，哪怕敲桌子，大点声都可以，因为我们要讨论。开会的目的就是要达成一致的意见，如果不表达出来，那么永远不知道你心里在想什么。如果不知道与会人员心里想什么，如何制定策略呢？因此，会议中激烈讨论是好事。在会议室的讨论无论多么激烈，出了会议室的门就不能有不一样的声音。

（3）考虑如何写会议记录

开完会，都会有会议记录，或者称为会议纪要。有些人开会的时候就带两只眼睛、两只手和两只耳朵去参加会议，而不带纸和笔，完全依赖会议记录。说实话，这是不对的。参加会议的人必须做笔记，应该认真地记下已经达成的事项，特别是自己该做哪部分工作。会议记录作为开会达成事项的重要依据，白纸黑字，很重要。下面就简单谈谈在写会议记录时需注意的事项。

① 会上未达成或未提及的事项不得在会议记录上体现　有些人，在写会议记录时，喜欢把会议上没有讨论过的或者讨论过但是没有达成一致的事项当成决议写入记录，这是很不负责任的。如实、有重点地记录会议上讨论的话题，不需要任何发挥，非常重要。

② 会议记录应该在当天完成并尽快分发给与会人员　写会议记录是一件很烦人的事情，但又不得不做。很多人因为工作忙，开完会，过了几天才想起来会议记录还没有写，于是又开始回忆，这种状况下写出来的会议记录和当天实际开会的内容容易有差异。因此，建议会议记录在当天完成，以保证会议记录的准确性和时效性。既然开会，说明存在了问题。会议记录越早下发，会议的决议将越早被执行。有人说，那下午开的会一直开到了下班时间，怎么办？没有办法，加班！不论加班还是有偿服务，都把它完成吧！有些公司是这样写会议记录的：负责写会议记录的人，开始用铅笔写，用铅笔写是方便修改，把所有的会议决议都记录好，然后复印一份让与会人员签字确认，就形成了会议记录。说新鲜，这应该是最新鲜的，且省事省力省心，值得推广。

③ 会议记录应该言简意赅，条理清楚，避免空话套话连篇　有些人写会议记录，洋洋洒洒几千字，看了半天，都不知道这个会议讲的主题是什么。在会议记录中，废话、套

话一律删除！要知道，开会是为了解决问题、达成共识，应该把会议中核心的、已经达成统一意见的事项表述清楚。最好的方法，就是按照1、2、3……列出来，让人一目了然。会议中提及的各部门的人需要做什么事情，要把负责人的名字列出，并加上完成时限。这样，以便后续跟踪及绩效考核。

2.2.2 努力培养得力助手

培养出的助手如同自己的左右手，很重要！为什么？因为左右手们可以为你排忧解难，可以快速达成你的目标，可以让你的工作很轻松，从而让你的生活更惬意。有了左右手，你会惊喜地发现，你不在办公室的时候，通过授权，很多工作都可以被顺利完成，没有外部门人员向你投诉；有了左右手，你会惊喜地看到，团队中的每一个成员工作都是那么积极主动，每一个人都处在满满的工作状态中，领导在与不在一个样。

该如何培养自己的"左右手"呢？下面两点可供参考。

(1) 建立部门人员技能一览表

一个部门通常会有很多岗位，根据岗位会配置一定数量的人。在前期招聘时，都会根据职位的要求尽量去招聘合适的人员，待所有的人员到位之后，那么就各干各的，相互之间没有任何关联。突然有一天，有人生病了住院几星期，或者有人来个说走就走的旅行，这个时候才想到，他的工作该分给谁？谁能做他的工作呢？

若不希望因某人的突然离职或者休假而影响部门的工作进度，最好的办法莫过于培养多面手。至于如何培养多面手这样的全才呢？很简单！

将本部门所有的成员以及岗位（或者工作大类）一一列出，分别填入表格的行和列，然后对每个人在各个岗位技能的熟练程度进行双向评定：先由编者自评，后经领导复评。技能熟练程度用符号"⊕"表示：1/4圆圈表示"入门"，需要培训；2/4圆圈表示"一般"，正在接受培训，在监督下可以工作；3/4圆圈表示"良好"，能够独立工作；4/4圆圈表示"精通"，可以独立处理问题，可以培训他人，属于"师父"级别，见表1。

表1 质量部人员技能一览表

序号	姓名	目前岗位	专业	毕业年份	HACCP体系	现场监控（车间）	不合格品控制	内部审核	现场监控（仓库）	模拟召回和追溯	变更管理	虫害控制	计量管理	食品安全防护	年度质量回顾报告
1					⊕	⊕	⊕	⊕	⊕	⊕	⊕	⊕	⊕	⊕	⊕
2					⊕	⊕	⊕	⊕	⊕	⊕	⊕	⊕	⊕	⊕	⊕
3					⊕	⊕	⊕	⊕	⊕	⊕	⊕	⊕	⊕	⊕	⊕
4					⊕	⊕	⊕	⊕	⊕	⊕	⊕	⊕	⊕	⊕	⊕
5					⊕	⊕	⊕	⊕	⊕	⊕	⊕	⊕	⊕	⊕	⊕
6					⊕	⊕	⊕	⊕	⊕	⊕	⊕	⊕	⊕	⊕	⊕
7					⊕	⊕	⊕	⊕	⊕	⊕	⊕	⊕	⊕	⊕	⊕
8					⊕	⊕	⊕	⊕	⊕	⊕	⊕	⊕	⊕	⊕	⊕
9					⊕	⊕	⊕	⊕	⊕	⊕	⊕	⊕	⊕	⊕	⊕
10					⊕	⊕	⊕	⊕	⊕	⊕	⊕	⊕	⊕	⊕	⊕
11					⊕	⊕	⊕	⊕	⊕	⊕	⊕	⊕	⊕	⊕	⊕
12					⊕	⊕	⊕	⊕	⊕	⊕	⊕	⊕	⊕	⊕	⊕

但是，属于"师父"级别的员工并不是说走就可以走，在本岗位达到技能"4/4 圆圈-精通"，并培养出两个人达到了"3/4 圆圈-良好"，方可申请换岗到本部门其他岗位或者其他部门。这样做的目的是希望他不要有私心，可以把自己掌握到的知识毫无保留地传授他人，并让"徒弟"迅速成长。

换岗的时间不宜太长也不宜太短，个人认为 6 个月比较合适。如果能够认真沉下去，6 个月可以学到很多知识。通过这种机制，让所有人都清楚地知道哪些地方会做，哪些地方不会做，不会做的地方需要通过什么方法来提高。

（2）建立职位代理人制度

我们知道，1 年有 12 个月，1 个月有 4 个星期，而 1 个星期至少上班 5 天，很少有人做到每天都在上班，没有一天休息。这种人也许会有，但是很少，因为你生活在这个世界就必定和周围的人和事发生这样或者那样的关系。换言之，你肯定有不在岗的时候。

当你不在岗的时候，谁能接替你？谁能像你那么熟练地完成你先前做的工作，却不会因为你的缺席而影响工作的顺畅度，继而影响公司的效益呢？有了前面所说的换岗制度，通过技能矩阵，我们很容易知道哪些人已经具备了哪些技能，能够满足什么岗位要求。如果他具备了所有的技能，那么也就意味着他可以把这个部门给"扛"起来。这个时候，建立部门代理人一览表就非常简单了，见表 2。

表 2 质量部代理人一览表

部门	职位	姓名	第一代理人 （直接下属或同级人员）	第二代理人 （同级人员或下属）	第三代理人 （间接下属或直接领导）
质量部	经理				
代理人与被代理人签字					
质量部	QA 主管				
代理人与被代理人签字					
质量部	PQC 主管				
代理人与被代理人签字					
质量部	IQC 主管				
代理人与被代理人签字					
质量部	现场品管				
代理人与被代理人签字					

这里需要强调两点：第一，必须要有第一、第二和第三代理人。比如张三（被代理人）请假不在公司，可以找李四（第一代理人）；如果李四也不在公司，那么可以找王五（第二代理人）；如果王五也不在，那么可以找赵六（第三代理人）。第二，每个人都应该是被代理人，都必须要有相应的代理人。有人说，他就是一个小组长、小班长、现场品管，没有必要实施代理人制度，这个认识是错误的，也是片面的！即使是相同的岗位，但岗位上的人不一样，也同样需要有代理人。相同的岗位因为时间、空间等所处环境以及个

体的不同，会有差异。

也许有人会说，让大家把所有的岗位都轮遍了，都做熟了，要是他们高飞了怎么办？下属在你的培养下，有大发展，你不应该高兴吗？如果他们一直畏缩在你下面，他们能成长吗？作为领导，你能开心起来吗？他们高飞了，作为领导，应该坚信还可以培养出更多更优秀的下属。

2.3 企业不仅生产产品，还应承担社会责任

随着经济的发展，社会的进步，企业作为一个团体，除了为社会提供产品外，还逐渐开始承担起另外一部分职能。其实这部分职能并不是后加的，而是以前被忽视了。现如今，特别是进入21世纪以来，被管理界越来越认同、越来越推崇的，就是社会责任。企业在发展，企业要生存，不单单是要把产品卖出去，还要体现是否承担了相应的社会职责。

20世纪末，非洲数万名儿童被以暴力或是欺骗的方式贩运，被欺凌、被虐待，被迫长时间从事可可豆摘取工作。因此，2001年，全球首个道德规范国际标准——SA8000《社会责任国际标准体系》应运而生，对童工、强迫性劳动、自由权、歧视和惩戒性措施等做了明确的要求。3年后，2004年，Sedex在英国成立，这是一家非赢利性组织，其核心为ETI（Ethical Trading Initiative，道德贸易联盟），对强迫劳动、自由结社、健康与安全、童工和未成年工、最低生活保障工资、工作时间、歧视、正规雇佣、惩戒和纪律等诸方面提出了具体要求。

社会责任，不论何种形式，不论什么样的内容，都是要保护劳动者不受歧视不受虐待，不受到不公正的待遇。作为负责任的企业，要想基业长青，要想在激烈的市场竞争中处于不败之地，要注意以下几点。

(1) 建立合法雇佣关系，乃人之常情

你雇佣我，我帮你干活；你得到了产品，而我也得到了相应的报酬。建立合法的雇佣关系，签订劳动合同，按道理来讲，这是最公平的，但是一些企业却不愿意这样干，因此出现了契约不完整甚至什么契约都没签的情况。这样的机制，虽然可以降低一定的劳动成本，但是给产品带来的风险是很大的。如果有一天产品出现了问题，要去追溯这些产品是由哪些人做出来的，都无法实现。就算知道了由谁制造出来的，也不能确保产品的安全性，特别是对食品链生产企业。没有雇佣关系，员工没有合同保障，就感觉失去了依靠，对企业的认同感和归属感差。

(2) 工作环境安全健康，人人快乐

说到工作环境，大家都会联想到舒适的办公室工作环境。其实，底层的工人很少有这样的工作条件。一般而言，在食品链工厂的工作环境相比其他行业危害要更小点，但是食品行业也属于传统行业，工作时间长、劳动强度大是其显著特征。现代意义上的健康安全，不仅仅是指一般意义上的干净卫生，更重要的是看不见的安全隐患，例如是否有辐射，是否会造成人身伤害。食品行业，产品是用于人食用的，因此加工环境会比五金行业、电子行业稍好。但是，在食品加工过程中，会直接或间接使用一些化学试剂，这些化

学试剂的使用，会不会对员工的身体健康产生影响，需要评估确认。还有，食品生产的原料有不少是粉末，会产生粉尘，那么长期在这样的环境下工作，是不是会对员工的健康产生隐患，同样需要评估确认。

我们知道，在一个安全健康的环境下工作，工作的效率、工作的热情是完全不同的。如果每一个员工做每一件事情都有高度的热情和极高的效率，那么企业还有什么事情做不了，还有什么目标达不成呢？企业以什么样的感情对待员工，相信员工将报以什么样的工作热情。

（3）未成年工雇用要合法

在雇佣关系中，有一类是未成年工，还有童工。根据 SA8000 的定义，童工是指未满 16 周岁，与单位或个人发生劳动关系从事有经济收入的劳动或者从事个体劳动的少年、儿童；而未成年工指的是已满 16 周岁不满 18 周岁的就业人员。雇佣童工在世界各地都是被禁止的，因为童工弱小，而且工厂的管理人员，可以对童工为所欲为，因为童工反抗意识不强，即使反抗，也比较容易制服。使用未成年工，没有什么对与错，关键是要合法使用，在法律法规许可的情况下使用。针对教育部门推出的暑期实习计划，还有大学生兼职，现在很多企业都会设置这样一些岗位，既满足了社会的需求，又能够为企业带来效益。此外，更重要的是，通过这样的机制可以为今后的人员引进铺路。但要注意的是，如果未成年工、大学生暑期工、兼职工在企业受到了不公正的对待，企业的声誉将受到严重的影响，曾经工作过的未成年工、大学生暑期工、兼职工也不可能再成为企业的员工。所以，从这个层面讲，合理合法使用未成年工、在校大学生也是为企业做宣传，提高企业知名度的一种很好方式。

（4）超长时间加班并非好事

加班，是在上班族中使用较多的词汇。订单多了完成不了，怎么办？加班！出现了不合格品要返工，人手不够怎么办？加班！加班，表面看来似乎是双赢，企业按时完成订单，而员工得到了加班费作为补偿。但是，现实有时很残酷，有些企业通过加班按时交货，但是员工并不一定能够得到相应的补偿，这就是所谓的"义务加班"。补偿也有很多计算方法，随着加班工资的计算基数的不同而不同。有些企业把工资分成很多项，而用于计算加班工资的基数是很低的基本工资，最后加班工资比平时还少，因此很多人都不想加班。有些企业计算加班工资以工资总额来计算，但如果经常加班，员工也受不了。

人通过劳动来体现自己的价值，但是劳动的时候也应该享受休息的权利，只有劳动没有休息，或者只有休息没有劳动，都是极端的表现。1995 年我国开始实行双休制，即每个星期可以休息两天，加上自 2007 年起开始实施的 11 天国家法定节假日，似乎我国公民的公共假期不少，但对一些企业来说，实现起来有一定难度。

新生代的员工已经开始反思：我没日没夜地工作，到底是为了什么？他们有时不是为了钱，而是考虑这份工作能带来什么，是否会因为这份工作而感到快乐，感到自豪。在这种背景下，通过员工超长时间加班来取得市场竞争优势，慢慢变得不合时宜。

（5）动不动就罚款，往往最受伤的是企业

一份工作就是一份责任，每个人都想把自己的工作做好，得到领导的肯定。然而有时候，因能力不够，或者自己考虑不周全，工作出现问题，会遭到领导的训斥。动不动就罚款，动不动就训斥，动不动就扣奖金，会让员工觉得没有自尊。人一旦没有自尊就无法产生归属感，没有归属感就不会主动推动企业更进一步地发展。

如今，管理界都在谈以人为本，但是谈归谈，落地需要过程。我们经常可以在企业的宣传栏看到，张三因为什么原因被罚款200元，李四因为什么原因被罚款500元，其上司因为管理不力，被罚款1000元。有些惩罚甚至不公正。

犯错受到惩罚，是为了给大家敲响警钟并从中吸取教训。与其实施带有伤害性质的错误惩罚，还不如帮助员工找到错误的原因，继而帮助员工纠正错误，并以此错误来警示其他员工，避免同样的错误出现第二次。其实，员工出现错误后，只知道惩罚员工，对员工而言，反而会产生无所谓的思想。如果确实是员工犯了错，还好说，员工会承认，但是如果不是员工犯的错却被惩罚，这对员工不公平。惩罚得不公平，就好似在员工心里，埋下了一颗定时炸弹，说不定哪一天会爆炸。而一旦出现这类事件，对食品企业来讲，将是致命的打击。事实上，如果员工造成的损失是60万元，总不至于罚款60万吧，员工承担不起，与其罚款几千上万元，还不如和员工一起找到原因，让员工感觉愧对企业，从而更加努力为企业服务，以此影响更多的人为企业做贡献。

(6) 按时支付劳动报酬，天经地义

付出劳动得到报酬，这是天经地义的，但一些企业却做不到这一点，总是拖欠工资，甚至以此为荣。工资能否按时发放，当然和企业的效益有关，有远见的企业领导，在企业处于比较困难的时候，也会想方设法按时支付员工工资，因为若不按时支付工资，将影响员工的工作热情。公司经营得好与不好，责任在于管理层，而不是员工，因此通过拖欠员工的工资来保证企业运营的做法是不明智的。我们知道，相比于其他项目的费用，员工工资占很低的比例，一般在5%~8%的水平。

而有些企业，反而会在月初发工资，比如每月10日就将本月的工资发给员工。有人会说，拿了工资员工不来上班怎么办？其实这是多虑了，很少员工会有这样的想法，如果这家企业各项待遇都不错，而且员工对企业的文化也非常认同，不可能这样做。人都是懂得感恩懂得回报的，你觉得员工会是个好员工，那么员工也将成为一个好员工。

这些看来都是小事，其实不然，如果这些事情处理得当，处理得好，管理层可以把主要的精力集中在业务上，而不是被杂事搞得不知道该做什么。业务管理好了，公司就更上一层楼，从而步入良性循环。

2.4 目标该如何去达成？

目标指的是想要达到的境地或标准。一说到目标，我们都会觉得很遥远，很伟大。其实，不论是企业还是个人都得有目标。对个人所言，目标是梦想、理想的另一种表述。而对于企业来说，自1954年彼得·德鲁克（Peter Drucker）在《管理实践》中最先提出以来，目标管理（Management by Objective，MBO）被越来越多的人所认识并在众多的企业中推广，同时辅以绩效考核（Performance Assessment），确保目标得以达成。质量目标，作为企业目标的一个分支，指的是企业在质量方面打算达到的程度。

2.4.1　SMART，目标设置应遵循的原则

谈到目标如何制定，一般都会想到 SMART 原则。SMART 原则较全面地概述了制定目标应遵循的基本要求。那么何为 SMART 原则呢？现结合自身的经验谈谈。

（1）原则一：Specific，明确的、具体的

目标不明确，不具体，说了等于没说，设了等于没设。因为目标如果不具体，最后要检查目标是否达成会很难。成功的团队之所以能够成功，是因为在起初制定了明确的目标。目标明确，就相当于黎明前的启明星，指引着前进的方向。不会像无头的苍蝇，到处乱窜！例如，将目标定为"增强客户满意"，如何满意，什么情况下等于满意？怎么增强？增强客户满意的途径很多，譬如提高产品质量、提升售后服务等。因此，该目标没有明确，也很难分解，更不用谈如何执行了。目标明确具体，找对了方向，不仅可以少走很多弯路，同时也可以鼓舞士气，振奋团队。

（2）原则二：Measurable，可测量的、能够衡量的

目标的可测量性是决定目标是否能实现的重要依据。如果目标不可测量，目标即使没有达到也没有证据可以证明。要想目标可测量，必须做到能够量化的必须量化，不能量化的必须质化，杜绝在目标设置中进行概念模糊或无法衡量的描述。例如，将目标设定为"尽可能满足客户要求"，什么是尽可能？无法衡量，与其说是目标，还不如说是一种托词。尽可能、尽量、最大化等都是限定值，不能够转变成可以计算的指标。而数量、质量、成本、时间等具体的、可以测量的指标应作为目标的首选。

（3）原则三：Achievable／Attainable，可实现的、能达到的

目标要可以实现。什么叫作可以实现？举个例子，制定了一个目标：摘桃子。坐在椅子上手一伸就能得到，这就太简单了。真正的目标是你必须站起来，不是坐着，而是要跳起来，甚至于用点力跳起来才能够得着，这才叫作可以实现。而如果跳了，用尽了全身的力气使劲往上跳，也够不着，这叫作难以实现或者无法实现，不能称之为目标。要把握好制定目标的度是非常不容易的。例如，公司去年销售额为 600 万元，行业平均增长才 20％，若将今年目标定为 3000 万元，可能就多了，很难实现；若考虑到行业的增长及自身情况，将目标定为 850 万元，比去年增长 42％，这是有可能的，但仍具挑战性。

（4）原则四：Relevant，相关的、关联的

与工作相关，与产品相关，与企业的价值取向相关。例如，某一食品生产企业，质量部制定了一项目标：部门人员辞职率≤5％。质量部的职责是要保证产品质量，满足客户的要求，部门人员的辞职与其职责没有太大的关联。根据质量部的职责，产品是否合格，合格率是多少；质量成本，花了多大的代价保证产品质量；产品出厂后，客户有没有投诉，投诉率是多少，等等。这些方面才是与质量目标相关的，才具有关联性。目标设定得没有关联，很难去界定，即使达成了所谓的目标，也无法为企业的使命服务。目标设定的相关性越强，带来的企业效益也就越大，指挥棒的作用也就越明显。

（5）原则五：Time-bound，有时限的、设定期限的

有目标，什么时候完成？这是关键！很多目标设定了，但是没有时限要求，形同虚设。例如，张三要买车，这不是目标。如果说张三今年要买一辆宝马 X5，目标就很明确，

也设定了时限,如果到了当年 12 月 31 日,还没有买到宝马 X5,那么这个目标就没有完成。很多人都喜欢目标,或者拥有梦想,但是一旦加上时间限制,就变得不那么喜欢了。时间过得很快,一不留神,一天、一月、一年就过去了,但是目标却没有一点进展。因此,成功的职业经理人,在设定目标(其实也不仅仅是目标)、分配任务或者安排计划时都会加上完成时间,即我们所说的时限,到了时限,就可以检查是否已经达成。

上述五大原则,环环相扣,缺一不可。不论是工作的年度目标,还是指标,或者日常的工作,只要是涉及需要完成的事项,或者任务,都可以用该 SMART 原则来管理。制定一个目标,安排一项任务,若不具体不明确,会走很多弯路;无法用数值来衡量,将不能确定是否完成;不能实现,和空中楼阁没有差别;不相关联,说了等于没说;没有期限要求,终究会不了了之,浪费资源。

2.4.2 设立质量目标,从哪里入手?

(1) 客诉率

客户投诉率,简称客诉率,是一个相对值,指的是客户投诉的次数占销售金额或者销售数量的比值。作为八大质量管理之首,"以顾客为关注焦点"一直以来都是企业追求的目标。在企业的日常管理中,我们常常将"顾客"称为"客户",因此以此作为目标,可以反映出客户的需求,更能体现是否达到了客户的预期,多大程度满足客户的要求。

客户投诉有很多种类型,有对服务的投诉,有对产品质量的投诉,还有对物流系统的投诉等,因此在设定目标时需要给予界定。

有企业把客户投诉的绝对数量作为指标进行管理,也是一种方案。以客户投诉的绝对数量作为指标,要求销售量比较稳定。如果销售在不断增长,特别是有较大幅度增长的情况下,以投诉的绝对值进行指标管理就显得很不合理。例如,2015 年客户投诉为 5 宗(起),销售额为 2000 万,但是 2016 年销售额已经超过了 2800 万,将客户投诉定义为不多于 5 宗就不合适,因为销售额的增加一定程度上是销售数量增加,销售数量越多,可能出现的投诉也将越多。相反,若以相对值来定义,例如,2015 年的实际客诉率为 2.5 宗/千万元销售额,因此将目标定在客诉率≤2.4 宗/千万元销售额,这样不论 2016 年的销售额是 2800 万元还是 3000 万元,目标都可以不变化,而管理层则可以据此推断出 2016 年允许出现的客户投诉宗数是多少。

(2) 客户满意度

客户满意度测量作为一个重要的指标,可用于衡量组织是否"以顾客为关注焦点"。在 ISO 9001:2015 中第 9.1.2 条对客户满意给出了明确的要求:"组织应监视顾客对其需求和期望已得到满足的程度的感受。组织应确定获取、监视和评审该信息的方法。"同时规定"组织应分析和评价通过监视和测量获得的适当的数据和信息",以评价"顾客满意程度"以及"质量管理体系的绩效和有效性"。

但是,有不少人对什么是客户满意,如何监测客户满意仍不清楚。其实,客户满意度一般通过问卷调查来完成。要完成问卷,可以给客户打电话,也可通过电子邮件等形式完成。因考虑到尽量不浪费客户的时间,一般宜采用后者,通过问卷调查的方式来完成客户满意度调查。然而，客户满意度调查问卷从设计，到有效问卷的回收，到最后数据统计，都需要步步小心，以得到自己想要的数据信息。

(3) 成品一次检验合格率（FPR）

成品一次检验合格率（First Pass Rate，FPR），就是第一次检验就合格的成品（不包括经返工或返修而合格的成品）数量占生产成品总数量的百分比，公式表达为：

$$成品一次检验合格率(FPR)=\frac{第一次检验就合格的成品数量}{生产成品的总数量}\times 100\%$$

需要注意，这里说的是成品，而不是半成品，也不指中间品；这里说的是一次检验，不是指二次检验，更不是多次检验。因此，这个指标关注的是成品。成品指标是否合格，是否满足产品质量要求，可以有效地反映出过程的绩效。过程控制能力好与不好，一定程度上会表现在成品的质量上。虽然不能通过成品是否合格来判断过程控制能力，但不能不说，通过监控成品一次检验合格率来评估过程控制能力，是最直接最有效的方法之一。我们经常说：一次就把事情做对。同样，成品一次就能通过检验，一次检验就合格，那么就不需要返工、返修或者报废。对工厂而言，不仅仅是节约成本，更会对成品质量的稳定性和过程的持续性带来卓越贡献。

(4) 有形质量损失

质量损失是指在产品的设计、制造、销售、使用直至报废的整个生命周期过程中，由于质量不满足规定要求，对生产者、使用者和整个社会所造成的全部损失之和。质量损失分有形损失和无形损失两种形式。无形损失是指无法用价值方式直接度量的损失，如因产品不合格影响企业的信誉，使订单减少，市场占有率下降等，很难核算，所以不好作为目标进行考核。有形损失是指可以计算出损失价值多少的损失，指由于公司内部故障或失误造成不合格而需要返工，或者消费者不满意需要退换货、赔偿等引起的各种资源的浪费而发生的费用。这个费用可以和销售额挂钩，也可以作为生产、质量，甚至仓库、物流等职能部门考核的目标。通过这个有形质量损失，可以更好地了解公司在运行过程中，因为产品不合格造成了多少直接的经济损失，由此也可以推断企业的质量管理到底处于什么样的水平。

2.4.3 客户满意度如何测量？

如何制作一份简单而且有效的客户满意度调查问卷表呢？可以考虑以下三个方面。

(1) 问卷如何设计？

你想得到什么样的结果，就设计成什么样的调查表格，即输入决定输出。考虑到尽量少浪费客户填表的时间，客户满意度调查问卷表一定要设计得比较简单，但也一定要包含自己期望获得的所有信息。

一般说来，客户是否满意可以体现在产品质量、交货期、售后服务和价格等四个方面。产品质量属于内在的东西，是核心的表现，没有产品质量谈不上交易，没有产品质量谈不上合作；产品生产出来后，按既定时间交给客户，这就是交货期；客户收到产品后，产品质量是否持续稳定，怎么满足客户的使用要求，这就是售后服务；最后一项是价格，价格是最敏感的，但是现在客户在对价格敏感的同时，更关心产品质量了。因此，可以从上述4个方面设置问卷，见表3。

表3 客户满意度调查问卷表

项目	客户评分（在对应框中画"√"）				
	非常满意	满意	一般	不满意	非常不满意
产品质量					
交货期					
售后服务					
价格					

在上述问卷中，对产品质量、交货期、售后服务和价格等4项内容进行客户满意度调查，且权重是一样的。但是对于制造工厂而言，更关注的是产品的质量是否满足客户要求，是否按照客户的既定要求交货，以及售后服务是否到位等。而作为客户，特别是需求量大的客户，对于价格是非常敏感的。如果将权重都设置成一样，就不能够真实地反映出客户的满意度，特别是对产品质量的满意度，因此有必要设定各项权重，见表4。

表4 客户满意度调查问卷分析表

项目	权重	客户评分（在对应框中画"√"）				
		非常满意(10分)	满意(9分)	一般(6分)	不满意(3分)	非常不满意(0分)
产品质量	40%					
交货期	30%					
售后服务	20%					
价格	10%					

将产品质量、交货期、售后服务和价格按照4∶3∶2∶1设定权重，那么与产品本身相关的属性产品质量和交货期占70%，更能突出客户对产品质量和工厂运营的要求。为了不让客户产生疑惑，发放给客户的满意度调查问卷表上不体现各项的权重比例，否则可能影响客户对满意度评价的公正和客观。同时，对有出口外销业务的公司，可以将表格设计成中英文对照的形式，方便填写。

(2) 有效问卷回收

不是问卷调查表发给客户就万事大吉，而要跟进并确保有效问卷的回收率。有效问卷指的是需要填写的部分都已经填写完成，没有遗漏，否则问卷的可信度将大大降低。一般说来，有效问卷的回收率 = $\dfrac{已回收的有效调查问卷表份数}{发出的调查问卷表份数} \times 100\%$ 应大于等于90%。如果客户连一份只要花几分钟的时间去填写的简单的满意度调查问卷都不乐意去填写，可以想象客户对你还有满意度可言吗？因此，从一定程度上来讲，客户满意度反馈得越及时，反馈的信息越多，表明对你的工作越认可。从更深一层意义看，这也是客户满意度的另外一种体现。

(3) 数据统计分析

客户满意度调查问卷回收之后，需要完成的工作就是对客户反馈的数据进行统计分析。没有统计分析，数据都是死的，它不会说话，不会告诉你客户的满意度如何。而要统计分析，首先必须要明确如何统计分析，采取什么样的手段做统计分析。很多人都非常喜欢用平均值，或者说是平均分。平均是一个好工具，但是一旦平均就没有考虑各项的权重，很多数据一旦被平均就失去了意义。将客户满意度平均，意义就不大。

如果我们有100家客户，都对他们做了客户满意度调查，回收了98家问卷，那么首先必须计算每一个客户的满意度。单个客户满意度如何计算？在前面已经讲到，做满意度调查的产品质量、交货期、售后服务和价格等4项内容都已经设定了权重，那么单个客户满意度评分即为每个客户调查问卷表中的每个项目得分乘以权重得分之和，即：单个客户满意度评分＝产品质量得分×40％＋交货期得分×30％＋售后服务得分×20％＋价格得分×10％。98个客户，每一个客户都按照上述方法计算出满意度评分，最终的客户满意度并不是所有98个客户满意度评分的平均值，而必须考虑到客户的销售额。如果100个客户中80％的销售额都是来源于其中的6家客户，这样的平均是没有任何意义的。那么如何考虑销售额这个要素呢？其实很简单。将98家客户中单个客户满意度评分≥9分的客户的销售额之和，除以98家客户的销售额，得到最终的客户满意度，公式如下：

$$最终客户满意度 = \frac{已回收的有效调查问卷中，满意度评分 \geq 9 分的客户的销售额}{已回收的有效问卷中，所有客户的销售额} \times 100\%$$

上述客户满意度，既考虑了有效问卷比例，又考虑到产品质量权重，同时还考虑到了大客户影响，能较科学全面地评价客户是否满意。

2.4.4 质量目标如何分解与跟进？

对于已经设置好的目标，需要进一步分解并跟进。

(1) 目标分解

美国管理大师彼得·德鲁克曾经说过，"企业的使命和任务，必须转化为目标"，可见目标的重要性。那么，企业制定了目标，如何将目标落地，这就要谈及目标分解。有效的目标分解是指把公司级的目标转变成部门的目标，部门的目标又逐级分到各班组，班组的目标又分解到每个人身上。这样公司级的目标最终都落到每个人头上，从而使得人人头上有指标，换言之，每个人都有任务。每个人的目标达成了，班组的目标也达成；班组目标达成，部门的目标也达成；部门的目标达成，那么公司的目标也达成了。

个人目标达成，公司目标就能达成，需要一个前提，那就是公司的目标经过分解后应该更严格。例如，公司最高层管理者确定了"客诉率≤1.0宗/百万销售包装"作为目标之一，按照销售额分解到一车间A班主管个人头上的目标是"客诉率≤0.8宗/百万销售包装"，但是公司并不可将"客诉率≤0.8宗/百万销售包装"作为一车间A班主管的个人目标，而是应该更严格些，可以考虑将其目标定为"客诉率≤0.6宗/百万销售包装"。只有所有的个人指标都像这样更严格，才可以保证个人目标达成，公司的目标肯定也达成。但是反之，如果个人目标定在"垂死的边缘"——客诉率≤0.8宗/百万销售包装，公司的目标能否达成也将是"胆战心惊"的！换一句话说，公司目标与部门目标、部门目标与个人目标之间都需要留一点缓冲，留一点余地。否则就不能称之为有效分解，因为个人目标的达成与否和公司层面的目标没有任何关联，个人目标不能成为公司目标的基础。

(2) 目标跟进

已经制定且经过公司批准的目标，必须执行，同时要安排人去监督，去跟进。通过跟进可以了解目标制定得是否合理，是否符合现状，是否需要修改。因为在执行的过程中，也存在很多变数，可能影响目标的达成。

在跟进的过程中要经常检讨自己，并梳理思路。比如，检讨自己的工作方向是否与目标一致；检讨目标是否能完成，完不成接下来该怎么办，需要获得什么样的支持，还需要做哪方面的工作等。通过不断地问自己，才能发现不足，找到改进措施。检讨不一定每天都做，但要有一定的周期，比如每周一次、每月一次等。

(3) 绩效考核

目标分解是绩效考核的前提和基础，绩效考核是目标分解的必然结果。绩效考核有助于公司战略的贯彻执行，因为绩效考核不仅能把经营业绩与部门和个人的利益相结合，还能调动每个人的积极性，充分发挥每个人的作用。

说到绩效考核，必然要提到绩效奖金。绩效奖金是薪资中的激励部分，是根据员工的绩效考核结果给予的奖励，用于提升员工的积极性。构成薪资的另外一部分是底薪（薪资中的保底部分）。薪资中底薪与绩效奖金占比如何确定，取决于所从事工作的性质，比如是营销、研发、采购，还是生产、质量等。一般说来，销售岗位的绩效奖金可以占到薪资的 80%，甚至 100%，但质量、生产、维修、仓库等岗位的绩效奖金却不能占如此高的比例，而应该相反，底薪占薪资的 80%，最低也应在 70% 以上。如果绩效奖金占比过高，可能会降低他们的积极性，继而影响到产品质量。

2.5 人很关键

培训管理在现代企业管理中占据着越来越重要的位置，如何实施培训，如何让培训真正产生效益，值得每一个人思考。

2.5.1 上下左右向前走——经营好你的人脉

现代社会，人脉很重要。如何经营好人脉？掌握"上下左右"原则很有用。

(1) 上指"贵人"

在我们成长、学习、生活和工作过程中，往往可以结识一些对自己有过帮助，有过支持，有过信任的人。这些人，我们会很珍惜，可以把他们尊称为"贵人"。有时候，我们很迷茫，因为没有方向；有时候，我们很痛苦，也因为没有方向。而"贵人"是某一方面的专家，或者有丰厚的阅历，或者拥有某方面的资源，虽然不能手把手教你，但是他可以给你指明方向，然后你沿着这个方向往前走，就能到达成功的彼岸。遇到了"贵人"，一定要懂得珍惜，对待"贵人"就要像对待古时候的"师父"（不是"师傅"）那样，心要诚意要达。

(2) 下指下属

下属能力的大小取决于上司水平的高低。你可以成为他的上司，说明至少在某些方面有突出的地方。作为上司，有责任有义务去辅导你的下属，让他们迅速成长。若一个下属，两年或三年后离开上司，能力没有提高，那是很悲哀的事情。造成这样的结果，下属有问题，但领导的问题更大，因为他没有尽到应有的责任。下属不懂，上司要手把手教他；下属不会，上司要教他如何做。余世维先生曾提出，应随时随地随人随事不断教育下属。让下属具备上司的技能，上司才会轻松；只有这样，下属才能够成长；只有这样，下属才能真正成为你的左右手，为你分担，为你成功创造机会。

(3) 左代表家人

现代人越来越重视家的概念，注重家的感觉。没有家的支撑，没有家的温暖，很难谈得上成功和发展。家中的父亲、母亲，家中的丈夫或妻子，家中的儿女，都是你心中的牵挂，你奋斗的动力。家庭的英文单词 Family 来源于"爸爸妈妈我爱你"的英文句子"Father and mother I love you"中每个单词的首字母。可见，父母家庭的重要性。

(4) 右代表同学、朋友和同事

同学情、朋友情和同事情，无不渗透出人的社会性。从小学，到中学，到大学，我们都能结交几个关系非常好的同学，我们称之为"死党"。这些人，当我们遇到困难，会伸出援助之手。我们朋友圈里的知心好友，在你落魄时，会无私相助。同事是我们工作后接触最多的群体，关系非常微妙，需要和他们建立信任，保持沟通，否则，不论你换多少个工作都很难取得长足发展。

上下左右，经营人脉，一个都不能少！

2.5.2 作为主管，要随时随地随人随事培训下属

培训下属很重要，因为培训得好，下属将成为你的左右手。

(1) 为什么要随时随地随人随事培训下属？

很多人说，培训下属是人事部门的事情，和我无关。在我看来，有效地培训下属应该是主管最重要的工作之一。如果下属培训得好，可以省掉很多事情，下属可以给你分担很多工作。

作为主管，对自己所负责的工作应该是很熟悉的。而下属对自己所负责的工作内容以及遇到问题，会有不同的见解。要让大家达成共识，最好的办法就是给他们做培训。而这种培训，主管做最合适。我们知道，公司针对不同级别的员工会设置不一样的培训，但是这些培训是通用的，是一些最起码最基本的内容。接受了这些培训的下属，即使他们对培训内容很了解了，估计也不能满足岗位要求，若不进一步监督、培训，还是会犯这样或那样的错误。

什么是随时？随时，在我看来应该是及时。如果在车间发现下属哪里做得不对，要第一时间去纠正，而不是等到以后。

(2) 如何随时随地随人随事培训下属？

培训下属，没有什么诀窍，最好的方法就是手把手教。下属不会查找问题，主管带着去车间，告诉他怎么去发现问题；下属不会写报告，主管拿着纸和笔手把手教他把事情的前因后果写清楚；下属不善于和其他部门或者其他人做沟通，那么主管和他一起就出现的问题教他怎么进行谈判。到现在我还清楚地记得，2003 年的一天，临近下班的时候，我作为包装品管主任，发现了一个比较严重的质量问题，但是不知道该如何写报告。碰巧我

的领导——品管部长来到现场，我跟他说起此事，他二话没说，就拿起笔，手把手教我写报告，将事件的起因、事件发生的经过、处理方式以及后续采取的措施等描述清楚，等这份报告打上句号的时候，已是晚上8点半了。直到现在，我都很感激手把手教我写报告的领导。也许有人会说，这样手把手教下属，会很累，也会很花时间。没错，是很累也需要花不少时间。但是，这种辛劳，只是在最初阶段，一旦下属掌握了工作的技能，就再也不用担心了。从那以后，我再也没有因为写报告去打扰我的领导。因此，从这个层面上说，这份辛苦、这份累是值得的。

有人会说，我把所有的东西都教给了我的下属，那我岂不是要被下属超越，说不定被下属取代了！其实你可以去学更多的东西，即使你懂得了所在行业知识的99％，还有1％是值得你去钻研的，更何况，还可以去创新。

2.5.3 反复灌输是培训的最好方式

培训二字经常被提及：有新员工加入，需要对员工做入职培训；当更换工作岗位时，需要换岗培训；当出现质量问题时，需要对相关人员进行特定培训等。但是很多培训都未能达到应有的效果。个人认为，培训的最好方式就是反复灌输。

一个以前做化工产品的员工，转行到一家食品企业，应该把他之前在化工行业特有的行业意识和个人习惯彻底"清洗"干净，让其成为一个可以信赖的食品加工从业人员；一个经常不重视产品质量，经常出现质量问题的员工，应该通过反复灌输让其彻底明白怎样才能正确地生产出合格的产品；一个不在乎食品安全的质量管理人员，对食品危害从来不管不问，应该通过反复灌输让其彻底明白，危害一旦发生，对企业、对消费者造成的影响有多深、多广和多大。

如何能让培训达到反复灌输的效果，以下三点可供参考。

(1) 培训的教材应更倾向于非正面的

正常的培训，对一件事情，更倾向于讲述你认真做了会有什么好处，却没有重点强调这件事情你不去做，会带来多大坏处。记得之前有个领导说过"好事要说够，坏事要说透"。有些人，你跟他讲好处千万条，他一条都听不进去，但是你用一些反面教材去讲真实存在的一些后果，他会记忆深刻。比如，我们与其滔滔不绝地讲消防安全如何如何重要，远不如给他们分享一些真实的例子来得有效。在企业管理中，我们完全可以使用公司之前出现的一些教训，来作为反面教材，去培训员工，让他们知道不这样操作产生的必然后果。例如，在讲异物控制时，我们完全可以将公司曾经出现的异物进行收集，作为样本，与之前的异物调查处理报告和客户异物投诉作为培训教材，对员工进行培训，让他们真真切切感受到异物控制的重要性。

(2) 培训的效果需要评价跟踪

现在很多培训都是走过场。一说到培训，人们首先想到的是培训教室、投影仪、电脑、空调以及老师海阔天空地发挥。对员工来讲，培训好与不好，没有多大关系，一不扣奖金，二不影响晋升。但是，如果我们在培训开始前，强调："今天的培训结束后，需要考试，闭卷的，85分以下重考。"这样一说，估计打瞌睡的人少了，两只耳朵竖起来听课的人多了。如今很多的培训，都不在乎培训效果的跟踪，很多人都喜欢利用课堂提问的方式来了解培训的效果。但是个人还是比较喜欢书面考试和实际技能操作，因为这样真的可以知道学员学得到底怎么样，继而为今后培训计划的制定和实施提供指导。

(3) 科学设置培训频次

在制定培训计划的时候，我们都会填上培训的时间。我们知道，培训的时间是根据培训的频次来确定的。但是，培训的频次是如何确定的呢？不是领导拍脑袋拍出来的，而是基于学员现在对某个项目的理解程度来决定的。如果你对这个项目很熟悉，那么培训的频次可以很低；反之，频次则要很高。例如，如果员工对过敏原控制很不熟悉，第一年可以每月、每周，甚至每日对他讲什么是过敏原，如何控制等，让他加深印象；如果明年他稍微有点意识，可以每季度对他讲；第三年，可以每半年对他讲；第四年起，每年对他讲。讲的目的，是要让员工彻底记住过敏原控制的重要性，以防因过敏原控制不当造成食品安全问题。

通过这些方式，经过反复灌输，相信员工的意识可以彻底改变，意识的改变预示着员工将渐渐养成一种好习惯。有了好习惯，员工一定会把这些好习惯贯穿于自己的行动中，真正实现"领导在与不在一个样""来不来检查一个样"。从这种意义上说，这种方式的反复灌输决定着公司的命运。

2.5.4　员工培训要关注4个方面

在对员工进行培训的时候，我们还应该注意哪些方面呢？

(1) 培训内容的确定

培训的内容就是，你要对员工讲什么，你想通过培训让员工获得哪些方面的技能。根据培训的性质，培训可以分成入职培训、在岗培训和刷新培训。入职培训主要是针对新员工，培训的内容相对比较简单，也很具体，因为要考虑到让所有员工都能明白；而在岗培训则重点讲述的是员工在岗位上会遇到的问题，通过培训可以让员工在这方面进行改变，为工作效率和质量的提升提供帮助；对于刷新培训，主要是针对一些比较重要的内容，例如食品企业质量方面的个人卫生、食品安全、不合格管理、过敏原控制、清洁和消毒、异物控制、隔离和放行、计量器具的校验、设备的维修、标识的管理、GMP和转基因管理等。根据培训覆盖面的多寡，可以分成三级，即公司级、部门级和班组级。公司级主要讲解一些比较共性的内容；部门级主要介绍比较突出的有代表性的内容；班组培训，更多的是介绍与岗位工作相关的内容。

笔者认为，将反面教材作为培训内容值得推广。我们知道，在企业经营过程中经常会遇到很多难题、发生过很多异常情况或返工等，这些曾经犯过的错、吃过的亏、受过的苦完全可以拿来当成很好的案例对员工进行培训。这些反面教材有时候虽然惨不忍睹，但是效果却是最好的。

(2) 培训计划的制定

如何制定培训计划？很简单。可以基于以下三个方面来考虑：第一，员工曾经犯过的错，错的根源是什么；第二，自下而上，由员工自己提出需求，然后进行评估确认是否合适；第三，由上而下，作为领导肯定知道下属哪些方面不够好，有欠缺，需要提升。经过对上述三方面的认真思考，相信能够制作出一份非常到位的培训计划。

培训计划制定好以后，还要做什么？必须有领导批准。这个领导通常是公司的最高管理者，例如总经理。因为培训会花费资金和占用时间，都需要公司领导来决定。

(3) 培训计划的实施

培训计划做好之后，接下来该做什么呢？当然是培训计划的实施。我们知道，下一年度的培训计划一般都是在上年的年末制定，或者在年初制定本年度的培训大纲。完全按照计划的要求进行培训难度还是很大的，因为，有时候培训的人员比较多，很难把所有的人都凑齐，如果不能凑齐，培训就无法进行，或者需要额外增加培训的次数。无论如何，培训一旦批准就必须执行，尽量不要提早或者延后。如果有提早或者延后，必须有详细的书面情况说明。这样做的目的，是为了确保计划的严肃性，保证培训按时实施。

一般来说，有经验的审核老师会对着培训计划随机抽查 2~3 个培训项目，查看培训是否在规定的时间内保质保量完成。只要出现遗漏，就可以断定培训管理出现了问题。

(4) 培训效果的跟进

坐在宽敞明亮的会议室或者培训室完成了培训，效果如何呢？培训完成了，这些培训的内容是否能被消化，是否达到了预期的效果呢？需要跟进。在培训之后，对接受培训的人进行考核是一方面，更重要的是要在培训结束的一段时间内，例如一个星期或一个月，检查被培训人是否严格按照培训的要求去做。如果没有，说明培训的效果不到位，或者说培训的力度不够，必须加强。

这就涉及谁来跟踪培训效果的问题，通常被培训人的主管应该最有发言权。此外，主导培训的人力资源部门也必须跟进培训的效果。

2.5.5 全员质量培训做起来

对全体员工进行质量培训是非常重要、非常严肃的事情，且必须由质量部来主导完成。为什么要由质量部来主导呢？原因有两个。

(1) 有助于统一思想，达成质量共识

虽然现在越来越多的生产管理人员的质量意识在逐步提升，但是他们的质量意识往往是间接获得的。如果我们可以面对面对一线员工灌输质量意识，更有助于员工质量意识的固化，因为毕竟质量部在质量管理方面更具权威性。如果由生产部管理人员来输出一些质量控制方法和理念，可能会出现一定的偏差，特别是当生产部的管理人员很多、班组很多的时候。比如，在甲班，这样做没有问题，但是在乙班，管理人员却说有问题，不能这样做。如果是质量部来培训，那么行还是不行，将只有一种声音。

（2）有助于提高质量人员的演讲水平

我们知道，一个优秀的人应拥有多方面的能力，其中比较重要的一种能力是演讲能力，即能把自己充分展示出来的能力。有很多人，虽满腹经纶却不能展示给别人，使他人不能很好地认识自己，这是很悲哀的。一个人有没有能力，做了什么，需要懂得包装，自己能讲出来。

对全体员工进行质量培训，就是一个很好的平台。试想一下，台下站着几十上百人听你在台上讲。也许第一次你很害怕，会怯场，后面经历次数多了，就会慢慢适应，变得越来越自信。此时，你变得成熟了，稳重了，变得更"有范儿"了。

全员质量培训，既然这么重要，那么作为一个对公司产品质量起到监督检查作用的质量管理部门，不能定期对全体员工进行质量培训是失职的，更是不负责任的。既然要培训，那么谁对谁进行培训呢？不可能是质量部门经理对所有的员工进行培训。个人看来，应该分层次按班组来进行。对于公司中高层管理人员，包括部门经理，可以由质量经理来完成；对于新进员工，进行的质量意识宣导培训可以由质量保证主管来完成；对于基层管理人员，例如车间主任、班组长或者工段长的质量培训，可以由质量部现场品管主任来主导；对生产一线员工的质量意识刷新培训，可以由现场品管来负责实施。

对于培训内容，有些人喜欢做成一份漂漂亮亮、看起来高大上的PPT，也有些人喜欢拿着作业指导书来朗读，也有些人喜欢采用案例分析的方式。个人觉得，刚开始的时候，就用作业指导书，也就是依据作业指导书、程序文件上的内容进行培训。打开电脑，利用投影仪把程序文件打开，一条一条地讲解。等条件成熟，再制作成精彩的PPT。因为培训的目的是要让员工牢牢树立质量意识，不应过分在意形式。

培训的内容已经确定，该如何培训呢？有人说一定要坐在培训教室，才能把培训完成，这是不对的。对于规模比较大的全员培训，大多数都在培训教室进行，但是有些可以在其他地点进行，例如在开班、收班、转产清洁的现场。对生产线员工的培训，可见缝插针，就地实施，只要和车间管理人员商定好即可。

培训的效果如何评估？前面曾提到，在培训结束后，一定要考核，而且建议是书面闭卷考试。"培训的效果需要实打实去测量"，培训一结束，立即考试，然后批改试卷，现场统计考试分数，看看哪些人不及格。最后，公布答案，再次巩固培训内容。这里需要强调的是，员工的直接上司（例如班组长），甚至上级的上级（例如车间主任），都应该参加现场的培训并和员工一道参加考试。不及格同样需要再培训，并参加补考。为了方便批改试卷，避免主观的因素对分数造成的影响，我个人比较倾向将试卷全部设定成填空题。

对全员的质量培训一定要做，而且要认真做。让员工树立强烈的质量意识不是一蹴而就的事情，需要长期坚持。如果今年大家的质量意识都不强，那么今年可以每个月进行一次培训；明年员工质量意识提高了，可以变成每季度进行一次；到了后年，大家的质量意识更强烈了，可以每半年一次；直至最后，每年一次。只有通过这种反复的"灌输"式的培训，才能让员工树立强烈的质量意识。

当然，培训也要因人而异。每个人都是独一无二的个体，每个人对事物的理解和接受程度不尽相同，需要因材施教，不同的人要用不同的方法去培训。

好记性不如烂笔头！发现好东西，立马记下来！

随心所感（2）：

第 3 章
前提方案

前提方案（PreRequisite Program，PRP），根据 ISO 22000:2005 定义，指的是"在整个食品链中为保持卫生环境所必需的基本条件和活动，以适合生产、处理和提供安全终产品和人类消费的安全食品"。同时，在该标准 7.2.3 条对 PRP 应该包括哪些方面的内容，给出了从 a）到 k）共 11 个方面的概述。PAS 220:2008 分 18 章对 PRP 做了更细化的阐述，可以说是 ISO 22000:2005 第 7.2.3 条的补充和延伸。

前提方案由英文"PreRequisite Program"翻译而来，PreRequisite 可以分成"Pre"和"Requisite"。"Pre"是前缀，相当于 Before（在……之前），而"Requisite"指的是必需的、必要的、必备的、必不可少的。"Pre"与"Requisite"合在一起，就变成了"Prerequisite"，在必不可少之前的，即先决条件或者必须预先具备的。从上面的分析可知，PRP 就是指若要进入食品链行业，就必须满足的、必不可少的，也可以说最起码、最基本的要求，相当于进入此行业的门槛。

3.1 PRP 涵盖的内容

ISO 22000 第 7.2.3 条款 11 项内容可以分成：基本条件（a-e）和组织活动（f-k）。

（1）基本条件（硬件部分，共 5 项）

要生产食品，肯定需要厂房、车间以及其他辅助设施。这些设备设施该满足哪些条件呢？应该说要求很多，如果不是这方面的专业人士，估计很难考虑全面。因此，对于新建厂房，应该请专业设计公司进行全方位考虑，再结合自己的经验，以及客户的需求，设计出符合各方要求的厂房。

① 建筑物和相关设施的构造与布局　这是一个很大的范畴，需要考虑诸多方面。这里，建筑物包括车间、仓库、配电房、锅炉房、制水间、垃圾房、废水处理区，有些工厂还有槽罐区、厨房和生活区等。在设计这些建筑物的时候，要考虑到建筑物的材质、屋顶（有没有自动排水功能，是不是绝对不漏雨等）、天花板、墙壁、地面（是水泥、瓷砖还是环氧地坪等）、大门，同时还得考虑防虫害措施等。此外，还要考虑风向、物流、人流、车流等因素。厂房合理布局的关键要看是否能最大限度减少产品被污染的风险，能否最大限度降低不必要的浪费。

② 包括工作空间和员工设施在内的厂房布局　工作空间和员工设施，也包括很多方面。例如，办公室、实验室、更衣柜、休息室、饮水间、卫生间等都属于这个范畴。这里需要特别提醒的是，食品工厂应该设置淋浴室，同时要根据车间上班人数来配置足够的喷

淋头。个人卫生是食品安全的前提。上班前下班后冲洗一下，既让员工精神抖擞，也保证了产品的卫生。另外还有两个地方，同样值得重视，那就是厨房和车间饮水间。厨房提供的饭菜，对食品加工企业来讲是必须要重点控制的，包括虫鼠害、过敏原、转基因等。工作8小时或者12小时，不可能不喝水，有些早班员工还要吃早餐。如果公司没有严格的管控，那么员工自己带杯子，买矿泉水，带饮料，有些人把早餐，甚至坚果类、熟食类、点心类、饮料类等食品带入车间，吃喝完了外包装袋随处乱扔。这些不规范的举动，看似平常，实际上给食品安全造成巨大的潜在威胁。食品和饮料不能带入生产区域，若要饮用或者食用，也必须在指定区域进行。

③ 空气、水、能源和其他基础条件的供给　食品在加工的过程中必然用到水和气等辅助材料，它们在使用之前是否经过了预处理，怎样才能防止潜在的危害呢？例如，水有没有过滤，有没有经过消毒杀菌，需不需要加热处理，又是怎么加热的，等等；空气有没有经过过滤，过滤的海绵是多大的孔径，在使用点空气是否再次过滤，怎样才不会影响产品的质量；生产过程中有时会用到干冰、液氮等，它们的纯度是否合乎要求，在使用的过程中会不会带来其他潜在的食品安全风险；车间、仓库等区域使用的照明灯有没有安装防护罩。这些情况，考虑得越细致，食品出现安全问题的可能性越小。

④ 包括废弃物和污水处理在内的支持性服务　这里需要考虑的主要是交叉污染。因此，在前期设计的时候必须要想好废弃物应该存放在哪里，这个存放点会不会影响到食品安全？废弃物在车间内和车间外该如何放置，如何包装？车间外存放废弃物和储存污水的地方有没有足够的鼠害控制措施？用于污水处理的物料是不是与正常生产用原辅料绝对分开？这些方面，都必须认真考虑，来不得半点含糊。

⑤ 设备的适宜性，及其清洁、保养和预防性维护的可实现性　加工设备及加工器具所使用的材质，例如塑料、铸铁、木头等，是否合适，有没有考虑其在长时间使用后对产品质量的影响，例如腐蚀、生锈、掉屑、起皮等。设备安装的地方是否方便清洁，今后能不能正常维修，对与产品有直接接触且一旦出现泄漏就必然导致食品安全问题的轴承部位使用的润滑油是不是食品级的。这些方面不好好考虑，后面的隐患就会很多。

(2) 组织活动（软件部分，共6项）

软件部分，是和管理相关的，换句话说，是和人直接相关联的，也可以说是对前面5项硬件部分的补充。试想，一个建造得再好的厂房，一幢装修得再完美的别墅，如果不好好去管理，将来也会变得厂不像厂，房不像房。

① 对采购材料（如原料、辅料、化学品和包装材料）、供给（如水、空气、蒸汽、冰等）、清理（如废弃物和污水处理）和产品处置（如储存和运输）的管理　生产用的原辅料包材，按照要求做好就够了。这里特别指出三点：第一，采购物料资质的维护。你买的这些物料，它的生产许可证、型式检验报告等是不是最新最全的。如果从没有生产资质的厂家买了材料，估计离被处罚的日子已经不远了。第二，生产要使用到的非生产用化学品的管理，包括洗手液、消毒液、杀虫剂、洗涤剂等。这些要不要管理好？回答是肯定的。否则，将对食品安全造成巨大的威胁。第三，车间产生的废弃物的管理。这些废弃物从车间运到了室外，有没有考虑和生活垃圾分开？下雨天会不会渗漏地下？多少时间清理一次？

② 交叉污染的预防措施　交叉污染是一个让人操心的事情。在车间内，特别是食品加工区的正上方，要检查是否有冷凝水，是否有天窗滴漏，是否有螺丝松动，天花板水泥块是否脱落等。对于这些隐患，我们应该采取足够的措施，以防其危害食品安全。对于有熟食加工的食品企业，还要充分考虑生熟绝对分开。食品加工区，往往会分级：高卫生区、中卫生区和低卫生区（一般区）。必须要确保员工不会从低卫生区进入高卫生区。

③ 清洁和消毒　设备以及工器具的清洁和消毒，强调三点：第一，生产线清洁之后是否有现场品管检查确认，有没有做微生物涂抹以确认清洁的效果；第二，车间的地漏等卫生死角有没有彻底清洁，清洁之后有没有用消毒液液封，消毒液有没有定期更换；第三，对于其他非车间区域（如仓库）或使用的一些辅助工具（如托盘）有没有定期清洁，怎样确保它们不会间接影响到产品质量。

④ 虫害防治　这主要是指厂区内可控的虫害，例如外面跑的老鼠，室内飞的蚊虫以及室内地面走的爬虫。这个室内，不单单局限于生产车间，还包括制水间、厨房、卫生间等。虫害防治可以自己做，也可以外包。需要注意的是，外包了并不意味着放任不管，而是应该对其虫害防治服务的过程进行监督，对其提出的问题采取措施给予解决，以防止虫害污染到产品。

⑤ 人员卫生　人员分为两大类。第一类是企业自己的员工，需要确定他们是否按照规定进行健康检查；在作业前，有没有按照要求进行洗手消毒，质量部有没有对他们洗手消毒的效果进行确认；有没有将食物带入生产加工区域等。第二类是参观者，主要指的是要进入生产区域和仓储区域的来访者。应对他们的健康状况进行检查，应要求其严格按照规定洗手消毒并更换衣服进入相关区域。这里需要提醒的是，访问者禁止用手去触碰任何设备和产品，除非得到许可。

⑥ 其他有关方面　除了上述 10 大类之外，对外来承包商、物流公司、外部实验室等也需要进行评估，确保它们不会对产品的生产带来任何质量问题。否则，应有足够的防范措施。

3.2　厂房建筑

有人说，产品的生产和厂房建筑没有太大的关系。从狭义上来讲，生产出产品的数量似乎与厂房建筑的布局构造没有明显关系，但是生产出产品的质量却与其有着千丝万缕的联系。我们现在都在说，产品是设计出来的，这里面的设计当然也包括用于生产产品的厂房建筑的设计。如果在设计厂房建筑时没有想到用于生产什么产品，没有想到如何提升效率，那么这个企业肯定生产效率不高。

厂房建筑的设计很重要。首先要考虑选址，特别是食品行业，因为产品都是用于直接或者间接食用的，需要综合考虑各方面的因素，如厂房周围的环境。一些会带来污染的企业周围肯定不适合食品的生产。因此，选址是关键。

食品生产企业通常都不太愿意去租厂房。因为租的厂房，虽说是标准化，但不完全符合食品行业的标准化，无法满足食品行业的要求，故而食品行业都是自己设计新厂房。食品企业改造，一般也是直接设计全新的厂房。新设计建设的厂房，可以将很多因素考虑进去。当然，在设计的时候，要选择有经验有资质的设计公司，同时充分说明自己的要求，以让设计更合理。

3.2.1　厂房布局要合理

如下棋布子一样，厂房布局很重要。布局得好坏、是不是合理将直接影响到后续的流程顺畅与否。一个制造型企业，要实现正常运转，需要配置相应的设备设施。不少人对设备与设施的定义不了解。根据《现代汉语词典》的解释，设备是指为进行某项工作或供应某种需要所必需的成套建筑或器物；而设施是指为进行某项工作或满足某种需要而建立起来的机构、系统、组织、建筑等。设备和设施存在的目的都是一样的，为工作和需要产生，但是设备更具体，强调的是特定实物形态和特定功能，而设施则是更大的范畴，侧重于系统性。在一定程度上，可以说设施包括设备。

一般来说，对食品生产工厂的设计，设计院都有一些通用的原则。例如，考虑风向、生产区与生活区分开、设置废水处理区等。厂房合理布局的关键要看是否最大限度减少食品被污染的风险，能否最大限度降低不必要的浪费。举例说明，把成品仓库和原料仓库建在一起没有问题，但是如果生产的第一步配料车间在仓库的最西面，而生产的最后一步外包装车间在仓库的最东面，东西相隔数千米，这样设计就很不合理。从原料仓库拖着原料走很远才能达到配料车间，在厂区内运输原料的过程中，外界对原料可能产生的隐患无法预料，尤其是天气不好的情况下；包装完好的成品，从外包车间进入成品仓库，又要经过一定的距离，同样存在着隐患。

在设计的时候，需要对工艺很了解。因此，在设计的初级阶段，要尽可能地花时间多与设计师沟通，减少可能存在的食品安全隐患，更要减少重复性劳动或者长距离运输带来的浪费。每一个点每一道工序都需反复推敲、斟酌，考虑是不是合理，是不是顺畅，是不是方便，会不会增值，这样才能防止在正式规模化生产时出现不必要的返工和不合格品。

3.2.2　保安门卫不应成摆设

作为食品安全的第一道防线，工厂设置门卫并配置保安是值得肯定的，但是不能让保安成为摆设。

通常，为了安全和便捷，工厂都会设置两个通道，一个是人流通道，一个是物流通道，分设两个大门。然而，有些工厂想得很"周到"，在门卫室放置了床，可以睡觉；安装了煤气灶，可以做饭；还有卫生间。保安的日常生活都可以在保安室完成。这样做并不合适。保安，顾名思义，保卫安全；门卫，大门卫士。上班的时候，特别是夜班人少或者没人的时候，保安在床上睡觉了，工厂的安全谁来检查；在保安室做饭，煤气灶的安全谁能保证；烧菜用的油盐酱醋由谁来管理。这会带来一系列的问题，这些问题一旦失控，将成为安全隐患，抑或产生食品交叉污染问题。

保安，作为工厂的安全卫士，需要保证工厂日常的安全，包括人员的安全、产品的安全和财产的安全。因此，保安需要做的事情就是对进入工厂的人员进行登记管理，防止非授权人员进入工厂特别是受控生产区域；检查监督工厂的监控设施，确保这些设施处在良好的状态；按要求对工厂内的区域进行不定时巡检，确保这些区域能够被检查被监控。

这些才是保安工作的重中之重，才是企业需要关注和监督的。

3.2.3 宿舍和餐厅最好不要设在厂区

在食品工厂内设置宿舍和餐厅并不是明智之举。

试想，宿舍在厂区内，宿舍内的生活垃圾会不会对生产间接造成影响呢？同时，所有的员工都在厂区内食宿，要保证他们的安全，管理是个大问题，也需要付出一定的成本。

有时在工厂里设置餐厅也是不得已而为之。为什么要设置餐厅呢？当然是为了给员工提供工作餐。既然是为了给员工提供工作餐，那么可以考虑外卖。已经在外加工好的套餐，由第三方送至工厂，用餐完毕后，所有的剩菜、剩饭及餐具全部由第三方回收。对于工厂而言，只需要根据每次用餐的人数提供一个就餐的场地。否则，餐厅的管理，卫生条件的控制等问题都将是个难题。把工作餐承包给有资质的第三方，在社会分工越来越细化的今天，这是完全可以做到的。工作餐外包，并不是放任不管，而是应该明确规定工作餐的花色品种，尽可能地满足各种员工的就餐需求，让员工吃得健康满意。

3.3 基础设施不可或缺

作为生产正常运转不可或缺的一部分，基础设施承担着支撑性的服务作用。比如厂区围墙、地面、停车场、更衣室、卫生间、洗手池、供水系统、供气系统、空调系统、照明系统等。

3.3.1 建筑应满足的一般要求

食品企业建筑的特殊之处就是处处都要防止虫害进入，处处都要保证不让虫害滋生。根据这个原则，就不难理解对食品工厂建筑物的一些要求了。

为安全需要，厂区周围需安装防护栅栏，最低点应不少于 2.5m。这里的安全不仅仅是指食品安全，也包括人身安全。现在很多新建工厂开始使用电子围墙，围墙上安装有电子监控，同时围墙的最顶端带有微弱的电压，但是要保证这个电压必须符合国家标准，不能过高，以防造成人身伤害。无论怎么样，都必须要保证防护栅栏的最低点在 2.5m 以上。防护栅栏过低，外人容易翻墙而入，有潜在的食品安全隐患。

厂区内的地面应保持良好状态，避免产品和设施被污染。要求地面无积水，无虫害藏匿点。停车场应平整，无坑洼，防止垃圾堆积。在有条件的情况下，可以将厂区地面设置成有小小的坡度，一旦下雨，有利于水的及时排出，防止形成地面积水，防止虫害的滋生。

在厂区内，铺设路缘石，用于保护墙体不被厂区内栈板、卡车或集装箱撞击，因此路缘石应高出地面 30cm 以上。如果保护路缘石与墙体连在一起，应伸出墙外 10～15cm，同时外侧应打磨成30°～45°的斜边，防止棱角刺伤人。

由于绿化的要求，工厂内会种植一些植被，但是考虑到植物树木会滋生虫害以及其他动物，因此对建筑物外围的植被距离有一定要求。在建筑物外围50cm内无植物生长，灌木丛应在建筑物3m之外，树木应距离建筑物至少9m。

屋顶的设计也非常重要，特别要考虑的是屋顶自排系统良好，不会漏雨。想象一下，如果外面暴雨倾盆，房屋里面特别是生产车间、仓库也大雨哗哗下，或者外面下大雨，室内下着小雨，那是怎样的景象！一旦雨水进入生产区，就有可能直接或者间接污染产品，影响产品的质量，同时对人身的安全也带来一定的影响。为了防止漏雨，我们需要考虑的有两方面：第一是屋顶的设计，必须要有良好的自排功能，从设计的最开始就要考虑到可能存在的暴雨，特别是江南可能出现的严重暴雨天气。有这样的设计，即使下了很大的雨，对产品的影响也是可以控制或者说是比较小的；第二是要保证屋顶与墙体的间隙被完全密封。有时候屋顶采取波浪式设计，那么屋顶和墙体间就存在间隙，这样一旦有瓢泼的暴雨灌入，墙面就将留下一道道的水痕，墙体发霉就是迟早的事情了。

建筑物墙面应平整光滑易清洗、无裂缝、接口严密、无颗粒物脱落，呈白色或者浅色。生产加工区，墙面和地板、墙面和天花板交接处应设计成弧形。有人认为弧形很难加工，其实现在建材市场有一种这样的弧形材料，是专门为了满足此要求而设计，拿来黏合即可使用。经常会看见墙体有管道通过，比如安装空调通过墙体接排水管，诸如此类的连接口以及所有易渗透处都必须里外两边全密封。

在生产区和仓储区会设置窗户，但有些工厂将窗户敞开，说是为透气。其实，作为食品生产企业，应尽可能保证产品不受外来空气或者外来污染物污染，因此建议窗户被固定，且不能开启。如果确实要开启，必须安装纱窗，纱窗的孔径大小应保持在20目以上，以防止虫害和灰尘进入。另外，窗户内外的窗台应外斜45°，这样可以防止灰尘、水和杂物堆积，同时也方便清洁。现在这种设计越来越多，我们可以看到，高铁后期窗台的设计已告别了以前平整带直死角的窗台。为了通风，有时会在屋顶或者墙面安装排风扇等通风设备，安装此类设备要确保雨水不会被灌入，虫害不会进入，因此在排风系统上安装纱窗是必要的。

建筑物对外的门应严密，不用时保持关闭或使用纱窗。现在用纱窗的少，可以考虑使用自锁门，但要考虑到安全逃生的需要。测试门是否严密，可以在漆黑的夜晚，用强光手电筒沿着门的缝隙照射，看看有没有可见的亮光透出，如有，则表示门的密封不严密，需要改进。这里所说的门也包括仓库的原料与成品进出的大门。在有条件的情况下，可以使用风幕。使用风幕，需要考虑风幕的风速以及反应时间，要达到能及时将内外空气隔断的效果。

3.3.2 重视更衣室的每一个细节

(1) 更衣

不同于其他行业，食品企业的员工在开始作业前，需要更衣。对卫生有更高要求的工序，需二次更衣。更衣室、更衣柜的设计是有讲究的。传统的更衣柜四四方方，更衣柜的顶部有灰尘堆积也无法清洁，从而不能保证卫生。现在，更常见的是，将更衣柜的顶部设计成45°斜坡，以有效避免灰尘堆积，即使有灰尘，也很容易观察到，方便清洁。此外，还要考虑更衣柜是否离地放置。更衣柜直接放在地面，底部卫生如何保证，如何清洁？因此，将更衣柜垫高，同时还需要留有可以清洁的空间。

有了更衣柜并不是说把自己的衣服脱下，塞在更衣柜，然后穿上工作服就可以了。更衣柜物品的摆放必须要合理，防止工作服与员工自己的衣服混放在一起，产生交叉污染，同时需要考虑的还有工作鞋和员工自己的鞋子。对于无严格卫生要求的食品加工企业，在更衣柜选型的时候，可以选择有4层柜子的更衣柜。最上面第一层放置洁净工作服，第二层放置工作鞋，第三层放置员工自己的衣服和私人物品，最底层放置员工自己的鞋子。放鞋子的空间可以相对小一点。更好的做法是，制定一个标准的摆放图，打印然后张贴在更衣柜内侧，员工一打开门就可以清楚地知道物品摆放的位置，方便进行检查。这样可以最大限度避免工作服、工作鞋间的交叉污染，为后续的产品加工卫生提供保证。

更衣柜提供给员工使用并不是放任不管，而应该定期检查。通常更衣柜在购买或者制的时候都会配有钥匙，一把钥匙提供给员工使用，其他的都作备用，由公司保管。这样做的目的，一方面是可以随时检查更衣柜中的卫生状况，同时可以防止钥匙的丢失，防止钥匙成为异物源，对食品安全造成威胁。当然，使用密码锁或指纹锁是最好的选择。

考虑到有男女员工，工厂会设计男女更衣室。其实要不要设计男女更衣室取决于在此车间工作的员工数量以及是否有必要男女分开。如果这个生产的洁净区内只有几个人在工作，可能就没有必要把更衣室分开，因为更多的更衣室需要更多的空间，也存在着维护成本。

员工进入更衣室如何更衣、如何洗手消毒是比较有争议的问题。其实非常简单，原则就是要保证不受到二次污染。因此，一般应遵循以下步骤：换鞋进入第一更衣室（一更），脱去生活外套放入更衣柜，戴上一次性发网（头套）；再次换鞋进入第二更衣室（二更），洗手消毒，戴上口罩，再在一次性发网上戴上洁净头套，换洁净服，换洁净鞋，对着镜子整衣冠；再次手部消毒后进入生产洁净车间。上面便是进入对卫生有较高要求的食品加工企业洁净车间完整的更衣洗手消毒流程。进入一更，为什么脱去自己外套的时候要戴上一次性发网呢？原因很简单，我们知道人身上很容易掉毛发，特别是在秋冬季，在脱外套的过程中，毛发容易粘在衣服、头发上。因此，在脱去自己外套之后要戴上一次性发网，这个顺序不能颠倒。当然，一次性发网也可以换为可以更换的布质头套。现在有些工厂在员工进入生产车间处设置了风淋，员工进入风淋要转圈，以去除粘在身上的毛发等异物。其实这是一笔没有必要的投资。如果刚进入更衣室就对可能产生毛发的各个细节进行了管理，再加上后续的连体服，怎么可能有毛发再粘在身上呢？而且，即使有风淋机，就能做到将身上任何部位的所有毛发都吹掉？经风淋吹掉的毛发能保证不再粘在人身上？

（2）洁净服

传统观念上，很多人都喜欢分体式的洁净服：上衣、裤子和脚套。其实，个人更倾向于连体服。连体服有两连体、三连体和四连体之分，两连体是指上衣和裤子连在一起，加上头套就是三连体，最后加上脚套变成了四连体。穿连体服可以最大限度地把身上的排泄物包裹在洁净服里不掉到体外，而且穿连体服也比较快，可以节省时间。那选择三连体还是四连体呢？主要取决于洁净车间地面卫生情况，如果地面经常使用到水清洁或者有油迹等，那么建议使用三连体，把脚套和裤子分开。若不分开，在清洗的时候，脏污或含有油迹的脚套在和上衣及裤子、头套清洗的时候可能会造成二次污染，间接对产品质量造成隐患。若洁净车间相对比较干爽，不需要进行太多的湿清洁工作，那么就建议使用四连体。考虑到穿连体衣从头套到裤子，长度很长，也需要点时间，因此建议在第二更衣室配备几个不锈钢的板凳，这样员工可以坐着更换洁净服，防止摔倒。

在每套洁净服上都应该有唯一的编号，要保证编号不易脱色，能清晰可见。有些企业直接用油性笔在洁净服上写编号，显得很不专业，而且油性笔的墨迹在清洗的时候可能会褪色，影响美观；此外，油性的墨迹经清洗之后，可能会被溶解，存在潜在风险。

洁净服的清洗。有人把洁净服的清洗放在洁净车间，这是很不明智的。试想，更换后的洁净服如何拿到洁净车间？洗衣机放在哪里？洗衣液如何保存？一系列的问题需要解决。因此，可以考虑在第二更衣室旁或者第二更衣室内建一个独立的房间用于清洗洁净服。在第二更衣室，要有专门的容器存放更换后的洁净服，建议用不带手柄有不锈钢盖的不锈钢桶，同时在桶的旁边做好标识：待清洗洁净服。洗衣机的选择也有讲究，应考虑带烘干功能的洗衣机。要知道，洁净服清洗后若只有甩干，没有彻底干透，需要晾干，而那么多的洁净服在小小的洗衣间晾干是不现实的，何况晾出来的水汽将弥漫在空气中，进入洁净车间。在安装的时候，洗衣机的排水口要与带液封的地漏紧密相连，不得留有任何间隙。

洁净服清洗会用到清洗剂。但是，如果洁净服本身不是很脏，而且若延长清洗的时间以及提高清洗用水的温度，最后的清洁效果和加清洗剂清洗的一样或者相差无几，那么更倾向于不使用任何清洗剂清洗洁净服。如果确实要用，建议选择洗衣液而不是洗衣粉。原因在于，在洗衣服的时候若一次性加的洗衣粉太多，洗衣粉被衣服包裹，在清洗的过程中不一定会全部溶解，即使全部溶解了，烘干后可能会再次变成粉末附在洁净服上。员工在操作的时候，粘在洁净服上的洗衣粉可能会进入产品中，造成在产品中出现不明异物污染。洗衣液应选择无色无味的，考虑到对产品潜在的影响，尽量不使用家庭洗衣液，若有可能，要选择带消毒功能的洗衣液。清洗洁净服要有清洗记录，记录洗衣液的品牌、规格、型号、用量、生产日期/批次、由谁清洗、被清洗的洁净服编号、清洗数量等。有人很疑惑，为什么要记录这些？主要是为了在出现问题时，能够实现全程追溯。

3.3.3　卫生间应彻底告别脏臭乱

卫生间的设计非常讲究。有人把卫生间设置在洁净车间，似乎可以节约员工上厕所的时间，但却不知道，这为产品的质量留下了多大的隐患。

食品企业生产现场卫生状况如何，看看卫生间就知道了。如果厕所的卫生保持得很好，没有一点异味，可以推断生产现场的卫生保持得不错。如果厕所的卫生状况一塌糊涂，那么可以想象车间产品是在一种什么样的环境下生产出来的。厕所的坑位有蹲式和坐便式，在食品工厂建议使用坐便式。坐便式冲完水后，在坐便器中的水和污水管道做个区隔，以防止异味从坐便器里散发出来。同时坐便器要带有一个盖子，以最大限度防止气味的弥漫。卫生间应配置洗手、干手设备。此外，卫生间配置的垃圾桶应是脚踏式的不锈钢垃圾桶。未使用时，卫生间的门应保持自动关闭状态。

除了设计之外，卫生间最重要的还是要保持定期定时清洁。在卫生间里使用空气清新剂和驱蚊祛味的蚊香是很不明智也是不可接受的做法。厕所的异味从何而来？从污水管道而来，从洁具上散发出来。换句话说，就是没有清洁干净。现在很多企业把卫生间的清洁外包给第三方，但是效果往往不佳。作为食品生产企业，卫生间的卫生要严格管理，除了规定清洁的频次外，还需要有检查制度，并对员工的如厕行为进行约束。通常，卫生间至少每2小时清洁1次。这里说的是清洁，不单单是清扫，还要洁净；不仅仅是清扫掉垃圾，还应该把所有区域清洁一遍，该擦的地方擦干净，该洗的地方洗干净。在每次清洁结束后必须有专人检查确认，没有异味方算合格。规定是一方面，更重要的是对规定执行的监督。

作为食品企业，卫生间应配置淋浴间。淋浴间的数量根据在洁净间工作的员工数量来确定。员工上班或者下班洗个热水澡，可以充分保证员工的个人卫生。这项额外的开支能让员工保持好心情，提高工作效率。

3.3.4　五步洗手消毒法

进入生产车间，员工要洗手消毒，这是食品企业必要的程序。因为手要接触原料、包材、生产设备以及产品，手部不干净，将直接影响产品的卫生质量。在卫生间、休息区和生产区域，特别是在手会经常接触产品的生产区域，要有充足的洗手设施，并设置在便于使用的位置。

如何洗手消毒？一般说来，可分为五步。

第一步：冲洗　手的外部容易接触到各种污渍，要进入生产区或者洁净区，首先要做的是用清水把手上的污渍冲洗干净。

第二步：清洗　经过第一步把手上可见的污渍冲洗干净，接下来就是要用洗手液清洗。经过第一步的冲洗，手已经潮湿并沾有水，这时取适量洗手液置于掌心，然后两手掌心相对，把洗手液由掌心向外扩散，十指相扣，手上的每个部位都需要搓洗到，直到搓起了大量的泡泡，最后再用清水清洗干净。一般说来，手部的清洗至少要洗到手腕5cm以上。

第三步：烘干/擦干　经过第二步清洗之后的双手需要烘干，烘干的目的是为了保证后续消毒的效果。如果双手不烘干，喷洒在手上的消毒液将瞬间被稀释，消毒液浓度降低，消毒的效果就会大打折扣。干手机的选择也是有讲究的，有些企业的干手机功率很小，风很小，烘干双手需要数分钟，甚至十几分钟，严重影响效率。烘干效果不好，会影响到消毒的效果。因此，烘干机应尽可能选择功率大，出热风快的型号。同时，选择干手机要考虑是否容易清洗。在烘干手部时，为了不让水四处飞溅，应考虑在干手机下安装托盘。日常要保证干手机的清洁和维护，以防干手机成为污染源。不允许用毛巾擦干手，因为重复使用的毛巾将成为污染源。如果条件允许，建议在洗手池旁提供一次性擦手纸，用于擦干手部。

第四步：消毒　经过清洗、烘干的双手，必须消毒。消毒的方式有多种，可以把手浸泡在消毒液中，也可以将消毒液喷洒在手部。无论何种消毒方式，必须要保证的是消毒液的浓度。目前比较常见用于手部消毒的是75%酒精。75%酒精相对比较安全，容易挥发，没有残留。有些企业的75%酒精是用98%乙醇配制出来的。其实，完全可以直接购置75%酒精。因为用98%乙醇配制，需要提供配制的场所，使用工具和仪器等。此外，还要对配制的过程进行确认，以保证75%的浓度，程序相对复杂。而直接从合格供应商处采购75%的酒精，只需要在进厂时对其进行检验，符合产品标准即可。

第五步：再烘干　经过消毒后的双手，再次烘干的目的有两个，一是保证消毒的效果，二是防止手部多余的酒精进入产品。

洗手要用到水，但无论使用的是自来水还是纯化水或者是经过处理的工艺水，在冬天，当外界温度降至几度甚至零下几度时，会很冷。有人说，生产车间很暖和，洁净车间温度很高，不冷。但是生产车间温度高与不高，洁净车间热与不热并不影响水的温度，毕竟水是通过管道进入洗手池的水龙头。为了保证洗手的效果，确保所有的人都能按照要求洗手，必须要提供温水。试想，在寒风凛冽的冬天，洗手如刀割，谁会认真洗手呢？将冷水变成热水，现在有很好的解决办法，在洗手池下增加暖水宝，经济实惠，但是必须做到对暖水宝的卫生维护。

水龙头建议用非手动式。传统的手动式，即用手去开关，这是不合适的，因为洗干净的手再去接触水龙头的手柄又将产生二次污染。很多企业用感应式，但是感应式比较容易损坏，有时不敏感，有时太敏感。个人倾向于使用肘碰式或者脚踏式，清洗结束后通过肘或者脚把水关上。其实，也可以使用弹簧式的水龙头，手一按出水3~5秒，然后把手清洗干净，手接触到水龙头后还会被再次清洗，那么手最后接触的是水而非水龙头。无论是什么样的水龙头，目的是要保证手被清洗干净。所以，洗手的标识必须张贴在员工卫生间，同样，也需要张贴在洗手池显眼处，而且要绘制如何洗手消毒的流程图。还有比较好的做法是，企业可以通过定期或者不定期对洗手消毒员工的手部进行涂抹测试，来验证员工洗手消毒的效果；还可以在洗手消毒处放置摄像头，对进入车间的员工是否按照要求洗手消毒进行全程监控，对不严格按照要求洗手消毒的员工给予警告。要知道，正确认真的洗手消毒是保证产品质量的第一步。

还有一点值得关注，那就是洗手池本身。有企业采取似乎很科学很合理的方法，将洗手池的底座与墙面、地面用硅胶或者玻璃胶密封。这样做是为了保证卫生，但没有考虑如何维护，如果密封胶开裂如何处理？因此，更好的做法是保持洗手池底座能够打开，能够被彻底清洁，使洗手池不会成为污染源。

3.3.5　务必保证水的干净卫生

水是生命之源。在生产过程中，水会被当作原料或者辅料进入产品中；在清洁时，水用于清洗设备、工器具、地面和墙面等；水也用于员工手部的清洗，或供员工饮用；水还可以转化成冰、汽用于生产。因此水关系到产品生产和人员卫生的方方面面。有些企业为了节省成本，采用的是地下水（即井水），但是个人并不赞同使用井水。由于工业"三废"

的不合理排放，有些地下水已经被严重污染。若使用已经受到严重污染的水进行生产，如何保证产品的质量？而城市生活用水，要经过若干道工序的严格处理，能够最大限度去除异物、异味和异臭。

2007年7月1日，新版国家强制性标准《生活饮用水卫生标准》（GB 5749—2006）发布实施，这是继1985年该标准发布后的首次修订，修订的新标准中水质指标由原标准的35项增加到106项，增加了71项。其中，微生物指标由2项增至6项；饮用水消毒剂指标由1项增至4项；毒理指标中无机化合物由10项增至21项；毒理指标中有机化合物由5项增至53项；感官性状和一般理化指标由15项增至20项；放射性指标仍为2项。

无论使用的是城市生活用水，还是井水，其接入点和取水点必须安全可靠，要有明显的封条。这样做的目的是防止人为破坏，从而保证产品安全。水通过管道运输到达使用点，在运输的过程中，管道壁上的残渣或者杂质等异物可能会进入水中。因此，在使用前，需要对水进行预处理。除了在进水口使用200目的过滤网进行过滤外，一般还包括以下几个步骤。

① 砂滤　砂滤是以天然石英砂（通常还有锰砂和无烟煤）作为滤料的水过滤处理工艺过程，主要作用是截留水中的大分子固体颗粒和胶体，使水澄清。锰砂可以去除水中的铁离子。

② 炭滤　也称活性炭过滤。活性炭过滤主要是利用颗粒活性炭进一步去除机械过滤器出水中残存的余氯、有机物、悬浮物等杂质，为后续的反渗透处理提供良好条件。

③ 保安过滤　保安过滤指的是水从微滤滤芯（精度一般小于 $5\mu m$）的外侧进入滤芯内部，微量悬浮物或细小杂质颗粒物被截留在滤芯外部的过程。

④ 紫外灭菌　经过上述过滤后，对水要进行灭菌处理。目前通常采用紫外灭菌，既经济又实惠。但需要注意的是，紫外灯使用久了会破裂，所以要对紫外灯的使用时间进行统计，确保在破裂前被更换。紫外灯使用多少时间必须被更换呢？没有明确的要求，可以根据紫外灯的说明书适当确定，不能超出最长的时限要求。

⑤ 微滤　也称微孔过滤，属于精密过滤。微滤可以截留溶液中的砂砾、淤泥、黏土等颗粒及贾第虫、隐孢子虫、藻类和一些细菌等。经过微滤后，水就可以进入生产流程使用了。

过滤系统需定期检查维护，并保持记录。水经过预处理后进入车间，在车间又将分出很多分支，会有不少出水口。对于用作生产成分的水、冰、蒸汽，以及与产品或产品表面有接触的水，应满足产品特定质量和微生物要求；用于清洁或不与产品有接触的水（如用于夹套和热交换器的水），应满足相关用途的特定质量和微生物的要求。每个用水点，或者出水口，都必须被纳入日常的水卫生监测，重点监测其微生物水平，包括菌落总数、大肠菌群等。

处理过和未处理过的水系统之间不得有交叉连接，特别是用于夹套和热交换器的水，不得与正常生产用水有交叉连接。为了防止食品生产用水和非食品生产用水之间的交叉污染，要求所有水系统在每个用水点，都必须装配回流装置。回流装置需要每年检查，检查记录要存档。

3.3.6 压缩空气要过滤

压缩空气，即经过外力压缩的空气。因为其压力大，常用于清洁，特别是用于卫生死角等难以清洁部位以及存有不易清洁污渍表面的清洁。

压缩空气也可用于产品的包装，在包装时用压缩空气吹掉吸附在产品上的粉屑等杂质。压缩空气由空压机制备，为确保压缩空气不受润滑油的污染，空压机必须采用无油设计，即使用无油空气压缩机。无油空气压缩机并不是一点油都没有，用于润滑的机油必须是食品级润滑油。由于空压机在运转时，噪声很大，所以通常将空压机设计在独立的房间，称之为空压机房。要保证压缩空气的质量，空压机房要尽可能保持干净卫生，不能有太多的杂物，特别是不能产生灰尘、尘土等细微颗粒物质。空压机的进风口，通常要有空气过滤功能。空压机使用的过滤网和润滑油需要纳入预防性维护计划，使用、更换都必须要有相应的记录存档。压缩气体的输送管道必须由经许可的材料（例如 ABS 塑料、镀锌钢和不锈钢等）制成，以避免出现产品质量问题。

为了保证空压机压缩空气的最终效果，应对用于监控压缩空气制备的空气压力表建立标准，监测并提供记录。一般用途的压缩空气必须保持干燥、无油，并经过滤除去异物。若压缩空气参与产品生产，或压缩空气会接触到对微生物敏感的产品及其包装，在使用时都需要过滤，在使用点，通常过滤到 $0.3\mu m$。

3.3.7 空调系统的空气清洁

生产车间使用的空调系统，一般为中央空调系统，它具有节能环保、经济实用、方便维护等优点。需要注意的是，用于产品加工区域的空气不可来源于非加工区，例如原料区、维修区、生活区等。

空气进风口需要有过滤装置，至少每个月要对进风口的完整性进行检查并记录。对空调系统管道与生产区域各出风口的连接，例如天花板与管道之间、管道与管道之间的连接处等，也要定期检查，保证经空调系统产生的洁净空气不被外面的空气污染。

空调系统有很多等级，对于食品生产企业，建议工厂各区域（包括厨房、原料区、办公区和设施间）的空气过滤要达到 F5 标准。室内空气不可含有导致微生物污染的物质，在允许的情况下，应该考虑对室内空气进行监测，以确保其达到相应的质量标准。监测什么呢？监测加工区域的微生物，包括空气落菌、大肠菌群和致病菌。当监测发现不符合标准的情况时，应找到问题出现的根源，并有针对性地采取措施给予纠正。

生产区域有高卫生区、中卫生区和低卫生区之分，因此，在设计中央空调系统时，应该考虑并明确此要求，确保高卫生区的空气只能向中卫生区或者低卫生区流动，或者中卫生区空气向低卫生区流动，不可反向流动，以避免产品受污染。

3.3.8 照明不应一视同仁

照明是最常见的设备，只要有人工作或者检查的地方都需要用到照明设备。一般说来，针对区域的不同，照明强度有如下区分。

① 检查点：550lx；
② 生产操作区：330lx；
③ 生产非操作区：220lx；
④ 其他区域：110lx。

由于光照强度本身不易测量，所以要达到上述规定的照明强度，实际很难操作。有一个原则要记住，照明强度由强到弱，应该是检查区＞生产操作区＞生产非操作区＞其他区域。灯提供照明或者其他用途，但是我们知道，灯泡通常是由玻璃制作的，而玻璃是异物管控中的一个重要方面。一旦玻璃破损，玻璃以及灯管内部的发光物质，例如汞等，可能会伤及员工，也将污染产品。因此对灯需要进行科学的结构设计、牢固安装和定期维护，防止破碎造成产品污染。任何裸露的灯泡都必须安装防护罩。对于在加工区和仓储区的灯，外罩应使用不易破碎的非玻璃材料。灯的结构应是一个全封闭的安全设计，若灯的正下方为清洗区域，应有垫圈密封，防止水汽进入导致使用寿命缩短。在湿加工区，灯应有塑料外壳、铰链和垫圈，方便清洁，容易维护。在对灯进行清洁或者更换维修时，需要做好防护，以免玻璃破碎造成对产品的污染。

在食品加工车间，经常会使用紫外灯进行消毒，而紫外灯的灯管同样为玻璃，应该如何管控呢？有人说可以贴膜，但我们知道，紫外灯管贴膜后，大多紫外光线将被薄膜遮挡或者吸收，紫外杀菌的强度将大打折扣。因此，考虑到玻璃的异物风险，很多企业目前都不使用紫外灯消毒，而是选择了更安全更有效的臭氧消毒。如果确实想要使用紫外灯消毒，就必须设计详细的检查表，至少每天对紫外灯的完整性进行检查并保持记录。

3.3.9 地漏做到防臭防虫害

生产区域安装有地漏，而地漏连接着下水道，下水道连接着污水池。污水池中的脏污、害虫、老鼠等都可能会从下水道通过地漏进入生产区域。因此，可以看出地漏是"万恶之源"，必须对地漏进行严格、全面地管理。管理措施不当，可能对食品生产企业造成毁灭性的打击。

地漏安装的数量要充足，但并不是越多越好，因为需要维护保养，维护保养不到位反而可能污染产品。一般说来，在湿加工区要求每 $40m^2$ 安装一个地漏，在干加工区每 $100m^2$ 安装一个地漏。地漏直径为 10cm。地漏要有水封，最好是消毒剂液封，液封高度 7cm 以上。排水设施应装防虫设施，并完全覆盖。不建议在设备底下设置地漏。

作为卫生清洁的一部分，地漏的清洁是非常重要的。因此，应建立地漏的清洁记录。为了保证记录的唯一性和可追溯性，应对每一个地漏进行编号。建议在地漏（含盖子）上敲钢印编号，使地漏实物与记录编号一一对应，方便检查和追溯。在清洁记录上，需要体现哪个地漏、由谁清洁、什么时候清洁、使用的清洁剂、有没有使用消毒剂液封、使用何种消毒剂、最后谁检查、检查结果等内容。

3.4 设备设计与维护优劣直接影响产品质量

产品是制造出来的，输入的是原料、设备和人，输出的是产品。在加工的过程中，设备是不可或缺的，并占据着主导地位。设备的优劣直接影响产品的好坏。好的设备固然能够生产出好的产品，但是好的设备需要维护，若没有维护，无论多先进多高级的设备也不能维持多长的时间，最终也无法保证产品质量。因此，从设备的设计到预防性维护都需要做全方位的考量。

3.4.1 设备设计的基本要求

设备的设计应合理，结构应科学，方便清洁、消毒、维护和检查。设备上非食品接触区域（包括控制面板、安全开关和防护盖板等），也要合理设计以确保干净卫生，方便定期检查。

设备的设计不是一件简单的事情，需要考虑包括产能、功效等诸多方面。因此，设备的选型非常重要。而设备所需要具备的性能，需要达到的状态都是根据产品的工艺确定的，可以说设备是为产品而生。当然，设备的变革也能带来产品数量的提升或（和）产品质量的提高。一个好的产品经理，或者一个优秀的项目工程师，在设计产品、引入生产设备的时候，最关心的往往就是设备的选型，这也是最让人费心的事情。设备引入得好与不好，直接影响产能，也关系到产品的质量，更关系到设备的先进性能够维持多长时间。所以，我们会花很多时间在设备的选型上，通常都会走访很多供应商，做很多测试，目的只有一个，就是为了保证设备能够持续生产出高质量的产品。

设备的设计，有很多要求，最核心的有以下几点。

① 产能要求　要增加的或者要引入的设备是否能满足产能要求？增加的设备是否是目前生产线上的瓶颈？有没有考虑未来几年可能面临的提速需求？如果只专注眼前，可能在不久的将来，又需要再次调整。

② 材质要求　生产设备特别是与产品接触的表面所使用的材料是什么？是不锈钢、塑料、铸铁还是搪瓷等？使用的这些材料是否安全，特别是在长时间运作过程中，是否存在异物隐患？一般说来，与食品接触或非常靠近食品的接触面材料应做到无毒、非渗透、不易产生碎屑、不易剥落、不会出现裂纹、不会生锈、不会和产品发生反应。

③ 清洁要求　设备与食品接触表面是否平整光洁（液体处理设备的表面光洁度少于$0.8\mu m$）？是否可以拆卸，方便彻底清洁？在生产线上是否存在足够多的位置存放设备，存放在现场的设备是否能够进行深度清洁？

④ 异物控制要求　设备在不停运转，随着时间的推移，设备上的螺丝、螺帽等容易松动脱落，设备轴承的润滑油有可能溢出污染产品。设备上和产品有接触的表面也可能会脱落甚至被产品溶解以分子的形式进入产品，从而造成难以控制的污染。

3.4.2 预防性维修

什么是预防性维修？通俗地讲，就是在设备还没有"趴下来"之前，先对它做一些必要的检查，该加油的加油，该紧螺丝的就紧螺丝。要知道，如果不做预防性维修，在设备已经抛锚的时候再进行修理，后果会很严重。机器设备抛锚后需要更多的维修时间，还将影响生产的进度，致使计划不能按时完成，无法按时交货。在生产过程中，设备突然抛锚，似乎是一种偶然，其实是一种必然。设备就像人一样，平时对它不管不问，比如声音出现了异常不去查找原因，螺丝松动了不去检查，润滑油没有了不去加注等等。时间一长，设备的效率慢慢降低，运行越来越慢，最终问题集中爆发，机器出现故障。

因此，可以说，设备的先进与否是一方面，建立有效的预防性维修程序也是一方面。通常来讲，设备的预防性维修更加重要。设备的先进性能维持多久，几年，十几年，几十年？在技术进步越来越快的今天，一套看似很先进的设备能够维持3～5年的先进性已经非常不错了！故此，建立预防性维修程序，而且是有效的预防性维修程序，才是维修管理的重中之重，这也是为什么很多企业不论生产有多忙，不论订单有多急，都会在每个月抽出几天的时间来进行预防性维修保养工作的原因。

预防性维修程序应该包括哪些方面呢？预防性维修程序应该包括设备清单、维修频次、维修的内容，以及对维修工的培训和预防性维修的职责。同时，还必须综合考虑以下方面的内容。

(1) 关系到食品安全的预防性维修应优先进行

工作有轻重缓急之分，对于关乎食品安全或者直接影响产品质量的预防性维修需要放在紧急且重要的位置。如果不采取措施，一旦设备发生故障，势必对产品质量造成影响，势必为食品安全埋下隐患。

(2) 制定预防性维修计划

要实施预防性维修，前提是对设备充分了解。了解它的结构，熟悉它的性能，了解可能出现的异常，特别是在长时间运转下可能出现的异常。针对设备的状况，结合曾经出现的故障，制定预防性维修计划。计划的内容需要反复推敲，力求以最小的投入成本获得最大的预防性维修效益。当然，最低的限度是保证经过预防性维修后，不会出现突然的故障停机导致生产线的停止运行。制定的计划，得到上级批准，才能实施。需要明确的是，计划一旦制定并被批准，就必须百分之百执行。有人制定了预防性维修计划，而且也得到了批准，但是未能按照计划加以执行。不执行、不实施，说明了两点：要么是计划难以实施，可能是在制订计划的时候没有充分考虑人、财、物的要求，导致不能执行；要么是计划可以执行，但是没有人去实施，预防性维修计划就是一纸空文，与其这样，当初就没有必要去做所谓的计划了。

(3) 保持预防性维修记录

制定了预防性维修计划，执行了，还必须要有相应的记录。没有记录，很难让人相信是按照计划不折不扣地实施了。例如，要求2014年10月6日对某冷却设备进行预防性维修，检查制冷管等部件，在记录上就必须体现出2014年10月6日当天几点几分维修工（比如张三）对某设备（比如编号008623）进行了加油、紧固螺丝处理等操作。只有这样，才能让人相信这项预防性维修工作真的做了。至于预防性维修效果如何，可以通过设备的停机时间计算得出。

（4）预防性维修计划应包括对公用设施的检查

公用设施，特别是会直接影响产品安全的公共设备，必须纳入预防性维修计划，例如对纱窗、过滤器（包括空气过滤）、水处理系统和磁铁制定明确的检查时间表。没有使用纱窗和磁铁的地方，必须有适当的可替代的方法防止异物进入。

（5）维修备品备件的管控

通常会碰到这样的情况，生产过程中设备出现故障，需要更换部件，但是仓库却没有库存，怎么办？只能临时采购。采购的周期通常让人无法忍受，特别是那些需要进口的部件。生产设备故障，没有备品备件，最好的办法也许就是放假，造成的损失肯定不是一个小数字。由此可见，对维修备品备件的管理是多么重要的一件事情。哪些设备哪些部件需要备份，备份多少，需要综合评估设备的性能、备件采购周期以及库存成本等因素才能确定。零库存很难做到，但备品备件也不是越多越好。

3.4.3　设备的使用应科学规范

设备设计了，安装了，接下来就是设备的使用。设备设计得好，将方便使用，提高效率。但设备的使用不能随随便便，而是应尽可能合理地使用，让设备创造出更多的价值。因此，必须对设备的使用进行科学的管理。

（1）设备的标识

标识的目的是为了让它独一无二，让它可以区分，同时也为追溯做好铺垫。设备的标识主要有两方面：设备的状态标识和设备的清洁标识。这台设备是在使用中、维修中还是停用中，这就是状态；这台设备已经清洁、正在清洁还是有待清洁，这就是清洁标识。标识不是给自己看的，而是给别人看的，就是让人第一时间知道这台设备目前能否正常使用，使用起来是否安全。试想，如果一台设备在维修、清洁或者在运作但却未做标识，员工（或参观者）不小心启动设备，后果将不堪设想。因此，要以清晰、合理的方式传递这种信息。

（2）设备的日志

设备的日志，指的是设备的使用台账。从设备投入使用的第一天起（甚至从设备进入车间的第一天起），就要有使用日志，其中也包括设备在调试过程中出现的问题等。从使用日志中，可以非常清楚地知道哪一天使用了这台设备，这台设备用于生产何种产品，谁使用，在使用的过程中出现了哪些问题，这些问题是如何解决的，这台设备由谁负责维修等。有了这些珍贵的资料，不但可以有效追溯产品的生产设备信息，还可以为今后设备维修以及选型提供足够多的数据支持。当然，有人会说，做设备日志是浪费时间，设备坏了找维修人员修理就行了，我的工作只是让设备转起来。说这些话的人，是没有把设备当成自己的东西，也没有长远考虑。一个人生病了，医生往往会问你以前有没有出现过这样的症状，并根据你的回答做诊断。设备坏了，设备不会告诉你曾经出现过什么毛病，或者出现的毛病是如何解决的，而日志会清楚地告诉你一切。

（3）设备的专用

食品虽然是简简单单的两个字，但是涵盖的面非常广，种类繁多。因此用于加工食品的设备也是五花八门，比如有涉及食品加工、罐头生产、面粉生产、食品发酵、烘焙加工、食用油加工等的各种设备，每台设备有特定的用途，不能用于他处。此外，由于食品的消费人群不同，也可能要求设备做到专用，特别是涉及过敏原管理、转基因控制以及顾客有特殊要求的设备。设备专用的前提是要保证不存在交叉污染。

(4) 设备的清洁

设备使用时间长了需要清洁，去除设备内外附有的产品碎屑和杂质。在什么情况下需要清洁呢？一般说来，在生产前（特别是长时间停产后）、使用后、维修后，需要对设备进行清洁。清洁的频次可以根据产品的特性以及设备的功效进行确定。需要重点指出的是，连续运转的设备应做到定期清洁，防止残留堆积造成污染或者微生物滋生。清洁可分为一般的例行清洁和彻底的深度清洁。例行清洁侧重于清洁表面上看得见的脏污、杂质等，而深度清洁除了需要清洁设备外表面外，还需要清洁设备内表面存在的污物。设备清洁后，需要检查清洁的效果。检查不能走过场，设备清洁后，生产员工首先应该通知其上司检查，经确认后，再由质量部现场品管检查，检查通过，才可以正常使用设备。检查的形式不局限于目视，还可以通过涂抹测试微生物水平。

3.4.4　设备的维修流程/步骤

这里说的维修，不同于预防性维修，属于计划外维修。这类维修直接影响订单的完成，同时也给产品的质量带来风险。要想避免或减少计划外维修，要求我们必须建立设备使用日志，必须对设备做运转前的检查评估，必须确保按照制定的预防性维修计划不折不扣地执行。

(1) 维修前

在设备维修前，要对产品做必要的防护。需要查看抛锚的设备有没有出现磨损或者漏油之类的情况，查看产品是否有被污染的风险，然后再对设备做适当的防护。若有可能，要求维修区域与生产区域隔离，最大限度地防止对产品的污染。若出现故障的设备在洁净间，即对产品生产的区域有洁净度要求的区域，维修工人进入该区域需要遵守此区域的卫生要求，包括着装、异物控制等。进入此洁净区域的维修工具，也必须经过清点登记并进行消毒处理。

(2) 维修中

在维修的过程中最好不使用压缩空气，以防在设备表面上的杂物因高压气体而到处飘扬。设备维修过程中拆卸的部件，特别是螺丝、螺帽等细小部件，都必须管控好，以防对产品造成异物隐患。维修过程中，可能会使用到润滑油，需要注意润滑油是否有滴漏，以防直接或者间接地污染产品。

(3) 维修后

设备维修好后，要对设备的外表面及维修部位等进行彻底全面的清洁，包括油迹、污迹及金属碎屑等，清洁完成后，需要消毒并得到现场品管的检查确认。最后对维修工具和清洁消毒工具进行清点，确保工具的数量和完整性在维修前后保持一致。

3.4.5 食品级润滑油并不是可以食用的

食品级润滑油，很多人误认为是"可以食用的油"。因此，有人会想到用猪油、花生油和色拉油来润滑设备。其实不然，食品级润滑油并不是可以食用的油。相比较于普通润滑油，食品级润滑油含芳香烃和硫化物等成分少，含水量少，不易被氧化和乳化，在保证润滑机器设备的同时，能够最大限度地防止设备润滑油渗漏污染产品，即使出现少许渗漏，也不会对产品带来致命性的危害。虽然猪油、花生油和色拉油等食用油可以润滑设备，不用担心油的泄漏污染产品，但是其润滑的性能远远比不上专业润滑油，而且这些东西在高温受潮时，连续运作，很快就会长细菌、发霉变质，产生有毒有害物质，从而污染食品。

食品级润滑油主要由基础油、添加剂调配而成。基础油一般采用加氢裂解的精制矿物油。添加剂可以显著改善润滑油的某些特殊性能，或者赋予其某些不具备的性能。在高性能的润滑油中，特别是很多人工合成的超高性能润滑油中，添加剂的品种和数量反而比普通润滑油少，甚至不加添加剂。但是，并不是所有食品级润滑油都可以使用，要综合考虑生产的环境、设备的构造等因素加以选择。一般说来，食品级润滑油要求无色无味，同时必须遵守当地法规要求。那么有哪些法律法规的要求呢？就目前而言，国内还没有这方面的要求，在一些国际化的食品企业，有这方面的要求。美国农业部和食品安全检查服务部（USDA/FSIS）的"所有物质和非食品合成物清单"给润滑油做了分类。

［1］H1类润滑油，是美国农业部审批的真正的食品级润滑油。合成物允许用于与食品有接触可能的设备部件的润滑。

［2］H2类润滑油，通常含有无毒成分/配料，可用于食品加工厂的设备润滑，润滑油或被润滑的机器部件不会有接触食品的可能。

［3］H3类润滑油，指的是水溶性润滑油，机器部件在使用之前必须清洗和清除乳状液。

［4］P1类润滑油，指的是用与美国农业部的授权书所提出的条件一致的润滑油，这类润滑油不能用于食品和饮料加工厂。

知道了润滑油的级别，可是如何判定或者如何查询呢？其实很简单！在美国有个叫全国卫生基金会（National Sanitation Foundation，NSF）的组织，成立于1944年，是一个独立的、不以营利为目的的非政府组织。NSF专门致力于公共卫生、安全、环境保护领域的标准制订、产品测试和认证服务工作，是公共卫生与安全领域的权威机构，1999年开始从美国农业部手中接管润滑油的安全认证工作。NSF按照FDA和USDA的标准对食品级润滑油增加了成品检测的标准，凡是达标产品都将通过其官网白皮书公布。具体查询方法如下。

点击"http：//www.nsf.org/usda/psnclistings.asp"进入其官网查询页面，如图5所示。

然后，输入注册号，例如136464，就可以查询到注册号为136464的润滑油的相关信息，包括润滑油的制造商名称、所在的国家和地区，以及润滑油的全称。所有的这些信息都显示在PDF文档上，可以下载阅读。如果不知道注册号，可以通过输入公司名称、产品名称和所在国家等信息查询，但一些生产润滑油的公司产品种类繁多，输入的名称不对

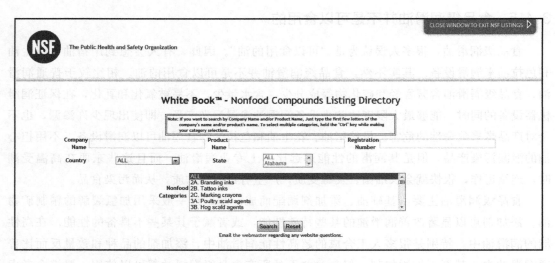

图 5　NSF 官网查询页面

或者有一点错误就不能正确查询。注册号为 136464 的润滑油的查询结果如图 6 所示。

NSF International / Nonfood Compounds Registration Program

September 18, 2018

Mr. Evan Tarrant
Dow Silicones Corporation
2200 West Salzburg Road
Midland,MI 48686
United States

RE: MOLYKOTE™ G-0050 FM White EP Bearing Grease
Category Code:H1
NSF Registration No.136464

Dear Mr. Evan Tarrant:

NSF has processed the application for Registration of **MOLYKOTE™ G-0050 FM White EP Bearing Grease** to the *NSF International Registration Guidelines for Proprietary Substances and Nonfood Compounds* (2017), which are available upon request by contacting NonFood@nsf.org. The NSF Nonfood Compounds Registration Program is a continuation of the USDA product approval and listing program, which is based on meeting regulatory requirements including FDA 21 CFR for appropriate use, ingredient and labeling review.

This product is acceptable as a lubricant with incidental food contact (H1) for use in and around food processing areas. Such compounds may be used on food processing equipment as a protective anti-rust film, as a release agent on gaskets or seals of tank closures, and as a lubricant for machine parts and equipment in locations in which there is a potential exposure of the lubricated part to food. The amount used should be the minimum required to accomplish the desired technical effect on the equipment. If used as an anti-rust film, the compound must be removed from the equipment surface by washing or wiping, as required to leave the surface effectively free of any substance which could be transferred to food being processed.

NSF Registration of this product is current when the NSF Registration Mark and Category Code appear on the NSF-approved product label, and the Registered product name is included in the current NSF White Book Listing of Nonfood Compounds at the NSF website (www.nsfwhitebook.org).

NSF Listing of all Registered Nonfood compounds by NSF International is not an endorsement of those compounds, or of any performance or efficacy claims made by the manufacturer.

Registration status may be verified at any time via the NSF website, at www.nsfwhitebook.org. Changes in formulation or label, without the prior written consent of NSF, will void Registration, and will supersede the on-line listing. Please contact your NSF Project Manager or nonfood@nsf.org if you have any questions or concerns pertaining to this letter.

Sincerely,

Carolyn Gilliland

Carolyn Gilliland
NSF NonFood Compound Registration Program
Company No: N02933

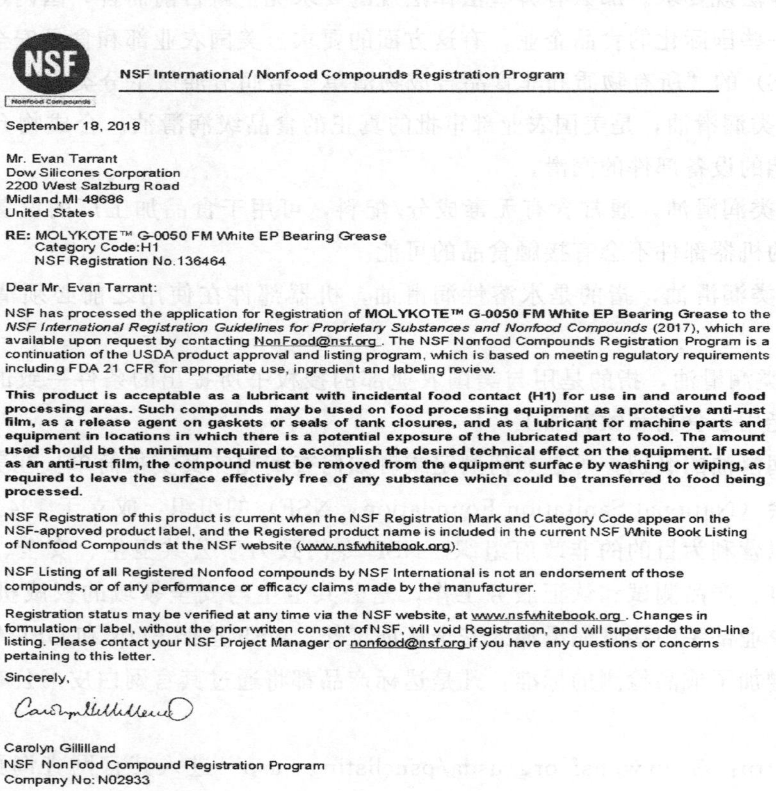

图 6　输入注册号 136464 查询到的结果

NSF 出具的资质证明中有一段话："This product is acceptable as a lubricant with incidental food contact (H1) for use in and around food processing areas."（本产品可作为一种润滑油，在偶尔与食品有接触的食品加工区或其周边使用。）由此可见，这种润滑油

可以满足食品加工的要求，可以当作食品级润滑油使用。

由于食品级润滑油的特殊性能和技术指标，使得其价格相比较于非食品级润滑油要高几倍甚至十几倍。因此，要对生产中所有需要使用润滑的设备进行危害分析，评估润滑油泄漏的可能性以及一旦泄漏对食品安全造成的严重影响，以确定哪些部位需要使用食品级润滑油，哪些部位可以使用非食品级润滑油。当然，对于不愿承担太多食品安全风险而且不考虑成本的企业来说，将企业所有的设备都使用食品级润滑油，也无可厚非。大多数企业肯定会考虑成本，但是无论如何，都必须保证和食品有直接接触且渗漏可能性较大的设备，或者在食品曝露的正上方出现的马达、减速机等设备，使用食品级润滑油。

通常，可以通过编制标准操作规程（Standard Operation Procedure，SOP）明确需要加食品级润滑油的设备名称、类别以及设备部位、加注频次等。同时要做好润滑油的加注记录，包括加注的时间、加注量、加注人等。需要指出的是，有些设备使用食品级润滑油，有些设备使用食品级润滑脂，但是在记录上都注明是"食品级润滑油"，未能区分，这样的记录就失去了意义！必须记录食品级润滑油的名称类型和批号等信息。为了简化起见，更高效的做法是，在需要加注食品级润滑油的部位做标记，比如用绿色的实心点做标记，当需要加润滑油时，员工一看就知道该加哪种润滑油。

3.5 工厂废弃物应分门别类进行管理

这里说的废弃物，指的是企业为生产产品不得不接受的物资浪费。为什么要对废弃物进行管理？管理的目的是：防止滋生虫害，防止对产品造成潜在的污染风险。对废弃物的处理原则就是要及时归类、及时处理、及时清理出厂区。

为了能够让任何人都能及时归类废弃物，比较好的做法是用指定的容器盛装废品和垃圾，且装废品的容器只能用作单一用途。区分容器有两种方法，可以通过标识来管理，也可以通过颜色来区分。相比而言，编者更赞同使用颜色来区分，用不同颜色的容器盛装不同类型的废弃物。因为使用标识，时间长了，标识容易脱落，容易模糊，起不到区分的作用。这里需要特别指出的是，无论在哪里，装成品或者小料的容器不得与盛放废弃物或者其他非产品的容器相邻。因为即使没有物理上的接触，很多废弃物也可能会通过散发出来的气体间接污染产品。

3.5.1 车间废弃物有时会"说话"

根据产品加工的特点，车间废弃物种类很多，比如产品加工的下脚料、原辅料的外包装袋等。我们经常会发现，很多材料在这个工厂属于废弃物，但是在别的企业就可能属于原料，例如烧焦的饼干或者水分超标的饼干，对于饼干工厂而言，是废弃物，而对于饲料生产企业，却可以作为原料来管理。废弃物的管理需要根据企业对产品质量的要求以及加工产品的消费群体来区别对待。

很多人认为，废弃物既然已经判定为废品，说明没有什么用处了，既不会产生任何经济效益，也不会给管理带来帮助。其实不然，我们有时可以从废弃物中找到需要的东西，特别是在生产出现异常的时候。我们可以通过废弃物来评估生产的有效性。车间产生的废弃物越多，说明车间浪费越多，成本也就越高。因此，我们可以通过废弃物产生的数量以及类型来确定哪道工序出现问题或者出现大的波动，从而采取措施，减少废弃物的量。当出现异常需要调查时，我们可以从废弃物中找出出现异常的蛛丝马迹。比如，因操作不当，原辅料在投料时可能会出现投错、多投、少投的现象，可以通过清点原辅料的外包装来确认投料是否正确；发现异物污染，对原辅料包装的完整性进行检查，往往能发现有价值的线索。

上面讲到的是生产过程中产生的废弃物，车间废弃物还包括其他非产品相关的废弃物，这类废弃物一般使用垃圾桶来存放。

3.5.2 试验废弃物万万不可成为"祸根"

这里将阐述的试验废弃物包括两大块：化验检测产生的废弃物（包括废液）；为满足新产品开发而做的一些试验产生的废弃物。

生产出的产品是否合格，需要根据标准进行检测，而检测需要使用各式各样的试剂和工具。在试剂配制过程中、检测过程中以及检测结束后，需要对产生的废弃液进行处理。因涉及化学品，故不能和一般的生活垃圾或者生产产生的固液体垃圾采取同样的方法处理，而是应该由具备资质的专业的公司来回收集中处理，以保证人员安全，保护环境。

因新产品开发或者产品工艺改进，企业会根据新配方新工艺进行试验，以验证现有的工艺、现有的设备是否能满足产品生产的要求。试验根据规模和所在位置的不同，分为实验和试车。一般说来，实验通常是在实验室进行，而试车是在生产线上完成。根据在生产线上试验的规模及时间长短，试车又可以分为小试、中试和商业化试车。无论怎样试验，都将产生试验品。如何处置这些试验品？有企业将其作为福利发给员工，有企业将其作为回料添加到正常的产品。新产品能不能作为福利发给员工，能不能添加到正常产品里，要不要进行报废处理，都需要企业管理部门综合评估。笔者不太赞同将试验的新产品作为福利发给员工，因为是新产品，或有成分改变，或有工艺改变，新增加的成分是否安全，有没有做过系统评估，新改变的工艺对产品的影响在哪里，有没有做过分析，这些都是问号。

因此，将试验品作为废弃物处理才是上策。试验品进行报废处理，也促使组织试验的产品开发人员更多考虑成本。试验的废弃物主要包括废弃的原辅料包材和废弃的试验成品。在试车的过程中，要做好充分的防护和隔离，防止试验品对正常产品和正常产品线的交叉污染。在管控试验时，要及时准确地对试验品做好标识，隔离存放。

3.5.3 厂区废弃物要谨防被竞争对手利用

由于厂区废弃物常见且容易处理，尽管其范围较大，但其危害相对较小。厂区废弃物包括办公产生的废弃物，如废弃文件资料等；厂区环境卫生清扫产生的尘土、落叶、杂草等；厨房产生的厨余垃圾，包括剩饭、剩菜以及一次性的就餐工具等。因为处理方法不同，厂区废弃物需要与其他废弃物分开存放。

很多人都当废弃物是垃圾，其实未必，比如作废的文件资料，在自己公司人看来是垃圾，但其他公司特别是竞争对手却有可能从中看出不少秘密。因此，办公室作废的文件资料必须进行粉碎处理。

3.6 清洁和消毒是对双胞胎

清洁和消毒是孪生兄弟，经常成双成对出现。需要注意的是，这里用的词是清洁，而不是清洗，虽然在英文标准中用的都是"cleaning"，但是实际上两者有本质区别。清洗和清洁都是"清"，但是"清"的效果不一样：前者注重洗，用水洗；后者注重洁，要求洗得洁净无尘。作为食品生产企业，往往比较注重卫生，因此使用更多的是清洁，而非清洗。设备设施经过清洁之后，为了能够持续保持清洁的卫生状态，必须消毒。

3.6.1 清洁的方法和频率

由于工厂有不同的卫生等级，对不同的区域有不同的清洁要求。因此要针对不同的区域，分别建立书面的工厂清洁程序。清洁程序能解决怎么做、由谁做、多久做一次的问题，但是工厂所属的区域实在太大，因此需要建立主清洁计划。

主清洁计划是将需要清洁的区域加以概述，把所有需要清洁的区域加以区分，根据不同的卫生要求，设定清洁要求、清洁周期等，甚至可以包括清洁执行者。清洁周期，就是我们常说的清洁频次，多久清洁一次，可以包括年度清洁（每年清洁一次），例如仓库屋顶；季度清洁（每季度清洁一次）；月度清洁（每月清洁一次）；周清洁（每周清洁一次）；日清洁（每天清洁一次）和批清洁（每批次清洁一次）。一般说来，清洁频次要求高的区域，其卫生水平也是要求高的，往往在清洁之后，还需要消毒。

很多企业有清洁程序，但是缺少主清洁计划，因为企业管理者认为，所有区域的清洁要求（包括频次），都可以在程序中找到，没有必要再制定主清洁计划。这样的理解固然有一定道理，但可以在一张 A4 表格里获得的信息，为什么要将其分散在几十份甚至上百份的清洁程序或者清洁作业指导书里面呢？

清洁作业指导书（相比于清洁程序，编者更喜欢称之为清洁作业指导书，因为它告诉他人如何作业）是告诉作业员用什么方法，用何种工具，使用什么样的清洁剂，如何清洁等。清洁作用指导书一般不包括清洁频次，因为根据以往监控的历史数据进行分析，有时候清洁的频次会发生变化，如果反复修订清洁作业指导书，会增加培训的负担。而主清洁计划会做相应的要求。

上面提到，卫生要求越高，清洁的频次也越高。然而，卫生程度要求的高低和其接触食品的概率以及时间长短是相关的。因此，针对不同的加工区域、不同的加工设备以及不同的加工方法，要分别提要求。

3.6.2 干清洁省时省力又省心

干清洁注重的是"干"，所谓的"干"就是没有水分或者水分少。我们都知道微生物的生长繁殖有三大关键要素：水分、温度和养分。三者中缺少任何一项，都将减少甚至抑制微生物的生长。一年有四季，春夏秋冬，温度很不好控制。而作为食品制造企业，最不缺的就是养分，这恰是微生物的最爱。因此，相比于温度和养分，水分更好控制。如果能做到不使用水，坚决不使用水；如果没有办法不使用水，也应该尽可能少用水，在用水的时候尽可能不让水飘洒在设备、墙面及地面上。有人会说，不用水清洗，设备、地面会擦不干净。其实，这是一种误解。用水清洗过的地面、设备和墙面光溜溜的，似乎很干净，实质上是很不干净的，因为脏污被水暂时覆盖，等水分一蒸发，藏匿在水里面的各种污垢、细菌就显现出来了。在《食品安全国家标准 粉状婴幼儿配方食品良好生产规范》（GB 23790—2010）第7.3条"清洁和消毒"就明确规定："在需干式作业的清洁作业区（如干混、充填包装等），对生产设备和加工环境实施有效的干式清洁流程是防止微生物繁殖的最有效方法，应尽量避免湿式清洁。"

如果不用水清洁，建议考虑物理方法。例如黏附在设备工器具表面的食品原料或者食品残渣，是否可以用铲刀去除，是否可以用清洁的抹布擦掉，是否可以将设备拆开来清除，是否可以用吸尘器来吸除，是否可以使用压缩空气来吹除。物理方法清洁的好处是可以少用水甚至不使用水，但要注意的是不能产生异物。吸尘器应使用专用的真空吸尘器，使用压缩空气时要避免对周围产品造成交叉污染。

3.6.3　湿清洁应尽可能避免使用化学试剂

和"干"相对应的就是"湿"。湿清洁肯定用到水，在清洁的时候水作为一种介质，把污渍从设备、工器具、地面、墙面等表面分离。作为清洁的水，不论是食品接触面还是非食品接触面，必须是能饮用的。试想，如果用于清洁的水来自污水或废弃的回收水，未经过处理的井水，生产过程中的循环水、夹套水，能保证清洁的效果吗？回答是否定的。为了保证清洁的效果，更多的企业用于清洁的水是把城市生活饮用水经过进一步处理，例如反渗透，成为去离子水或者纯净水。

为了保证清洗的效果，常常会考虑在水中加入清洁剂，以增强清洗的效果。使用清洁剂，需要考虑它的组成成分以及稀释的比例。很多清洁剂生产商，经常声称自己的产品如何安全，效果如何好。但是，我们很难知道其中到底添加了什么物质，这些物质是否会100%溶解于水中，它的残留对人体的影响到底有多大。即使清洁剂被稀释了10万倍，那也有微量的残留。经过数次的清洗就有数次的残留，清洁剂的残留成分就将在设备表面或者食品里度过余生。为了杜绝后患，防止清洁剂残留对食品的间接污染，建议能不用清洁剂的情况下坚决不使用清洁剂，能少用清洁剂的情况下少用清洁剂。如果通过控制清洁用水的温度和清洗时间获得的清洗效果与使用清洁剂的效果一样，那么倾向于使用前者，也就是提高清洗用水的温度和时间，优先考虑的是水的温度。通常，用于人工清洁的热水在50℃以上，用于设备清洁的热水必须在55℃以上。同时，应尽可能避免使用高压水枪冲洗设备、地面和墙面。

湿清洁之后，并不是万事大吉，还需要有一个操作，那就是干燥。干燥的目的就是将仍旧依附在设备、墙面、地面上的水珠清除掉，防止细菌滋生。

不论从成本、效率还是卫生角度来看，湿清洁远远不如干清洁。湿清洁需要大量的水，需要烘干，可能使用清洁剂，而且效果难以保证。正因如此，目前越来越多的企业都开始尝试使用干清洁代替湿清洁，甚至开始要求其上游供应商也更多地使用干清洁。如果整个工厂不能做干清洁，那么其中几条生产线实行干清洁；一个车间无法实施干清洁，但是局部可以采用干清洁，那也是一种进步，这样做的目的就是保证清洁的效果、降低成本。

3.6.4 原位清洗（CIP）

CIP（Cleaning In Place），称为原位清洗、就地清洗或者在线清洗，根据 ISO/TS 22002—1:2009《食品安全的前提方案 第一部分 食品生产》中文翻译版的定义，指的是："用流动的化学溶液、清洗液、清水冲刷和循环，进入设备或系统的表面、对着表面、自上而下地流经表面，而不必拆开和预先设计的设备清洗。"然而，这个翻译让人看了很是费解。通过查阅 ISO 14159:2002 Safety of machinery—Hygiene requirements for the design of machinery 修改采用的国家标准《机械安全 机械设计的卫生要求》，对在线清洗是这样定义的："在不拆卸的情况下，有目的地利用化学溶剂、清洗液和水的冲击或循环流动，对设备的内、外表面反复清洗。"CIP，也可以这样理解：不把生产设备拆开，也不用移动生产设备，采用高温度高浓度的酸碱液对设备装置以强力进行循环清洗，把设备内部与食品有接触的部位清洗干净。CIP 被广泛地用于饮料、乳品、果汁、果浆、果酱、酒类等机械化程度较高的食品饮料生产企业中，主要是灌装食品行业。

与传统的清洁相比，CIP 更简单，不用拆开设备，使用的是强酸强碱，而且是在高温的环境下，因此对设备卫生死角有很好的清洁作用。但我们要知道，CIP 是一个系统，要建立这个系统，就必须增加相应的用于清洗的设备设施，这就增加了首期投资。而且，清洗使用的强酸强碱，对产品是隐患，对操作的人员也存在一定的安全风险。要注意的是，CIP 系统应该与现有的生产线绝对分开，最大限度避免 CIP 系统管道内部的化学物质残留对产品的影响，在前期设计就必须考虑到这些。若 CIP 用于生产清洗，那么每一个步骤清洗的时间、使用化学品的类型与浓度都需要通过验证加以明确。这些因素如果没有考虑，未加以明确，那么 CIP 将是一句空话，也无法保证清洗的效果。

3.6.5 移位清洗（COP）

与 CIP 相对应的就是 COP（Cleaning Out of Place，离位清洗，或移位清洗），ISO/TS 22002—1:2009 定义为："设备拆卸后放入容器或自动清洗机内，用清洗液循环清洗，并在清洗周期内保持在最低温度的系统。"COP 是乳制品行业最先使用的方法，这种方法一般先把拆下来的设备部件放在有清洗液的槽里浸泡，然后采用手工清洗。COP 最大的缺陷就是耗时，设备要分拆开，需要时间；设备要浸泡清洗，也需要时间；设备清洗后需要安装，同样需要时间。而今，时间就是金钱，更是成本。因此，如果企业选择的是 COP 清洗系统，就要使用备用设备，这台设备在清洗，那台设备可以生产；

那台设备在生产，这台设备可以清洗，这样可保证生产的连续性。COP清洗不仅需要成本，还有一点需要重点考虑：反复拆洗对设备是一个不小的摧残，特别是在设备管道连接处。

COP和CIP似乎互不相容。其实，在实际生产过程中，两者却相互补充。作为食品生产企业，肯定不是所有的生产部位都能够使用CIP系统，能够使用CIP系统的区域肯定是管道区域，只有管道才可以打循环。没有管道的部位，只有通过COP来清洗。市面上销售的COP槽就是专门为了COP清洁而设计的。

3.6.6 消毒应保证消毒液不残留

消毒是为了杀死依附于表面的病原微生物，用于消毒的化学品就称之为消毒剂。目前用于食品行业的消毒剂五花八门，这里需要特别关注的是用在食品接触面的消毒剂。食品接触面，毋庸置疑，肯定是和食品有接触的表面。如果使用的消毒剂有残留，或者残留不能被有效去除，那么将直接进入食品中，对食品带来的危害不言而喻。好的消毒剂，在保证充分消毒效果的情况下，要能够确保所使用的消毒液不残留，最好是100%挥发，这样不会进入食品中。

有人使用2‰苯扎溴铵（新洁尔灭）溶液或者1%苯酚溶液对食品接触的设备内表面进行消毒，但是没有证据证明消毒后的设备内表面不会有苯扎溴铵或者苯酚的残留，也没有证据证明这些组分的残留不会对食品安全造成影响。因此，对食品消毒剂特别是用于食品接触面消毒的消毒剂，一定要慎重。在食品行业，使用比较普遍，也比较安全的是75%酒精，杀菌效果好，使用后可以100%挥发掉。目前，有一种新兴的消毒剂——70%异丙醇也开始广泛用于食品行业的消毒，同样是因为它的安全性和有效性。

3.6.7 清洁工具的有效管理

要清洁，需要有清洁工具。在使用清洁工具的时候，我们该注意哪些方面呢？

(1) 清洁工具必须清晰标识并彻底分开存放

标识的目的就是告诉他人，这是什么，有什么用途。很多人喜欢用一些很随意的记号或者标签来进行区分，往往不能达到预期的效果。例如，有人喜欢用油性笔直接注明清洁工具的用途，这种方式虽然操作很方便，但是不够美观，让人看了不舒服，而且油性笔的笔迹会随着时间的推移而逐渐褪去。有人喜欢用打印的纸张，或者塑封一下，或者用不干胶贴来明示清洁工具的具体作用。这个似乎还可以，但在使用的过程中容易混淆，可能引发对食品的交叉污染。

其实，最有效最直接的办法应该是颜色管理。所谓的颜色管理是指根据物品的色彩即可判定物品的属性、特点及用途的一种可视化的管理方法。换言之，看到了颜色就知道这种颜色的物品是用来做什么的。这种方法很直观，也不需要去记住很多内容。一般来讲，对于食品工厂的清洁工具，我们可以大致分成两大类：第一大类是食品接触用清洁工具，比如用来清洁设备内表面、用来清洁盛放食品的容器具的内表面的工具；第二大类是非食品接触用清洁工具，包括用来清洁设备外表面、地面和墙面以及地漏的工具。前者可以用白色来管理，例如白色的毛巾，主要是考虑其他颜色的毛巾有可能掉色；而后者则可以用其他颜色来管理，例如灰色和蓝色的清洁毛巾，颜色越深，表示清理的地方离食品接触面越远。对于有过敏原要求的区域，则可以考虑用红色来识别，同时起到警示作用。在存放的时候，这两大类的清洁工具必须彻底分开。如果有可能，可以分别放到不同的房间；如果空间受限，务必要保证两类不同用途的清洁工具，特别是清洁用的毛巾，没有任何接触的可能，以防止交叉污染。

（2）钢丝球和百洁布不得用于食品区域清洁

很多人习惯用钢丝球和百洁布来清除一些顽固污渍。然而，在使用这两类清洁工具的时候，有没有考虑到它们可能存在的潜在污染呢？用钢丝球洗过碗的人都有这样的经验，被钢丝球洗刷过的碗在碗底经常会有一些金属屑残留。对于食品行业来说，金属屑往往是可怕的敌人。百洁布，使用时间一长，里面藏污纳垢，是很大的隐患。审核时，我们经常会在犄角旮旯的地方发现钢丝球，找到百洁布。这时候，再多的解释都是徒劳。因此，对于这两类清洁工具，必须十二分小心！钢丝球禁止在食品加工区域使用，如果一定要用到百洁布，每次用完必须把它清理出车间。

其实，除了钢丝球和百洁布，还有三类清洁工具也不得在食品车间使用：海绵拖把、木制手柄的清洁工具和竹扫把。海绵最大的特点是吸水快，但是使用后不容易把水排干，容易滋生细菌；木制手柄的工具，因为材质是木头的，容易产生木刺，同时木头也容易腐烂；竹扫把中的竹刺，作为一类主要的异物，是我们防控的重中之重。

（3）对清洁工具的清洁也需要进行严格规定

清洁工具是用来清洁的，但是我们有没有想过对于清洁工具该如何清洁呢？这是个问题！如果清洁工具清洁不干净，那势必影响设备清洁的效果。因此，对于每一类清洁工具，应根据它们的用途，结合清洁工具自身的状况，制定出清洁工具最佳的清洁程序。同时，对于制定的清洁程序，还必须给相关员工进行培训，以确保他们能掌握正确的清洁方法。只有这样才能避免清洁工具的清洁不彻底对设备、对产品造成的潜在污染。

3.7 虫害要重视

虫害防治，是个永恒的话题。不管审核也好，检查也罢，都会给予关注。如果不保持高度的警惕，虫害可能进入我们的产品，直接或者间接影响产品质量，给公司品牌带来负面影响。因此，作为工厂管理层，怎么强调虫害防治的重要性都不为过！

3.7.1 食品厂虫害的"防"与"治"

在品尝可口美味的食品时，如果突然看见了非常恶心的虫子，肯定会感到不适，食欲全无。根据全国爱国卫生运动委员会（简称爱卫会）1997年1月31日下发的《关于印发〈灭鼠、蚊、蝇、蟑螂标准〉及〈灭鼠、蚊、蝇、蟑螂考核鉴定办法〉的通知》文件，老鼠、蚊子、苍蝇和蟑螂被称为四害。除了这四害，其他诸如青蛙、爬虫等只要出现在食品中，对于食品厂来说，都是虫害。若在食品中出现，就是异物。

有人说，这里应该是防制而不是防治，前者指的是预防和控制，不让这样的问题继续发展，而后者指的是预防和治理，先治理，不管这个问题以后会怎样。应该说，前者比后者更多了一层要根除、治愈的意思。因此，在我国，很多场合用的是防制，例如《上海市有害生物防制服务机构等级证书》《有害生物防制员资格证》等。然而，在《食品安全管理体系 食品链中各类组织的要求》（GB/T 22000—2006）7.2.3 中写的是虫害控制，估计没有考虑到这层意思。我们知道，对于食品企业的虫害，更多的是防——预防，而不是制——控制，或者治——治理。因为，工厂那么小，而环境那么大，作为食品企业没有必要也没有这个能力把周边的虫害都治理、控制或者灭掉。即使下了很大功夫把一个地方的虫害灭掉了，虫害又会由另外一个地方立即补充过来。因此，只要掌握了预防这个基本原则，说虫害防制、虫害防治或者虫害控制区别不大。

对于工厂范围内可能出现的虫害，为了通俗易懂，我们可以把它们分成四大类：室外地面跑的、室内地面爬的、室内空中飞的和喜欢钻下水道的。对于它们，该如何防治呢？

(1) 室外地面跑的：主要是指老鼠和一些爬行动物

对于这些虫害，尽可能把它们挡在室外，不让进来。可以通过毒饵站、鼠笼和挡鼠板来防治。

① 毒饵站　又称诱饵站，里面放置的是老鼠药。鼠药分为慢性鼠药和急性鼠药两种：慢性鼠药又称为抗凝血剂类鼠药，它的特点是不管对老鼠还是人类都不会一次致死，人误食后最多出现身体不适，并且有解药，是国家认可并提倡使用的，例如"杀它仗""溴敌隆"等；急性鼠药有剧毒，容易引发死亡，人误食后很难抢救，这是国家一直以来明文规定禁用的，例如毒鼠强、氟乙酰胺和氟乙酸钠等。慢性鼠药，老鼠食用后，能抑制维生素 K 和血液凝固所必需的凝血酶原的形成，损害微血管，导致内脏大量出血而死亡。中毒潜伏期一般 2~5 天，在此期间，老鼠会行动迟缓，感觉很疲劳，很口渴，于是去找水喝，一旦喝水，死得更快。因此，吃了这种鼠药的老鼠一般死在有水的地方。

既然是毒药，若要在食品厂使用，也只能是在室外靠墙放置，而且必须要上锁，防止被误用，固定在地面或者墙面，防止被挪动。另外，既然是毒药，就必须要保持好有效的《农药登记证》和 MSDS（物料安全数据表），以备紧急情况下使用。

② 鼠笼　现在，有些工厂还在使用老鼠夹，这是不科学的，如果不小心踩到了，怎么办？所以，如果不打算使用毒饵站，可以考虑使用鼠笼。鼠笼有很多种，有单门和双门之分。建议考虑双门鼠笼，这样可以增大老鼠进入的概率。鼠笼里面放什么诱饵呢？对于食品工厂，特别是涉及过敏原、转基因，对 Kosher 和 Halal 认证有要求的食品工厂，必须认真考虑是否可以使用香肠、花生、油渣等。鼠笼在外面，风吹日晒雨淋，所以不能放置面包、馒头等诱饵，因为容易腐烂、霉变。有些人在鼠笼里面放块棉花团或橡胶/塑料球，是个不错的主意。

③ 挡鼠板　2016年9月24日，CCTV-2财经频道《是真的吗》栏目以《老鼠具有"缩骨功"，能钻过直径一厘米的小洞?》为题，试验证明体长6cm体重16g，3周龄未成年但行动自如的小老鼠可以钻过直径1cm的孔洞。老鼠能否钻过洞口，取决于其头骨的大小，因为头是整个身体最宽的部位。由于老鼠独一无二的"缩骨功"和极强的啃噬能力，我们应该保证挡鼠板与地面、墙面的间隙不得超过6mm，挡鼠板的高度保证在60cm以上。这在2012年4月1日实施的《病媒生物密度控制水平鼠类》(GB/T 27770—2011)已经做了明确的规定。

有些企业，在仓库、车间设置了挡鼠板，可惜的是，挡鼠板没有及时合上，总是处于打开的状态，这就失去了挡鼠板的作用，特别是在晚上，一不小心，老鼠就溜进车间、仓库！因此，当需要打开挡鼠板的时候，离开时必须把挡鼠板合上。需要用的时候，再次打开并及时合上。

(2) 室内地面爬的：主要指蟑螂和其他一些小的爬行动物，比如蜘蛛、蜈蚣等

对于这些虫害，必须把它们逮住，防止其进入食品中。它们主要通过粘虫胶或者粘鼠板来防治。前面的毒饵站或鼠笼、挡鼠板，如果做得好，能把老鼠挡在室外，不会进入室内，若进入室内，说明前面的措施做得不到位！因此，有些人还在室内，比如仓库、车间放置鼠笼，这是多此一举。当然，这里说的粘鼠板，不是用来粘老鼠的，而是用来粘室内可能出现的一切爬行动物，例如蟑螂、蜘蛛、蜈蚣。有些人说粘鼠板黏性不强，其实是错误的。这些虫害，只要被它粘住，一般都是跑不掉的。曾经见过一条蛇，因被粘鼠板粘上而动弹不得，越挣扎，粘得越紧。

(3) 室内空中飞的：主要是苍蝇、蚊子和飞蛾等

对于这些虫害，需要把它们粘住，否则有可能掉入产品中。它们，可以通过诱蝇灯和纱窗来防治。对付苍蝇，我们之前用的是电击式灭蝇灯，利用高压电栅栏发出的瞬间电流，把飞虫电击致死。这种灭蝇灯，让苍蝇死无全尸，有时候不知道苍蝇的头跑哪里去了，有时候只能找到翅膀，也有可能掉落到食品里面去了。因此，现在更倾向于使用诱蝇灯，即诱捕式的灭蝇灯。飞虫被一定波长的紫外光线吸引过来，一旦触及灯管附近的高压，便被电死或电晕，粘在旁边的粘虫纸上。每次检查的时候可以统计不同飞虫的数量，以供后续分析使用。

需要注意的是诱蝇灯安装的位置。有些人把灭蝇灯或者诱蝇灯安装在大门的正上方，悬挂着，殊不知，在漆黑的夜晚，这样会把外面的飞虫全部吸引过来。其实我们将车间或者仓库等室内的飞虫控制好就已经足够了。因此，诱蝇灯应该安装在门内两侧，而且是避光，高度控制在1.8~2.2m，因为大部分虫子在室内的飞行高度保持在1.7~2.0m之间。太高不方便人员操作检查维护，太低存在安全隐患。

为了增加亮度，仓库和车间都会安窗户。为了透气，有些窗户可以开启。但是，只要开启，虫子就有进入的可能，为此，必须设置纱窗。纱窗的孔径建议保持在20目以上，且必须保证纱窗能够与窗户完全贴合，不让蚊虫有任何可乘之机。个人建议，为防止被随意开启致使蚊虫进入室内，建议纱窗用铆钉固定。

(4) 喜欢钻下水道的：主要针对嗜好下水道的老鼠

我们都知道，老鼠最喜欢犄角旮旯和下水道。那么在车间、仓库或其他地方，例如制水间，如果设有下水道，建议在盖子的下面加一层不锈钢的网孔，网孔的孔径控制在0.6cm以下。这样，老鼠不能钻进或者钻出。

3.7.2 虫害防治外包的注意事项

虫害防治，各种审核必查，食品工厂缺乏此方面的专业人才，同时又涉及农药等方面的管理，确实比较复杂，因此，越来越多的工厂把虫害防治外包。有些人认为虫害防治外包给第三方，就万事大吉了，其实不然。无论怎么外包，那都是你的地盘，属于你的责任区域，外包公司做得好不好直接影响你的工作业绩，出现问题客户不会因为这块业务外包了而原谅你。现在，我们来谈谈，虫害防治外包，工厂需要注意哪些方面？

(1) 外包公司的资质文件

对于外包公司的营业执照和ISO证书，我们没有必要太关注，而应重点关注以下三项。

① 有害生物防制服务机构资质证书　中国卫生有害生物防制协会（www.cpca.cn）根据有害生物防制服务机构（即"虫害防治公司"）的资产与场所、药品与设施设备、防制人员、组织管理、防制能力和服务质量等，将虫害防治公司划分成A、B、C三个等级。A级为最高，B级次之，C级最低。级别越高，表示服务水平与防制能力越高。证书有效期两年，且网上可查。

虫害防治公司在向中国卫生有害生物防制协会申请资质等级评定的时候，需要提供不少资料，包括营业执照、内审员配置等。因此，我们只需要查看这个资质证书并确定其是否属实即可。

② 公众责任险　公众责任是指致害人在公众活动场所的过错行为致使他人的人身或财产遭受损害，依法应由致害人承担的对受害人的经济赔偿责任。公众责任保险（Public Liability Insurance）是以被保险人的公众责任为承保对象。虫害防治公司在服务的过程中，对客户的人员、食品安全和企业财产造成了损失，这个责任谁来承担？换句话说，虫害防治公司可以通过这个保险来转嫁其责任。一旦造成损失，能够通过保险公司得到赔偿。

需要注意的是，如果虫害防治公司已经和企业签订了合同，那么企业的名字必须出现在保险合同中，且要确保保险合同在有效期之内，没有失效。

③ 服务合同　虫害防治外包，会制定服务合同。一般说来，合同主要包括服务期限、服务区域、防制对象、服务频率、服务保证条款、费用及付款方式等。

在虫害防治的时候，会用到很多装置。这些装置是由企业采购，还是采用租赁的方式，需要在合同中加以明确。

另外，对于为迎接外部审核而额外增加的服务频次，也需要在合同里面注明。在服务过程中，会形成很多报告，包括日常检查报告，月度、季度、半年度和年度报告等，都需要在合同中给定时限，避免后续推诿。一旦超出要求的时限，报告仍未提供，服务费用需打多大的折扣也需明确。

(2) 从业人员的资质证书

由于涉及杀虫剂和农药的使用，外包方的虫害防治人员（PCO）必须取得有害生物防制员资格证，证明这个人有资格从事这项工作。对于来工厂服务的虫害防治人员，建议要比较固定，不要本周是张三，下周是李四，再下周是王五，每次都不一样。新人对厂区状况的重新了解会花费很多时间，同时对厂区的虫害活动情况也无法如实进行正确判断。

虫害防治人员进入生产区域，必须要持有有效的健康证，以证明他的身体状况良好，不会影响产品质量和食品安全。个人认为，对生产区域，特别是有产品曝露的区域，不建议让他们进入。一是出于对产品工艺的保护，二是仅凭一张健康证很难保证其身体没有问题。

有一点要特别注意，工厂把虫害防治外包给第三方，并不意味着什么都不用管了。相反，日常的管理和监控，都需要由自己来做。毕竟，外包方每周来一次甚至一个月来一次的频率对于虫害防治来说，实在太低了！这就要求，工厂自己也必须有人能够胜任虫害防治的工作。因此，可以由虫害防治公司的技术人员对工厂会参与到日常虫害防治活动的人员进行培训，使他们也能按照要求检查或者更换虫害防治装置。这点，可以在合同中给予明确。

(3) 例行检查的记录报告

每次，外包的虫害防治公司服务人员到达工厂后，建议有专人陪同，并实地查看，了解并获得第一手信息。服务人员拿着检查表，对着虫害防治布点图上面的每个点一一进行检查后，工厂陪同人员需要在检查表上确认。对于服务人员提出的可能有虫害进入需要改进的地方，必须及时要求相关部门采取有效措施在规定的时间内整改。对于这些整改过程，需要保持记录。

虫害防治公司根据他们服务人员的检查表以及工厂人员的日常检查记录，完成每月、每季度、半年度和年度趋势分析报告。报告中必须对各监测点监测到的虫害进行分析，并对虫害防治装置的有效性和充分性进行评估，提出需要改进之处。针对虫害防治公司提出的改进意见，工厂必须给出具体的整改措施。

有些人的报告中，写得很"专业"，会提及诱饵站阳性率、捕鼠阳性率、虫害风险阈值等看不懂的词语。个人认为，趋势分析很简单，横坐标是时间（月份），纵坐标是发现的虫害（老鼠、蚊虫等）的数量或者被盗食诱饵站的数量。设定上限，若数量出现连续上涨或者超出上限，就必须制定整改措施，同时，我们需要跟进整改措施的效果。也就是说，采取了措施，是否虫害的数量减少了或者逮住的虫害数量增多了。

(4) 对杀虫剂、鼠药的规范管理

对虫害进行防治，必然会用到杀虫剂和鼠药。有人说，我们企业从来就不用杀虫剂。这只是说说而已，企业有草坪，旁边就是一条小河，还有下水沟，能没有虫害？能不用杀虫剂和鼠药？杀虫剂和鼠药，并不是不让用，而是要求管理得当，不要因为疏于管理而对企业的人员或产品造成危害。

对于使用的杀虫剂、鼠药，如果是虫害防治外包，那么必须由外包公司自己拿来并带走，同时需要建立使用清单；若是企业自己采购，需要建立台账，就像危险品一样，双人双锁进行管理。既然是毒药，那么要获得使用杀虫剂、鼠药的登记证以及物料安全数据表（MSDS），同时要清楚地知道这些药物的解毒剂。

杀虫剂、鼠药的使用是有讲究的，大品牌药物效果好，但是非常贵。有些外包公司在签订合同的时候，说自己用的是大品牌药物，但实际使用的是廉价的药物，如果不检查确认，根本发现不了。有些工厂，为了防止外包公司的这种做法，要求每次使用的都是未开过封的杀虫剂和鼠药，这似乎是一种对策，但要看外包公司是否同意这样操作。所以，外包公司来进行虫害防治操作的时候，陪同监督是必要的。

因此说，用什么杀虫剂、鼠药，具体到品牌规格，必须在合同中明确。

3.7.3 虫害防治，该检查什么？

下面我们重点来讲述一下，对虫害防治，如何检查。

(1) 虫害防治装置是否在正常工作中

对于工厂范围内可能出现的四大类虫害：室外地面跑的、室内地面爬的、室内空中飞的和喜欢钻下水道的，会利用不同的装置进行防治，必须要检查这些装置是不是处于正常的工作状态。

例如，要检查室外的毒饵站是否松开？有没有固定？有没有上锁？这些都涉及药物的管理。靠墙放置的鼠笼有没有逮到老鼠，其中的诱饵是不是还在？需不需要补充？检查挡鼠板是否及时合上？诱蝇灯是否24小时开启？有些人认为，冬天苍蝇比较少或者没有苍蝇，所以不开启诱蝇灯。这是错误的做法，因为没有证据可以证明，在冬天没有苍蝇和其他飞虫。生产区域外的门下面是否有缝隙，这个缝隙是否大于0.6cm？如果大于这个尺寸，是否有密封处理？这些情况，只有在现场认真检查，才能获得第一手资料。

(2) 生产和仓库区域是否有虫害

我们做虫害防治的目的是要尽可能防止虫害进入生产和仓库等区域，这些区域和产品的生产息息相关。因为，仓库提供原材料和包材，而生产则是对这些原物料进行加工，最后做成成品销售给下游客户。如果这些区域的虫害防治不到位，意味着虫害可能进入产品中，最后对产品质量造成影响。因此，我们在这些区域检查虫害时，一定要睁大眼睛，若有可能，最好带上手电筒，查看是否有任何虫害或者虫害活动的迹象。要知道，审核老师在现场检查的时候，飞进来几只小虫子，有苍蝇在旁边高兴地"跳舞"，或者在地上发现了一只甲壳虫、几只"小强"，这时无论你怎么解释，也无济于事。毕竟，作为审核老师，他更相信自己亲眼看到的。试想，以每年审核一次，按一次两天计算，即三百六十五分之二，即0.55%的概率下都能发现这么多虫害，说明工厂的虫害防治一定存在着问题。

在日常检查中，发现的虫子要及时清理。同时，需要去查找原因，这些虫子到底是怎么进入室内的？找到问题出现的真正原因，要立即进行整改。可以说，虫害无孔不入，我们每个人在进入关键区域时必须保持警惕，并养成随手关门关窗的好习惯。切记，门要及时关上，窗帘要及时拉上，若有风幕，要及时开启。

(3) 虫害活动较频繁处是否采取措施

不论是企业自己还是外包的虫害防治公司，因为前期对该区域虫害活动状况不甚了解，所以设置的虫害防治装置也是基于以往的经验，制定的虫害防治方案未必能针对当前的虫害活动水平。因此，在检查的过程中，应从虫害防治装置中监测到的虫害数量来判断此区域虫害活动频繁与否。对于虫害活动很频繁的区域，必须要采取相应的措施，比如频繁更换或者增加虫害防治装置。例如，如果发现在仓库的某个粘鼠板上面，一两天内就沾满了小爬虫，说明这个区域的爬虫比较猖獗，那么在清除这些爬虫的时候，应该在附近增加几个粘鼠板，以确保爬虫尽可能被粘完；如果在检查时，发现某个地方悬挂的诱蝇灯在一两天之内就沾满了苍蝇等飞虫，那么说明这个地方的飞虫活动比较猖狂，应该在这个诱蝇灯附近加装一个诱蝇灯，之后应视情况来决定是否需要再增加诱蝇灯的数量。这就是为什么要定期对虫害防治进行趋势分析的原因。

(4) 虫害监控是否点对点检查并记录

虫害防治，要检查，而且应该认真检查。然而，一些企业对虫害防治的检查流于形式，失去了检查的意义。正确的检查，应该是带上检查记录，拿着布点图，对着现场虫害防治装置编号，逐个依次检查。而不应该仅在室内转一圈，或者转都没有转，就直接在检查记录上画"√"，这是极其不负责任的做法。有些时候，问他检查什么，他不知道；问他怎么检查，他也不知道；问他发现老鼠怎么办，他还是不知道。员工在对虫害防治进行检查之前，培训是非常必要的，否则根本就没有能力去做这些检查。

作为虫害防治的管理人员，在设计虫害防治检查表的时候，针对不一样的控制装置，需要设计不一样的表格，并在表格下方进行概要说明。举个例子，对诱蝇灯的检查，每次需要清点诱蝇灯粘虫纸上沾有苍蝇、蚊子和飞蛾等的数量，并规定当这些虫害的数量累计到达多少时，就必须更换粘虫纸。只有这样，才有可能根据每次检查的数据汇总成每周、每月的数据，完成月度、季度和年度虫害防治趋势分析报告，然后制定措施，保证虫害防治效果。同时，作为虫害防治的管理人员必须对员工虫害防治检查的效果进行现场确认，以确保虫害防治能真正在掌控之中。

3.8 非生产用化学品该如何管理？

这里说的非生产用化学品指的是不用于产品生产的，但是为产品生产提供保障的一些化学品，主要包括两类：一是实验室使用的各种化学试剂和清洗剂；二是生产车间使用的洗手液、消毒液、洗衣液、洗涤剂或者洗洁精。

对于它们，该如何进行管理呢？个人认为主要应该考虑以下三个方面。

(1) 建立非生产用化学品清单

我们知道，生产使用的化学品，企业通常有着严格的管理规定。供应商需要经过审批，原料要经过反复测试，符合生产要求才能成为合格供应商。化学品原料到达企业后，有一套套的流程进行检测，以确定它的质量能满足产品品质的要求。此外，因为是化学品，国家对它的生产、运输以及储存都有非常严格的规定。但对于非生产用的化学品，由于它用量少，对它的管理相对比较宽松。但建立一份详细而全面的化学品清单是非常必要的。我们从这份清单上，可以知道使用了哪些化学品，它们分别用在哪里，可以从哪个地方采购，它们的资质证书，例如 MSDS 以及相关的应急联络方式是否齐全。

(2) 建立非生产用化学品库存台账

非生产用化学品，该如何管理？笔者认为应该像生产所使用的原料那样，做好库存台账。这个台账，不单单是指在仓库储存时的台账，例如，什么时候到货了，多少数量，某年某月被领走了多少数量。还包括在使用点的台账，例如哪一天从仓库领来了多少数量，某一天被谁使用了多少数量，被用作什么用途。这样做是为了记录每次使用的量，以防止非生产用化学品的非预期使用。

(3) 对非生产用化学品应该上锁严格管理

对于非生产用化学品，光有台账还不够，还必须进行上锁管理。对于剧毒品以及易制毒品，国家有着严格的规定，要求双人双锁，甚至有些地方还要求有监控，并和公安系统联网，以防出现意外。非生产用化学品，可以存放在仓库指定区域。在使用的地方，建议将非生产用化学品随库存台账一起存放在柜子里面，钥匙由专人保管，这样做的目的也是防止非生产用化学品的非预期使用。化学品不好好管理，可能被人拿去伤害他人，或者投入产品中，产生难以想象的后果。

3.9　人员资质和卫生

对于质量管理，资质的要求相对比较重要。但实际上，有没有质量管理的思维；对于出现的质量问题，有没有能力进行处理；对于潜在的质量风险，能不能进行评估并作出判断。这些才是"资质"的关键。

3.9.1　人员资质是什么？

什么是资质？《现代汉语词典》（第7版）解释为"人的素质、智力"。这个解释似乎更强调与生俱来的一种特质。个人认为，在企业管理过程中，资质强调的是一种能力或者一种资格。例如，我们经常会说，需要什么资质证书，你是否具备这些能力，你是否有资格做这件事情等等。应该说，能力更侧重于人，而资格更侧重于物。

在ISO 9001:2015《质量管理体系要求》中对能力有4点要求，如图7。

7.2　能力

组织应：

a) 确定在其控制下工作的人员所需具备的能力,这些人员从事的工作影响质量管理体系绩效和有效性；

b) 基于适当的教育、培训或经验,确保这些人员是胜任的；

c) 适用时,采取措施以获得所需的能力,并评价措施的有效性；

d) 保留适当的成文信息,作为人员能力的证据。

注：适用措施可包括对在职人员进行培训、辅导或重新分配工作,或者聘用、外包胜任的人员。

图7　ISO 9001:2015 对"能力"的要求

在ISO 22000:2005中也从7个方面对"能力、意识和培训"给予说明，如图8。

换句话说，你要从事某项工作，你就必须具备这方面工作的能力。然而，从哪些方面可以证明你具备了这些"资质"呢？个人认为，无外乎以下几个方面。

> **6.2.2 能力、意识和培训**
> 组织应：
> a) 确定其活动影响食品安全的人员所必需的资格和能力；
> b) 提供必要的培训或采取其他措施以确保人员具有这些必要的能力；
> c) 确保对食品安全管理体系负责监视、纠正、采取纠正措施的人员受到培训；
> d) 评价上述 a)、b)和 c)的实施及其有效性；
> e) 确保这些人员认识到其活动对实现食品安全的相关性和重要性；
> f) 确保所有影响食品安全的人员理解有效沟通(见5.6)的要求；
> g) 保持 b)和 c)中规定的培训和措施的适当记录。

图 8　ISO 22000:2005 对"能力、意识和培训"的要求

(1) 毕业证书

在学校，学过什么东西？这是很重要的。但是，一些大学生抱着"大学，大概学学"的态度，应付了三四年，即便有证书，也不说明有这个专业资质。

学生应把自己的专业学得更踏实一些，尽量拓展知识面，多读些和专业相关的书籍，多接触一些专业最前沿的知识，为今后的工作打下坚实的基础。

(2) 工作资历

你工作了多少时间？都在哪些地方做过什么？这也很重要！如果你才工作不到一年，人家会想你资历很浅，很年轻；当你告诉别人，你工作十几年了，人家会说你资历不错。但是，资历的深浅和工作年限的长短没有必然的关系。你工作时间长，并不意味着你的资历就深。重点要看你在这么长的工作时间内，经历过什么。如果你这些年来一直就在生产线上抓饼干，那你的资历仅仅局限于抓饼干。

一个对员工负责任，把员工的职业发展放第一位的公司，会定期让员工换岗。当然，是对表现好的员工，以此方式作为对优秀员工职业发展的一种奖励。换岗了，员工在不同的岗位上，就会接触更多的人、事和物，无形中拓宽了视野。有些人，提出在岗培训，估计效果不会太好，必须要换岗，彻底离开原先的岗位。

因此，在工作中你必须尽力把自己的事情第一次就做对做好！我们暂且不说要不要对得起你的上司和你的公司，而是应该说能不能对得住你自己。因为，这是为自己在沉淀，在历练！很多事情，只有你真正经历了才能明白。

(3) 培训经历

培训是一个很热门的话题，这里说的培训是外部培训。外部培训的老师能够把一个事情说清楚道明白，可以引导我们如何去从事某项工作。很多人都喜欢外部培训，认为可以学到不少东西，对自己今后的发展帮助会很大。然而，参加培训的时候像打了鸡血似的，培训回来，又什么都不知道，把刚学的又毫无保留地还给了老师。

因此，对于培训，经历固然重要，更重要的是，要把有限的精力和财力集中在自己的专长之处，而不是到处撒网，有时候网撒得越大，失望也越大。对于自己不清楚的地方，特别是寻求很多途径都解决不了的问题，通过培训老师的指点可能豁然开朗。接受培训之后，要尽可能多地实践，把学到的东西真正变成自己的东西。

(4) 资格许可

国家发的证可以证明你有这方面的资质，但并不意味着你就具备这方面的能力，还要看能否得到企业的认可。许多在外资企业工作的人，很少会花时间去考这些资质证书，因为他们认为这些证书没有太大的含金量。但是，你在外资企业工作了 15 年，没有取得国家的职业资格证书，怎么证明你有这个资质呢？

在一个企业，不论是国企、民企还是外企，有时候看重的是你能否完成任务，但是对于质量管理，资质的要求还是比较重要的。但归根结底，如前面所说，有没有质量管理的思维；对于出现的质量问题，有没有能力进行处理；对于潜在的质量风险，能不能进行评估并作出判断。这些才是资质的关键。

3.9.2 食品企业中的个人卫生应包含哪些内容？

说到个人卫生，很多人就会联想到他衣着怎么样，是不是爱干净，身上有没有味道等。但在食品加工企业中，个人卫生管理的范畴很广。其实，也很简单，只要是跟人相关的，并且会影响食品安全或者质量的都需要仔细考虑。

(1) 毛发

这里说的毛发，可以拆分成毛和发，毛指的是身上的汗毛、毫毛，甚至眼睫毛，而发则专门指头发。在食品企业，关于毛发的投诉比其他异物投诉要多，这说明对毛发管理非常重要。

有些工厂配备了发网（也有人称之为头套），但还是有很多头发露在外面，特别是在刘海和后脑勺露在外面的部位。如果是这种情况，那发网戴和不戴是一样的，根本就不可能防止头发的掉落。因此，要控制好头发，每个人都必须养成勤剪头发的好习惯，在剪头发的时候，建议将刘海和后脑勺部分的头发全部修理干净。此外，若戴发网，必须完全将头发覆盖住，严格来说，一根都不可以露在外面。

很多工厂设有更衣室。人们在脱掉自己的外套后，更换车间工作服之前，头发掉得最多，特别是在干燥的秋冬天。如果这个时候采取相应的措施，会减少头发进入产品的可能。推荐的做法是：在脱掉自己的外套后，立刻戴上一次性的发网，然后再进行后续的洗手、消毒和更衣作业。需要注意的是，发网建议戴两层，一次性发网在最里层，外面可以是可更换的布质发网或者一次性发网。这个发网应该是在穿工作服之前戴上的。

还有些企业在员工穿衣服之后，再用滚筒粘毛器将全身从上到下在粘一遍。这有帮助，但效果并不好，对于生产人员很多的企业，也是一笔不小的费用。还有些企业，使用风淋，要求员工在正式进入车间前，必须要经过风淋。但是风淋是否真的可以把身上粘住的头发给吹下来吗？很多时候，都是徒劳。一种比较简单的方法是员工互查，相互检查彼此身上是否有毛发，值得推荐。

(2) 指甲

指甲缝是藏污纳垢的地方，指甲如果劈开了，便是一种异物隐患。指甲该如何管理呢？个人认为除了认真洗手外，就是勤剪指甲。如何剪指甲呢？指甲留多长呢？这没有统一的标准。在食品行业，一般要求是指甲不得超出手指肉最顶端部分。

女孩子喜欢涂指甲油,这在食品加工行业是绝对不允许的。在食品加工的过程中,手要接触到食品,如果指甲上的指甲油接触到食品并渗入食品,将可能引发重金属污染事件。

(3) 首饰

首饰包括戒指、项链、耳环等。这些物品都是禁止带入生产区域的。不管这些首饰多贵重、多有纪念意义,如果它掉入食品中,必定是一起性质恶劣的污染事件。如果被误食,还可能造成更严重的食品安全问题。更严重的是,如果这些首饰进入食品加工区,被碾成粉末,溶解进入食品,最终被消费者食用,这个问题就不是一般的食品安全事件了。

(4) 车间饮食

在车间能不能饮食?这要视情况而定。比如说,在车间吃盒饭,吃泡面,嗑瓜子,喝饮料,嚼口香糖、火腿肠等都是被禁止的。为什么?因为这些食品残渣会招来大量的虫害,特别是在温度适宜的春夏天,这些虫害可能会跑到正在加工的产品中,最终以异物的形式被客户投诉。

可以在车间饮水,但是必须在指定的区域。因此,许多的企业是这样操作的:在指定的饮水区设置水杯架,企业统一购买水杯,每个水杯上面都有唯一的编号,通过编号就可以知道这个杯子属于谁,不会搞错。只有这样,现场才能保持整齐卫生,才能最大限度地减少潜在的交叉污染。需要强调的是,有些员工喜欢喝茶,喝剩下来的茶叶渣该如何处理,作为管理层必须加以考虑。

(5) 车间吸烟

吸烟越来越被关注,很多地方,例如北京、深圳等城市,都已经规定在一些特定的公共场所禁止吸烟,否则会被处以一定金额的罚款。还有,在高铁以及地铁上都明令禁止吸烟。作为生产食品的企业,更应该如此。对吸烟,有些人考虑的是人和财产的安全问题,而在这里,我们要考虑的是潜在的食品安全问题。首先,吸烟剩下的烟头怎么办?会不会成为异物掉入产品中?其次,吸烟后指甲上留下的黄色物质和可能存在的烟灰是否会被带入食品中?

很多食品加工厂都要求在整个工厂区域禁止吸烟,也就是说进入工厂大门就不能吸烟。然而,我们在车间现场检查时,仍旧可以发现烟头。也许,他们会告诉你,这个烟头已经在这里待了很长一段时间了,排除了目前有员工在车间吸烟的可能。但是,无论如何,也说明了一点,我们不仅需要管住现有的人员不得吸烟,在前期设备安装的时候也得要求相关人员不得吸烟。如果吸烟了,在设备验收清洁的时候,必须把所有的角落清洁干净,特别是可能存在烟头等异物隐患的地方。

3.9.3 患有哪些疾病的人不能从事食品生产,你知道吗?

我国现行《食品安全法》在第四十五条明确规定:"食品生产经营者应当建立并执行从业人员健康管理制度。患有国务院卫生行政部门规定的有碍食品安全疾病的人员,不得从事接触直接入口食品的工作。"否则,可以根据第一百二十六条第(六)款的规定,有"食品生产经营者安排未取得健康证明或者患有国务院卫生行政部门规定的有碍食品安全疾病的人员从事接触直接入口食品的工作"情形的，由"县级以上人民政府食品药品监督管理部门"给予处罚。

作为国务院卫生行政部门，原国家卫生和计划生育委员会在 2016 年 7 月 1 日发布《国家卫生计生委关于印发有碍食品安全的疾病目录的通知》（国卫食品发〔2016〕31 号），确定了六类有碍食品安全的疾病。

有碍食品安全的疾病是指此类疾病患者接触直接入口食品时，可能污染食品，并通过食品传播疾病。在《有碍食品安全的疾病目录》中规定疾病的危害主要是病原体污染食品，导致食源性疾病的传播或暴发。它们分别是：

[1] 霍乱
[2] 细菌性和阿米巴性痢疾
[3] 伤寒和副伤寒
[4] 病毒性肝炎（甲型、戊型）
[5] 活动性肺结核
[6] 化脓性或者渗出性皮肤病

然而，这里需要注意两点。

(1) 有上述六类疾病者可以从事不接触直接入口食品的工作

法律规定，有碍食品安全疾病的人员不得从事接触直接入口食品的工作。但是，可以从事其他不接触直接入口食品的工作，例如在车间外打扫卫生、修剪草坪等。然而，考虑到此类人员具有的传染性风险，食品加工企业往往不会雇用有此类传染疾病的人员，哪怕是让他去做非直接入口食品的工作。

(2) 艾滋病和乙肝并未纳入《有碍食品安全的疾病目录》

艾滋病和乙肝虽然都属于危害较大的传染性疾病，但其传播途径并不包括经食物传播。我们知道，艾滋病的传播途径主要有 3 种：性接触传播、血液传播和母婴传播。乙肝的传播途径主要有：血液传播、母婴传播和性接触传播。日常工作或生活接触，如握手、拥抱、咳嗽、喷嚏、共同就餐等无血液曝露的行为，不会传播上述疾病。2010 年 2 月 10 日，国务院多部门联合印发了《关于进一步规范入学和就业体检项目维护乙肝表面抗原携带者入学和就业权利的通知》，明确取消入学和就业体检中的乙肝检测项目，除特殊规定外，不得强制进行乙肝项目检测。

然而，许多食品生产企业考虑到食品的安全性，以及一旦出现问题将导致的严重后果，往往不愿意雇用有这两类疾病的患者。

3.9.4 员工受伤或者患病了，该如何处理？

如果员工在上班时不小心受伤，或者患有其他疾病该如何处理呢？这里说的员工指的是生产一线直接和产品有接触的员工。一般说来，以下三类情况对产品会造成潜在的影响，而且造成的影响可能相当严重。

一是皮肤有开放性损伤，例如出血。开放性损伤是指受伤部位的内部组织（如肌肉、骨头等）与外界相通的损伤。简言之就是血能往外流的，肌肉或骨头外露的创伤，例如擦伤、撕裂伤、切伤、刺伤等。在生产过程中，头、手等部位被擦伤、碰伤且出血的可能性较大。

二是眼鼻耳有流出物，例如流鼻涕。这种情况很普遍。当人感冒发烧时，经常会鼻塞、流鼻涕，打喷嚏，有时眼角还会有分泌物，想控制也控制不了。

三是肠胃很不舒服，想呕吐。有时候吃了不洁食物或者肠胃吸收了不该消化的东西，身体就会想方设法把它排出去，这是身体的自我保护。但是，很多时候，呕吐像拉肚子一样，是不可控制的。正是考虑到它的不可控性，作为食品生产企业就更应该给予高度警惕，以防止对产品造成危害。

如果在生产过程中，员工出现了上述三种情况，该怎么办呢？个人觉得应该从以下几个方面进行处理。

一是将患病人员迅速带离生产区域。不论有没有污染到产品，上述症状的患病人员都必须立即离开生产区域，特别是不得在直接接触入口食品加工的岗位工作。可以视情况，到非直接接触食品的区域工作或者直接撤离生产区，回家休息。这样做的目的是切断可能出现的污染源。

二是对被污染产品进行隔离处理。如果产品被污染，那么必须当机立断，停止生产，并立即隔离已经被污染的产品，做好标识，必须与正常生产的产品完全分离。这个时候有些人往往因为考虑到成本，只隔离出现污染的那一小部分产品，但是如果这样操作，被污染产品的可控范围就变小了。换言之，存在被污染产品进入正常产品的可能，这是不可以的！隔离范围稍大一些是为了保证不会出现二次交叉污染！

三是对被污染的设备进行彻底清洁并消毒。污染的产品被清除，受到污染的设备呢？必须清洁，而且是彻底清洁，清洁之后还要消毒。在清洁该处时，不得同时清洁设备其他未受污染的部位。必须做到清洁工具专用，例如使用的清洁抹布，使用完毕就立即作废弃处理，不得和正常的清洁工器具同时使用或存放在一起。这样做的目的是保证清洁工器具不会产生交叉污染。

在食品生产过程中，经常会遇到突发情况，引发慌乱，其实，我们只要记住一个基本原则：切断污染源，隔离产品，彻底清洁，全面消毒。掌握了它，就相当于在我们心中有了一把尺子，遇到任何可能影响产品质量和食品安全的异常都会表现得很镇定，处理也会很到位。

3.9.5 食品加工区对工作服有何要求？

相比于其他行业，用于食品行业的工作服，由于所加工产品的特性，要求加工工作服的布料必须是安全、无毒的，且不存在对人体和拟加工食品有害的成分。国家标准《食品安全国家标准 食品生产通用卫生规范》（GB 14881—2013）对工作服的管理提出了4点要求（如图9），但看起来都比较抽象，不易操作。

对工作服的要求，个人认为只有一条原则，尽量减少工作服上异物进入产品的可能。总结起来，应该注意以下几方面。

(1) 工作服不得发毛起球，应易清洗

工作服若发毛起球，这些毛球极有可能脱落，进入产品中，这是其一。其二，易脱落

> **6.6 工作服管理**
> 6.6.1 进入作业区域应穿着工作服。
> 6.6.2 应根据食品的特点及生产工艺的要求配备专用工作服，如衣、裤、鞋靴、帽和发网等，必要时还可配备口罩、围裙、套袖、手套等。
> 6.6.3 应制定工作服的清洗保洁制度，必要时应及时更换；生产中应注意保持工作服干净完好。
> 6.6.4 工作服的设计、选材和制作应适应不同作业区的要求，降低交叉污染食品的风险；应合理选择工作服口袋的位置、使用的连接扣件等，降低内容物或扣件掉落污染食品的风险。

图 9 GB 14881—2013 对"工作服管理"的要求

的蜕皮纤维特别容易粘住食品加工区域的粉尘，有时即使清洗也无法彻底清洁干净，最终成为细菌和寄生虫的滋生地。

在工作服材质的选择上，要求易清洗。食品行业的工作服，一般都要求每天清洗。如果不定期清洗，那么残留在工作服上面的污渍或者食品残渣将继续保留在工作服上面，这样就存在这些没有洗掉的残渣掉入食品中的可能。清洗工作服建议选择洗衣液，而不是洗衣粉，因为洗衣粉容易不完全溶解而结块残留在工作服上，洗衣液也应该选择无香无色型的。

（2）工作服不得有露在外面的纽扣或饰品

我们知道，在工作的过程中，双手要操作，人要走动，如果工作服上有纽扣或者其他饰品，这些物品极有可能脱落，存在着进入产品的可能。而且，纽扣通常是塑料制品，如果掉进产品，后续没有什么好的办法将它剔除。因此，我们可以选择拉链，因为拉链一旦脱落，很容易被发觉，而食品厂大多都设置了金属探测器，可以将它检测出来。

（3）工作服不得有破损和多余的布料

工作服出现了破损，即说明已经出现了异物。在这种情况下，如果继续使用破损的工作服，异物可能会掉入食品中。另外，我们都有这样的经验，有些衣服上会有一些部位有多余的边角料没有修剪干净，随着时间的推移，它们将成为一种异物源。个人建议，在新工作服使用前，必须认真检查每个角落是否有多余的布料。若有，立即清除，然后再使用。

（4）工作服腰部以上不得有外口袋

衣服上设置口袋是为了放东西，如果在工作服上面做了口袋，员工就可能把一些物品，例如笔、钥匙等装入口袋。一旦放入，这些东西都有可能掉入产品中。相比较而言，下半身设有口袋，东西要掉也是掉在地上，不会掉入食品中。因此，工作服要求腰部以上不得有口袋，这是一个非常重要的原则。

（5）工作服只能在特定区域穿，不得串岗

不同的食品加工区域，有不同的工作服洁净度要求。这就相当于食品行业的分区管理，人员不得从低清洁区到高清洁区。换句话说，你不可以穿着一般区的工作服跑到隶属于高卫生区的包装车间去，门卫也不可以穿着保安服进入有卫生要求的一般卫生区去，这样容易产生交叉污染。在食品行业，考虑最多的一个字就是"防"，防止交叉污染，防止异物隐患，防止微生物超标等。人员串岗，从低卫生区到高卫生区，会把低卫生区脏污的空气带入到高卫生区，这对于有着严格卫生要求的食品加工来讲，是绝对不允许的。

3.9.6 什么情况下必须再次洗手消毒？

有人会问："除了在处理食品的活动之前，其他什么情况下还需要再次洗手消毒呢？"一般说来，以下六种情况必须再次洗手消毒。

一是上过洗手间后或就餐后。在生产过程中，去了一趟厕所，就必须再次洗手消毒。我们都知道，卫生间的卫生与食品加工区域相比较，有巨大差异。我们必须保证可能与食品接触的双手是干净卫生的，不会受到外部环境的污染。同样，就餐后会碰到一些物品，例如碗筷以及餐桌椅。由于不知道它们的卫生状况是否满足要求，因此在吃完饭之后，对双手进行再次清洗是完全有必要的。

二是中途休息后。有时候生产线出现故障，这期间员工可能不在工作岗位，或者去休息，或者去干点别的什么事情。在这种情况下，也必须洗手消毒。为什么？在休息时，你的手有没有去触碰其他一些不干净的物品，例如扫把、设备外表面等。如果触碰到了，就存在交叉污染的隐患，因此必须对双手进行洗手消毒。

三是处理过可能受到污染的物料或接触非食品表面后。和上面第二点类似，如果在工作过程中，你去处理了一些和待加工产品卫生要求不一样的物料，例如微生物超标的原料或者成品，那么你要再次洗手消毒，以防止微生物间接污染到正常产品。如果手部接触到一些非食品表面，例如设备的外表面、地面和墙面，或者用手清洗过地漏、地沟等，也必须再次洗手消毒，以防止交叉污染。

四是咳嗽或打喷嚏后。咳嗽或打喷嚏不可避免。但我们可以做到的是，在咳嗽或打喷嚏的时候，将头背向产品或生产线，同时把嘴巴捂住，然后重新洗手消毒或者更换手套。在咳嗽或打喷嚏的刹那，产生的细菌数以万计，如果这些微生物跑到了食品中，可以想象是多么糟糕的结果。

五是当手被污染时。这是很常见的现象，例如你的手不经意捏了一下鼻子，不小心抓了一下头发，或者碰巧碰到了机油，这个时候你没有选择，必须再次洗手消毒。因为手碰到的这些物品都存在着一定的异物和微生物风险，一旦与食品接触，就意味着食品被污染的可能性存在。

六是当手套被污染时。有些生产加工区，员工会戴手套。戴着手套的手，其实处理方式和没有戴手套的手是一样的，也必须洗手消毒。个人认为，如果能够不折不扣地按照既定的规程进行洗手消毒，相比于手套，双手应该是更干净的。手套需要采购，除了会产生一定的成本，对其材质还有要求，比如，乳胶手套因为特别容易破损并产生异物，所以不能使用。手套被污染，就必须洗手消毒。被污染的手套应该处理掉，而不是清洗后重复使用，这是为了防止可能存在的交叉污染。

3.9.7 在生产区域到底能不能吃东西？

有些企业为了让员工不把时间浪费在去食堂的路上，允许员工在岗位上吃饭，边吃边干。这样看起来很高效，节约了不少时间，但是他们没有想到这种做法将给食品安全带来不可控的隐患。至于在生产区域到底能不能饮食，在 ISO/TS 22002-1:2009《食品安全的前提方案 第一部分 食品生产》(PAS 220:2008)中已经有了明确的规定："员工餐厅和指定的食品储存区域位置应合理，能够使潜在的对生产区的交叉污染降到最低。"

该条款使用了指定二字，言下之意就是在规定的地方/区域就餐，不能跑来跑去。这里说的就餐，其实也应该包括喝饮料、喝牛奶、饮茶等。有些人，因为早上时间比较赶，经常会带早餐到工厂吃，包括豆浆、牛奶等；有些人，在炎热的夏天，经常会带一些饮料，例如冰红茶、冰绿茶等到工厂慢慢喝。个人建议：原则上不允许带食品到生产区域，也不允许在生产区域饮食。如果确实没有办法，可以在限定的区域饮食，比如一个小房间，并在门口清晰标识："饮食区域，严禁将食品带出"。而且，对带入食品的种类要进行适当要求，比如不带味道比较重的食品，不带坚果类食物。

限制在生产区域饮食，主要是基于以下五个方面的考虑。

一是防虫害。在饮食的时候，不可避免地有食物掉在地上，也不可避免地有多余吃不完的食物，这些废弃的食物若扔在垃圾桶里，无疑会招来老鼠之类的虫害，而食品工厂的鼠害是必须要重点防控的。如果食品被虫害，特别是被老鼠污染，造成的损失一定是批量的，甚至会影响消费者的身心健康。

二是防异物。外带的食品肯定会有包装。在食用的时候，要拆除外包装。在拆除的过程中，外包装的碎屑有可能掉入产品中，特别是有些食品，例如面包，用的是金属扎带扎口，而扎带极有可能成为异物进入产品。对于正在加工的食品而言，正在食用的食物其实也是一种异物。一旦掉入，最终被消费者投诉，很难查找到原因。

三是防过敏原。我们喜欢吃的很多食物，例如花生、瓜子、鸡蛋、核桃、牛奶和芝麻糖等，都是过敏原。一个对过敏原有严格要求的食品加工企业，对外来的过敏原一定有更严格的要求。过敏原控制不到位，哪怕是半颗花生，都有可能致命。如果不控制好外来的过敏原，即使生产加工所用原料中的过敏原控制得再到位，也是在做无用功。

四是防微生物。食品一旦被有害微生物污染，造成的损失将是批量的。食用食物掉落的残渣，是微生物的最爱。如果真正做到不在生产区域饮食，或者只在限定区域食用，那么就可以切断微生物繁殖的三大要素之一——养分。

五是防违反 Halal 证书和 Kosher 证书的要求。现在很多食品公司，包括一些食品添加剂公司都通过了 Halal 和 Kosher 认证，以满足特定人群的食用要求，特别是有可能涉及猪以及猪身上任何部位相关的食物。有些公司，晚班食堂不开火，经常给员工发桶方便面，外加两根火腿肠。殊不知，这些火腿肠已经不符合清真或者洁食食品生产的要求，或者食用火腿肠时可能掉落的残渣已经让食品的清真和洁食蒙上了一层阴影。

3.9.8 外来人员进入车间，应注意什么？

外来人员，顾名思义，外部来的人员，即外部人员，也就是非企业内部人员。其实，这是一个狭义的概念，真正广义上的外来人员应该是非同级别工作区域的人员。打个比方，张三在有严格洁净度要求的洁净车间工作，在这个区域工作的人员对身体状况有相对严格的要求。另外一个人叫李四，在一般生产区，例如化工合成岗位工作，对身体状况的要求相对比较低，那么李四对于洁净车间来说，也应该属于"外来人员"的范畴。有人会问，如果外来人员想进入车间，该怎么办？这是个问题。外来人员的身体健康状况是否会影响食品安全卫生，很难知道。因此，如果有可能，应尽可能不要让外来人员进入车间，以免造成不必要的危害。

个人认为，外来人员进入车间必须注意以下三点。

(1) 健康问卷调查

我国现行《食品安全法》第四十五条规定："从事接触直接入口食品工作的食品生产经营人员应当每年进行健康检查，取得健康证明后方可上岗工作。"健康证明即我们通常所说的"健康证"。我国法律规定"从事接触直接入口食品工作"的人必须取得健康证，但是如果是其他岗位人员，或者是外来人员到车间来安装设备、取样或者审核，就不一定有健康证。因此，在进入车间之前对外来人员进行问卷调查就显得非常有必要了。

一般说来，健康调查问卷应该包括是否含有我国法律法规规定的有碍食品安全的六类疾病：霍乱、细菌性和阿米巴性痢疾、伤寒和副伤寒、病毒性肝炎（甲型、戊型）、活动性肺结核、化脓性或者渗出性皮肤病，是否来自疫区（例如 SARS 病毒疫区、禽流感疫区等），最近有没有发烧、流鼻涕等感冒症状以及外来人员的穿戴是否符合要求（主要是基于异物控制考虑）。

不要像审查犯人一样对外来人员进行健康状况问询，这会让人极不舒服。我们可以把调查表交给外来人员，让他自己逐项对照检查，如实填写即可。完成之后，经企业相应人员批准就可以进入车间。

最后，还有一个要求，外来人员带入的物品必须按照原物料包材进入车间的流程，随物流通道经消毒等过程进入车间，不能图方便省事，直接带入。

(2) 必须穿着工作服

健康问卷调查表被批准后，外来人员进入更衣室，接下来该怎么走？有些人认为外来人员直接在外套上面穿一件白大褂或者一次性衣服就可以了，其实，这是不可以的。正因为是外来人员，我们更应该严加控制，以确保产品质量不受影响。对于要进入车间的外来人员，应该严格按照与该车间工作人员进入此车间一样的流程更换衣服，一个步骤都不能少。

有些人说，我现在没有生产，没有必要按照流程更换衣服进入车间，这是不对的，按照要求更换衣服，可以最大限度减少产品质量安全的风险。

(3) 不可触碰任何设备和产品

有些外来人员进入车间后，喜欢这碰碰那摸摸，这是不对的。外来人员在进入车间的时候不要去触碰任何物品，特别是设备和产品。因为这可能会产生三方面的问题：第一，人身安全问题。机器上有轴承、盖板等，他在触碰时不小心把手给碰伤了，或将头发卷进机器，会很危险。第二，对食品安全有潜在影响。如果他的手不干净，触摸可能污染被触碰的食品。第三，可能影响生产。现在很多机器设备很敏感，手一触碰，也许它就停下来了。如果确实想看看，怎么办？可以让岗位员工操作给你看。

3.10 食品安全的危机管理，该注意哪些方面？

危机管理指的是企业为应对各种危机情境所进行的规划决策、动态调整、化解处理及员工培训等活动过程，其目的在于消除或降低危机所带来的威胁和损失。

这个定义比较理论化，不太好理解。个人理解的危机管理是这样的：一旦出现了危机，作为企业的员工，该如何以最快的速度在最短的时间内进行处理，以确保企业的损失降至最低。在这个理解里面，用了三个"最"字，讲究的是速度和效率。确切地说，就是时间，若不以最快的速度进行处理，对企业带来的负面效应或影响可能是巨大的。

知道了危机管理，食品安全的危机管理就比较好理解了。食品安全，根据我国现行《食品安全法》的定义，指的是食品无毒、无害，符合应当有的营养要求，对人体健康不造成任何急性、亚急性或者慢性危害。因此，食品安全的危机管理就是指因食用而涉及人体健康的危机管理。

对于食品安全的危机管理，在 ISO 22000:2005 上面只有一句话："最高管理者应建立、实施并保持程序，以管理能影响食品安全的潜在紧急情况和事故，并应与组织在食品链中的作用相适宜。"在 ISO/TS 22002-1:2009《食品安全的前提方案 第一部分 食品生产》(PAS 220:2008) 第 18 章"食品防护、生物警觉和生物恐怖"中只是简单地提了一下："每个企业应评估产品面临蓄意破坏、故意破坏财产或恐怖活动的危害，应有相对应的防护措施。"

作为食品企业，个人认为对食品安全的危机管理，应该重点考虑以下几方面。

(1) 必须建立 24 小时紧急联络方式，并能随时随地获得

紧急联络方式，注意这个是 24 小时的，换一句话说，24 小时都不能关机。在这份 24 小时紧急联络方式上能够找到本公司甚至关联方的有效联系人。因此，在这份 24 小时紧急联络方式上必须要有部门负责人（第一联系人）的公司座机、手机号码、家庭电话，第二联系人甚至第三联系人的公司座机、手机号码和家庭电话。如果找不到第一联系人，就找第二联系人；第二联系人找不到，可以找第三联系人。如果，一个部门三个联系人都找不到怎么办？只有找这个部门负责人的上司，请他们处理。

这里需要注意的是，在这份 24 小时紧急联络方式上还应该包括附近医院、派出所、消防队的电话，甚至当地管理部门以及认证机构的联系人和联系电话。平时做好备份的目的是如果出现危机，方便第一时间联系。

(2) 处理比较敏感的异物投诉，必须慎之又慎

比较敏感的异物投诉，例如食品中含有小动物（老鼠、青蛙、苍蝇、蚊子之类）、动物粪便、玻璃、金属、人体排泄物（不是头发）、坚硬小球丸、机器上的部件（例如螺丝）、药丸/胶囊、别针/针/大头针/订书针、美工刀片等。要知道，这些问题的投诉，可能会对公司的声誉和品牌造成重大影响，特别是当今信息在网络上的传播速度极快，一不小心，一个小问题顷刻间就发酵成企业生死攸关的大问题。

对于涉及疾病和包装标签贴错导致的过敏原问题，需要作出恰当的反应，采取适当的措施，因为人的健康永远是第一位的。同时，我们也要明白，不是所有的问题都需要用经济手段处理。以前，职业打假者经常以营养标签标识不规范或者不正确而索赔，但是，我国现行的《食品安全法》明确规定："食品的标签、说明书存在不影响食品安全且不会对消费者造成误导的瑕疵的除外。"

（3）定期培训员工，如有可能，实施食品安全应急演练

定期培训员工，特别是负责处理危机的员工。教会他们，出现危机时，该怎么说，什么时候该说，什么时候不该说。例如，接到一个恶意投诉电话，负责处理危机的员工必须很镇定地记录电话中的关键信息并尽可能对电话进行录音，对恶意投诉方的相关情况进行判断分析：性别，年龄，口音，是否伪装声音，是否言辞含糊、紧张，是否在读稿，是否独自一人，是否显得很急促，通过背景音判断是用公用电话还是网络电话，对公司和产品的了解程度，是不是有备而来……

经过培训之后，我们就要在必要的时候，选择某一个时机，最好是下班了大家快到家正要吃晚饭的时候，或者是双休日领导都不在公司的时候，直接打一个电话投诉，说产品里面发现了一个大且敏感的异物，看看负责处理的员工反应如何，若仍有不足，必须给予改进！

当然，还会出现其他一些和食品安全相关联的危机管理，例如春季的流行病对员工和产品的潜在威胁，地震和山洪暴发等自然灾害造成的原辅料断货，停水断电造成产品的指标超标和设备停止运行等。我们平常就应做好充分的评估，并制定相应的对策，一旦出现异常，就可以按照要求处理，让损失降至可控的范围。

3.11 食品如何防护？

这里所说的"食品防护"是指 Food Defense，我们需要建立食品防护计划以确保食品在加工以及后续销售的过程中不会被蓄意破坏，不会受到恐怖活动的威胁。

3.11.1 如何做食品防护计划？

个人认为，一份合格的食品防护计划应考虑以下几个方面。

（1）食品安全危害由谁来评估

涉及食品安全方面的危害是一个比较广的概念，其评估不可能由一个人来完成，而应该由一个小组来完成。这个小组可以是食品安全小组，也可以是其他的跨部门小组。小组成员必须对自己部门所辖责任区域该做什么以及该如何做很清楚，只有这样，大家才可能将所涉及的危害尽可能都评估出来。

有人说，我不会做食品安全危害评估。那么，我可以告诉你一个最简单的方法，负责评估的小组成员，顺着原料进入仓库，然后到车间，跟着工艺流程走，接着到实验室、成品仓库，最后是发货。看看这些过程中，哪些点会存在食品安全危害。这个危害，不仅包括直接的危害，也包括间接的危害。在评估的时候，我们要多问几个为什么，要多想几个假设。例如，如果原料仓库窗户的锁扣没有及时合上，万一有人从窗户爬进来投毒、搞破坏怎么办？万一门卫没有尽责，有外来人员趁其不备溜进工厂来破坏产品包装怎么办？通过问为什么，相信大家都能够找到问题解决的办法。

评估之后呢？评估之后当然是找出最薄弱环节。如果工厂食品安全危害评估的内容涉及一百多项，而最薄弱环节可能就几项或十几项，它们就相当于我们 HACCP 计划的 CCP 点，唯一不一样的地方就是食品安全危害在数量上可能比我们制定的 CCP 数量要多得多。

（2）防护计划必须定期验证

评估出了最薄弱的环节，怎么办？当然是对这些薄弱环节进行重点监控。既然提到了监控，就涉及监控的内容、谁来监控、通过什么方法来监控、多久监控一次等。有人会说，这些监控，即使我们不做食品防护也会有要求的。其实，这不一样。食品防护计划是一个很系统很全面的预防性计划，主要是去评估发现潜在（可能）的食品安全危害。没有实施食品安全危害评估时制定的监控措施，是一般情况下的通用原则。一旦经过了评估，并确定是潜在的食品安全危害，那么对这一危害的重视程度就会加强。

在评估时，要确定以往是否出现过影响食品安全的危害。如果回答是肯定的，那么监控的频次就应该适当增加。还有验证，除了岗位员工做的检查确认，还应该有第二方职能部门再次验证，但是验证的频次可以视情况降低，这样做的目的就相当于"双保险"，不至于出现遗漏。例如，公司规定保安必须每小时对仓库巡检一次并检查仓库窗户的门窗是否锁好，作为第二方职能部门的人员在验证的时候就可以在不告知的情况下，随机抽查一个小时，看看保安是否在一个小时内巡检成品仓库。若没有，说明食品防护计划没有被正确实施。

（3）确定的危害和检查验证计划，需要定期更新

受业态环境的影响，确定的危害和检查验证的计划会随着业态环境的变化而变化。这要求我们必须关心行业动态，比如针对刚刚发生的食品安全危害事件进行自检，看看本公司是否存在类似的不足。如果有，要在新的食品安全危害评估中体现出来，并更新验证计划表。

在制作食品防护计划时，一定要小心谨慎，否则，一个疏漏可能使整个公司的食品安全遭受巨大的威胁。一个工厂，也许在已经过去的几十年中没有出现食品安全危害方面的问题，但是不排除在接下来的一年、两年不出现问题。

食品防护计划一定要做，而且要认真做，只有做了，才知道哪里有不足，才能够迅速反应，采取措施。如果食品安全出现了大问题，那就要考验企业对食品安全的危机管理能力了。

3.11.2 食品防护计划应该关注哪几方面的安全？

食品防护，在 ISO 22000:2005 没有提及。但是，在 ISO/TS 22002-1:2009《食品安全的前提方案 第一部分 食品生产》（PAS 220:2008）第 18 章 "食品防护、生物警觉和生物恐怖"中指出："每个企业应评估产品面临蓄意破坏、故意破坏财产或恐怖活动的危害，应有相对应的防护措施。"其实，这句话已经道出了食品防护计划到底该如何做。个人认为，做食品防护计划应该像做 HACCP 计划一样，对整个企业范围所有点进行评估以确定哪些点是企业的薄弱环节，哪些点存在着食品安全的隐患（例如蓄意破坏、故意破坏财产或恐怖活动等的危害），对于这些点必须制定出相应的措施，以保证食品安全不受影响。

这里谈及的食品防护计划应该关注源自哪几方面的安全呢？编者认为应该包含以下四个方面。

(1) 人员安全

和食品加工有直接或间接关系的人是否会对食品安全造成影响，是否存在隐患？例如，进入厂区运输原辅料包材、成品或设备的人员是否被限制进入车间？如果进入车间，是否被批准并有企业人员陪同？所有进入工厂内通道的门是否有自锁功能，是否有人尾随？如果法律允许，是否对所有全职、兼职、季节性新员工和承包商做背景调查？要做好食品防护，来自人员方面的安全是重中之重。这是越来越多的企业在有人的地方安装监控的根本原因，也是越来越多的企业在人员通道上安装门禁的关键原因。

(2) 用水安全

我们知道，水是生命之源。对于食品生产企业更是如此！也许有人会说，我们生产过程中不使用水，但是你不用水做清洁吗？食品企业的生产或者清洁不用到水应该是不可能的。即使水不用于生产，用于清洁的水若被污染，最终也将影响产品的安全。因此，对水的管理应该慎之又慎，应采取一切办法防止水被污染。用水的水源，必须上锁管理，只有授权人员才能进入。如果可能，在使用之前要对水进行处理，同时要定期监测，以防止受到污染。若使用夹套，应该定期检查是否有渗漏。

(3) 加工安全

既然是产品，肯定要加工。在加工的过程中，各种不确定因素很多。我们需要评估这些因素是否会影响食品的安全？如果会，我们要考虑通过什么方式来降低或者消除这些潜在的危害。在生产的过程中，会不会有人刻意投入异物，特别是那些性质恶劣的异物。异物一旦被消费者食用，会产生严重的直接危害。另外，还需要防止人为投毒破坏。如果员工被欺侮，被虐待，可能产生报复心理，也不排除向食品投毒的可能。对于此，企业大多会考虑安装摄像头，但是个人认为这并不是一种好方法，应该在对员工进行管理，特别是批评的时候，要有策略，不要动不动就罚款，扣工资，以防员工产生刻意破坏食品的想法。

(4) 信息安全

这里说的信息，包括产品的工艺配方、生产的批记录，以及产品的检测记录等。通过这些记录，我们可以追溯到产品从哪里来到哪里去；通过这些记录，我们可以获得产品加工的一些关键信息。如果这些信息被篡改，食品的安全也将存在问题。例如，如果一个产品检测指标严重超标，但是这个数据被改成了正常合格的结果，会怎么样？肯定会对消费者的健康造成严重影响，最终影响公司的品牌。假如配方被人恶意更改，最后产品的指标达不到要求，产品标签也将存在问题。

3.11.3 食品防护中几个容易被忽视的问题

个人认为，有以下五个方面容易被忽视。

(1) 仓储区窗户锁扣有没有合上？

这里说的仓储区包括原辅料包材仓库、成品仓库，甚至还包括产品暂存的中转区。因为仓库存放的物料，对于公司来讲都是财富，因此都有"铁将军"把关，会被及时上锁管理。但是，有些时候，仓库的窗户看似关上了，但是仔细一看，会发现窗户上面的锁扣并没有合上，如果仓库设在一楼，外面的人就可以把窗户打开，继而进入仓库。如果想搞破坏，就是很简单的事情。

有些原料因为属于化工产品，需要通风管理，因此经常会打开窗户通风，在下班的时候，有时会忘记关上，特别是忘记合上窗户的锁扣。如果可能，仓储区窗台的设计应该高一点，至少要保证人不可以从窗户轻易进出。

(2) 安装的摄像头是否在正常工作？

现在，越来越多的企业在一些关键区域，例如投料区、仓储区、化学品存放区、制水区安装了摄像头。这很好，对想搞破坏的"坏人"来说，应该有震慑作用。至少他们不会那么明目张胆吧！但是，装了摄像头并不是万事大吉，首先要保证摄像头的清晰度；其次，要想好摄像头拍摄的录像能储存多少时间，是一个月、两个月，还是半年。要知道，有些破坏活动是有滞后期的，要过一段时间才能被发觉；最后，对于摄像头摄像的效果，我们需要去确认。一旦有人搞破坏，是不是能被发现？如果不能，说明形同虚设，没有效果。因此，我们可以亲自站在容易被人投毒、被人搞破坏的位置，看看是否能被拍摄到。

(3) 制水间，包括水源及装水的容器是否被有效地管理？

水被投毒或者被破坏，对产品的影响将是无法估量的。因此，对水的管理要求比较苛刻。对水源，必须上锁管理，防止水源遭受破坏。如果有制水车间，那么车间所使用的储水容器，特别是敞口的容器，必须要求有盖，最好是上锁管理。有些制水间会配置一个或者两个员工，如果是一个员工，需要考虑中途他上厕所或者就餐，制水间的门是否及时上锁管理。很多时候，人不在，但是制水间的门是敞开的，万一有人进去往水箱里面投毒怎么办？

(4) 散装物料是否有铅封？

这里说的散装物料，包括固体的，也包括液体的。对于散装物料，需要检查铅封的完整性和正确性。没有铅封，很难保证在运输过程中（从供应商处出厂到接收仓库这段距离）物料的安全性。因此，铅封显得格外重要。对于铅封，我们要检查它的完整性：收料之前，先要看看铅封是否是完整，有没有破损。如果不完整，有破损，说明散装物料有被人为破坏的可能；还要检查它的正确性：接收时，到工厂的铅封号是不是供应商给的那个铅封号，如果不是，说明散装物料存在被调换的可能。

(5) 散装物料进料口是否上锁？

散装物料到达工厂后，一般有储罐储存。如果有储罐储存，肯定就有物料进入口，那是槽罐车中的物料进入储罐的必经之路。如果这个物料入口没有好好管理，后果会怎么样呢？人为投毒、虫害等异物随物料进入储罐等情况，都有可能发生。因此，必须上锁。有时是上锁了，但是上锁的位置不对。锁应锁住整个入口，而不仅仅是可以开启的阀门。

好记性不如烂笔头！发现好东西，立马记下来！

随心所感（3）：_____

第4章 一进一出

这里说的一进一出指的是原辅料包材的"进"(接收)和成品的"出"(放行)。对一进一出的有效管理,其实就是对进入工厂的原辅料及原辅料供应商和终产品在质量管理上的判定。

4.1 建立"患难与共"的供应商关系

供应商在企业的日常经营中发挥着越来越重要的作用,许多企业通过和供应商建立战略合作伙伴关系,荣辱与共。如何对供应商进行有效管理呢?在管理之前,先要对供应商资质进行审核,通过审核才能成为合格供应商。

4.1.1 合格供应商审核的五大步骤

(1) 资质索取

现在企业要生产一个产品,需要很多的资质证书,以证明在法律法规的许可下有资格从事此产品的生产,同时能满足国际标准的要求。通常来说,这些资质包括生产许可证、营业执照和ISO体系证书(包括ISO 9001、ISO 14001、ISO 45001、ISO 22000)、GFSI证书(例如FSSC 22000、BRC等)。如果没有这些资质证书,企业在运行的过程中会存在很大的法律风险,比如被罚款或者被查封。假如我们要找一种原料,某家供应商能够提供并希望合作,但如果这家供应商没有相关的资质证书,或者这些资质证书不在有效期之内,建议不要抱着试试看的侥幸心理,而是两个字:免谈!

我们经常在新闻媒体报道中看到,当对事故进行认定时,监管部门首先查验的是是否有相关证书,这些证书是否有效。没有相关的资质证书和有证书而且证书在有效期之内,最终处理的方法是完全不一样的。

(2) 样品评估

这里说的样品就是我们要用到的原料,通常由供应商提供。至于供应商是怎样提供的,是由质量部门人员在现场直接抽取,还是用质检实验室检测剩下的样品?是在成品仓库中开袋抽取,还是用销售产品中随机抽取的留样?都无从考证。那就说明,样品不能百分之百代表供应商提供的原料。这点我们需要明白!

同时需要指出的是,供应商寄送的样品必须提供出厂检验报告(COA),这是一份很重要的记录,从中可以看到产品的信息、各项指标、产品执行什么标准以及检测方法等。

我们可以根据 COA 上的检测项目逐一核对，若有条件可以安排公司实验室或者送至外部实验室检测，看看指标如何，是否能满足公司要求。

(3) 文件评估

如果样品评估下来，没有问题，则可以进行下一步，即文件评估。一般说来，相比于第一步的资质索取，这一步更侧重的是公司内部的要求。通常包括问卷调查表、各种声明等。通过文件评估，可以大致掌握供应商的一些实际情况，但是不排除一些地方被隐藏或者被夸大。因此，文件评估只能作为执行接下来一步的参考，不用来作为评定供应商是否合格的依据。

(4) 现场审核

相比于第三方审核，对供应商的现场审核更侧重于发现问题。换一个角度，对于供应商来说，客户审核是一个非常好的手段，让自己充分意识到目前到底存在哪些问题，离客户的要求有多大的差距。现场审核，可以和供应商的团队，特别是质量管理团队面对面沟通，并提出建议。对于现场发现的问题，一般都会给出级别，例如关键、严重、一般等。对于所有发现的问题，负责审核的供应商质量管理团队必须负责跟进直至问题全部解决。

这里需要指出的是，对于那些关键或严重的不符合项，如果很多，且通过书面的证据无法知悉是否关闭的，必须在一定时间之后，再到现场进行跟踪访问。

(5) 审核批准

经过上面四个步骤，已经获得了该产品和供应商充足的信息，接下来就可以进行供应商的审核批准了。一般情况下，供应商批准基于两点：其一，供应商提供的样品的评估结果；其二，对供应商进行现场审核时发现问题的严重程度以及多寡。在管理比较完善的企业，一般是把供应商审核和供应商批准分开。换言之，负责审核的人员对供应商的批准只有建议权，没有审批权；而负责批准的人员对供应商的审核只有建议权，没有实施权。如此相互制约，对供应商的审核批准才能做到客观、公正。

最后需要指出的是，对供应商批准只批准到某一个生产地址的工厂，而不是整个公司。例如，公司的 A 产品有 3 家生产工厂 10 条生产线，那么经上面五个步骤批准的供应商应该是其中的一个工厂，甚至哪条生产线，而不是所有工厂和所有生产线。因为，虽然终产品看似一样，但其中的生产线设备和加工人员不一样，最后加工出来的产品也肯定会有不同。

4.1.2 建立合格供应商清单的注意事项

合格供应商清单，也称为合格供方名录，是一份很重要的文件。采购从这份清单上的供应商处买东西；到货时，仓库根据此份清单来初步判断是否可以收货；每年对供应商进行评估，质量部有权决定谁有资格纳入此名录；对于新供应商，必须经过相关的流程，才可以进入此份清单。

既然如此重要，在建立合格供应商清单时应注意哪些方面呢？笔者认为，以下几个方面至关重要。

(1) 合格供应商清单必须分发到采购、仓库和质量管理部门

刚才谈到，合格供应商清单很重要，然而，有些企业会把这份文件视为高级机密，不让员工知道，因此不把这份文件分发至仓库。如果不发给仓库，原料到货的时候，谁去检查这个物料是不是来源于合格供应商，如果不能保证原料来自合格供应商，如何保证原物料的质量呢？如何保证终产品的品质呢？

要成为合格供应商，正常情况下，需要做许多的工作，包括资料收集、样品评估、现场审核，甚至客户批准。只有这样，才能对使用的原料放心，成品的质量才有可能有保证。有些公司的产品质量很不稳定和它们使用的原材料有很大的关系，确切地说，应该是和供应商有很大的关系。对他们来说，根本就没有合格供应商的概念，原料买来就用，从来不检测，供应商也从未评估。在这种条件下，如何去保证产品质量呢？

（2）合格供应商清单必须注明物料类别和供应商级别

对供应商的管理，一年之后必须对他们进行评估。评估的目的是为了评价供应商在过去的一个周期内表现如何。作为一个负责任的企业，在采购策略上，还必须对表现好的供应商在采购量上进行适当倾斜。这样，好的供应商会做得更好，差的供应商能够跟上节奏。然而，作为采购人员，如何快速地知道哪个供应商做得好呢？建议可以在合格供应商清单上加上供应商级别，例如优秀、良好和一般，让采购一看就知道这家供应商上年度表现如何。

此外，在清单上还得加上物料类别。生产过程中会使用到很多物料，必须对物料进行分级，例如关键物料、重要物料和一般物料。分级的目的是让采购清楚物料在使用时处于何种位置，以制定不一样的采购策略。

（3）合格供应商清单上的关键物料必须要有两家供应商

上面说到的关键物料，一般有两种：第一种是用量很大，一旦出现异常，必然会影响产品质量；第二种是用量一般，但是这种物料很难找到可替代的供应商。相对来说，我们更担心第二种。它属于典型的卖方市场，交货周期很长，或者需要从国外采购，周期就更长。如果这个供应商倒闭了，或者这家供应商所在的地方发生自然灾害，不能或者无法供货怎么办？岂不是也要因为断货而全部停产。有人会说，我们做了二三十年都没有遇见这样的问题，但这并不代表今后不出现问题。作为一个有远见的管理者，必须确切地知道这一点，如果关键供应商只有一家，若它出现问题，无法按时交货，该怎么办？

（4）合格供应商清单至少每年更新一次

对供应商的评估可以从三个方面入手。第一，现场审核。发现了多少问题，有多少个是关键不符合项，有多少个是重要不符合项，有多少个是一般不符合项等。发现的这些问题，他们有没有在规定的时间内完成整改，整改的效果如何，整改之后有没有再次出现同样的异常。第二，原物料到货情况。到货时的质量情况：有没有破包，有没有检测为不合格，有没有被投诉，有没有被退货，被投诉、被退货了有没有进行整改，整改是否到位等。第三，交货期。交货期也是一个重要的方面，采购的原物料有没有按时交货？不按时到货，企业后面产品的交付也将受到严重影响。从这三个方面，就可以清楚地知道各个供应商"考试"成绩如何。至于大考的频次，一年一次，比较合适。

谁来更新？建议这份文件的更新由采购部门来主导，后经质量部审核，最终经总经理或者管理者代表批准生效实施。

4.1.3 对供应商的级别评定不建议使用打分制

对供应商进行评估，对于质量管理来讲，是一个必备的要求。但是，如何对供应商的级别进行评估呢？很多人喜欢采用打分制，见表5。

表 5　供应商打分制级别评定表

序号	分数(S)	级别	相应措施
1	$S \geqslant 90$	优秀	合格供应商,加大采购量
2	$80 \leqslant S < 90$	良好	合格供应商,正常合作
3	$60 \leqslant S < 80$	一般	合格供应商,适当降低采购量
4	$S < 60$	不合格	不合格供应商,予以淘汰,三年内不再考虑

在他们看来，打分制很直接，也很简单。的确，在一定程度上讲，打分制是很好用，有时候也很有效，但是存在着诸多弊端。现简单分析如下。

(1) 很难避免一些极端情况

一般说来，对供应商进行级别评定的时候，都是从质量、交货期、配合度和价格等方面进行打分，哪项没有达成就扣多少分，最后的得分是在什么范围内，据此确认供应商的级别。但是，我们是否想过，如果供应商在某一方面得了零分，但是其最终的分数依旧可能是在合格供应商那档范围。换一句话说，供应商在哪一方面表现得好与不好，不会直接影响它进入供应商清单的可能，这就失去了供应商级别评定的意义。若在某一方面得分是零，说明这一项已经完全失控，若表现在质量或者食品安全方面，那是相当可怕的，存在的潜在影响将无法估量。

(2) 考核分数的权重难以平衡

从质量、交货期、配合度和价格等方面对供应商进行级别评定，每一项的权重是多少呢？这个就很难确定。站在质量管理的角度，希望质量能占大头，60%、80%，甚至90%，因为质量管理人员都希望供应商提供的原辅料质量是上乘的；然而，站在采购的角度，则希望价格占比能更大些，这样采购人员在决定这家供应商的去与留上更有话语权。

其实，对供应商进行评定，就是质量、生产和采购三方人员相互协商的过程。从公司管理的角度来讲，更希望能扩大利润空间；而对于工厂管理来讲，又更希望提高产品质量，而对产品质量的高要求更是来源于质量稳定的原物料。至于如何在质量与价格之间做出平衡，是一门艺术。

(3) 评分受采购批次影响较大

对供应商进行级别评定，是从质量、交货期、配合度和价格等方面来考虑。但是，大家有没有想过，工厂很多原料采购时，会从一些供应商那里采购多一些，从另外一些供应商那里采购少一些。对于采购的这些原料，如果批次量不一样，通过打分评估会有失公平。举个例子，如果对某供应商A一年只采购了2批物料，没有出现任何问题，而对另外一家供应商B，一年采购了300批次，但是有2次出现不良记录，其中有1次做退货处理。从中，你可以说供应商A就比供应商B表现得更好吗？回答是否定的！如果换由供应商A也提供300批次的物料，也许出现的异常会更多。

因此，如何去界定批次对供应商级别评定的影响，是一个很值得思考的问题。很多时候得分最高的供应商并不是因为他们做得有多好，而是受到采购批次的影响。采购批次少，可能是因为此供应商以往表现不好而被降低采购量，也有可能是这种原料本来使用就少。

综上三点，在对供应商进行评估的时候，分数可以作为参考，但是最终是否进入合格供应商名单，还要综合考虑其他方面。例如，一定周期内是否出现连续退货，是否出现食品安全事故，得分高是否是因为采购批次少导致的，等等。

4.1.4 对外来承包商的管理应该注意什么？

什么是外来承包商？个人认为，外来承包商指的是根据双方商定的要求，在规定的期限内向公司提供服务的单位或者个人。注意，这里说的是外部的，非本公司的。我们经常看到的外来承包商承担的工作有保安、保洁、虫害防治、物流、洗衣服、大型维修等。这些外来承包商承担的工作通常会来到公司现场，但是有些外来承包商是不会亲临公司现场的，例如给产品做检测的第三方实验室等。

为什么会有外包过程，也就是说为什么会有外来承包商？笔者认为，有两方面的原因：第一，做自己专精的事。术业有专攻，人不可能每一件事情都很专业，对于自己不熟悉的领域，如果慢慢学习，会消耗不少的人力、物力和财力，更浪费了最宝贵的时间。第二，通过少管人降低成本。

（1）建立外来承包商清单

建立外来承包商清单的目的，是为了一旦发现外来承包商在企业内部违反规章制度，可以第一时间找到对应的联系人，要求其立即改正。因此，在外来承包商清单中必须包含外来承包商的完整名称、联系地址、联系人、联系方式以及提供的服务类型等。

（2）必须遵守企业的规章制度

若要进入企业现场，外来承包商必须遵守企业的规章制度。在进入工厂前，必须要对外来承包商就食品安全、GMP和安全法规进行培训，同时还应该告知最近的逃生路线。外来承包商进入企业现场，应由企业人员陪同。进入到现场的外来承包商工作人员必须穿着带有自己企业Logo的工作服，以方便全员监督。进入到现场，特别是生产和仓储区域，不得触碰任何设备和产品。

（3）外包了，并不代表企业放任不管

很多人认为，这份工作我外包了，我就可以什么都不管！这是大错特错的。例如虫害防治外包给第三方，但是，客户在审核中发现了非常严重的虫害防治问题，他们找的是企业，而不是外来承包商，因为客户是与企业发生直接关系，而不是外来承包商。若最终客户因此取消了合作，承包虫害防治的外来承包商并不会对此负责。最后受影响的还是企业！因此，有些工作外包了并不是不管，而应该进行更严格的管理，以防止因为外来承包商工作不到位影响企业产品质量和企业效益。也有人会说，外来承包商在企业都有对应的联络部门，由他们对外来承包商进行管理。其实，企业每个人对外来承包商违反相关规章制度和影响到产品质量甚至威胁到消防安全的行为，都有权要求立即停止并告知企业对应的联系人。

(4) 定期对外来承包商进行服务质量评估

外来承包商也属于供应商，只不过，它提供的是服务而不是产品。因此，我们也要像对待原辅料包材供应商一样对外来承包商的服务质量做客观的工作评估。如果评估下来，表现不好，应重新选择外来承包商；如果评估下来，表现优秀，可以继续使用。若同一种工作有多家外来承包商，对表现更优秀者，应给予更多的合作机会，以期它做得更好。

4.1.5 供应商管理需要跟进的事项

供应商管理越来越重要，越来越受到重视。这也是为什么供应商质量工程师（SQE）很吃香的原因。因为，供应商提供物料的及时性以及质量会直接影响到企业产品或者品牌的竞争力。因此，过去那种通过降低物料采购价格，继而扩大企业利润的做法越来越不被人们所接受。更多的企业，更多的人，开始和供应商站在一起，成为战略伙伴，肩并肩"作战"，把供应商当作自己的前道车间来管理。

的确也应该如此，随着环保、消防和食品安全的要求更加严格，对供应商的管理变得更加现实更加重要。对供应商进行管理，有一些细节经常被人遗漏。

(1) 因不合格退货的物料需要供应商整改并跟进

供应商的物料运输到工厂后，发现不合格，怎么办？通常有三种处理方法：降级使用、让步接收和退货。不少企业在对供应商进行级别评定的时候，计算来料合格率，往往没有把退货的物料计算在内，原因是物料没有进入仓库。物料没有进入仓库就不计入不合格，这说不通。举一个极端的例子，如果某供应商到货 100 个批次，结果有 99 批次因不合格被退货，最终能说这家供应商物料来料合格率是以 1 批为基数计算得到的 100％吗？能说这家供应商很优秀吗？正确计算的来料合格率应该是用到货的 100 个批次为基数计算得到的 1％。

供应商到货，被判定为不合格，并且是最严重的程度——退货，这说明，产品质量差到难以接受，不能通过降级使用或者让步接收来满足终产品的质量要求。因此，必须对所有的退货进行如实记录，纳入来料不合格率的计算范畴，并据此对供应商进行级别评定。此外，对于此项不合格，还必须以书面的方式发函给供应商，要求他们对此不合格来料进行实地调查，找出问题出现的根本原因并给出具体可实施的整改措施，最终签字返回至工厂。

工厂收到此回复函之后，事情并不是到此结束，质量部相关人员必须对供应商制定措施的可行性（有没有找到问题出现的根本原因，措施是否可实施）进行审核，同时要跟踪此措施的有效性（通过实施此措施，是否还会出现此不良情况），和完成的及时性（措施是否在既定的时限内完成）。

通过这种方法，让供应商知道问题的严重性，这不仅仅是表现在退货造成的运输成本损失上，还需要就此不合格品完成整改报告。通过这种不断的反思，自我检讨，可以让供应商在今后的运转中更加关注这方面的隐患，确保能最大限度满足客户要求，这何尝不是一种持续改进呢？

（2）审核发现的问题需要供应商整改并跟进

不像第三方审核，作为客户审核的第二方审核，审核报告写完并不是万事大吉，更重要的是对审核发现的问题进行跟进。现在有不少企业已经开始对供应商在按照要求进行审核，然而，有些企业虽说是做了审核，但是并没有去认真实施。例如，有些是采购部门去审核，只是谈谈价格；有些虽然去的是质量部或者生产部人员，但是只是走走过场而已，并没有深入现场去检查，去发现问题，没有给供应商提出一些实质性的帮助。

对于审核发现的问题，很多人会在审核现场就打印盖章，让供应商签收并直接带回原件。也有些人，回去之后在既定的时间内把报告整理好后，再给到供应商，让他们对出现的问题进行分析，找出根本原因，继而制定纠正措施，同时需要明确责任人和完成时限。到了完成时限，必须要有人对供应商原定的整改措施是否完成进行跟进，这就要求供应商提供相应的整改证据，例如记录、照片、修改的程序文件等。负责对整改效果进行跟进的人最好是参加过审核的人，因为他对问题比较清楚，对是否已经整改到位也会认识比较深刻。

前面说的跟进只是第一阶段，是让供应商自己提供证据。若出现的一些不符合项是关键不符合项，应再次到现场去确认。或者，在下一次现场审核前，对上一次审核发现问题的整改效果进行实地确认。有些问题，由于供应商当时没有找到根本原因，所以会反复出现。对这些问题的跟进落实，即我们常说的戴明循环（PDCA 循环），也是持续改进的一部分。

（3）相关的资质材料需要供应商及时提供并跟进

对于食品行业，企业的资质材料一般会有：营业执照、食品生产许可证、ISO 9001 证书、ISO 14001 证书、ISO 22000 证书、HACCP 证书、ISO 45001 证书、BRC 证书、FSSC 22000 证书、Halal 证书、Kosher 证书、IP 证书、型式检验报告、分析报告单、车辆清洁证明、材料证明、转基因声明和过敏原声明等。我们知道，这里面有很多证书是有有效期的，到期后必须及时更新。有些是一年一次，有些是三年一次。因此，必须要有人去定期检查供应商提供的这些资质材料是否到期，如果到期了，要尽快要求供应商提供最新版。客户也会比较关注这类资质材料，因为有些涉及法律法规方面的要求，有些也是客户对产品树立信心的基础。

4.2 物料管理要保证有效性和完整性

接收、储存和交付的物料应是安全、无损坏、无异味、无污染和无退化的。原物料包材从抵达工厂、接收进入仓库储存到分发给车间使用，在整个过程中要保证追溯的有效性和完整性。

4.2.1 先进先出，你理解全了吗？

先进先出（First In，First Out，简称 FIFO）和近效期先出（First Expired，First Out），这两个原则，用得比较广泛。对同一种物料，若保质期一致，应优先保证先进先出。

为什么要先进先出呢？个人认为，这一原则是为了保证物料的新鲜度，防止早生产的产品被后用。对于质量管理来说，这一原则也能方便后续的质量追溯。

但是，很多人对于先进先出的理解仅限于仓库，认为先到仓库的物料应该先用。其实，这是片面的理解。先进先出应该涵盖供应商、原物料仓库、生产车间和成品仓库这四个环节。缺乏其中任何一项，都不能说自己真正做到了先进先出。

(1) 对于供应商，先生产的物料应优先发货

食品生产企业对原辅料有新鲜度要求。例如，要求最近三个月生产的物料。但是，如果供应商现场管理混乱，就有可能把后生产的物料先发给你，而先生产的物料后发给你。遇到这种情况怎么办？首先，可以出具异常整改通知单给供应商，要求他们整改，保证以后提供的物料能满足先进先出的原则；其次，下次去供应商现场审核的时候，重点关注供应商发货的记录，是否做到先进先出。如果仍旧如此，那要通过采购部施加压力，或者寻求新供应商。

(2) 对于原物料仓库，先到达的原物料必须优先使用

虽然大家都知道先进先出的重要性，但大都停留在口头上，没有真正去落实。有时候，因为仓库自身管理不当，无法保证先进先出，例如先到货的原料堆放在仓库最里面，而后到货的原料放在了最外面，怎么办？只有进行仓库管理整改。也有时候，是因为生产或者研发的原因，"我就要这一批的原料"或者"我就要这个供应商的物料"，因为"它好用"！特别是当一种原料有两种供应商的时候，常常碰到这样的要求。遇到这种问题该如何办？如果是研发部或者生产部对某种原物料在指标上有特殊要求，那么就必须把这种特殊要求书面化，并得到质量部的批准，仓库依据此批准件来分发原料。这种情况，最好的处理办法就是把这个原料另外给个编号，或者另外起一个名字，作为一种新的原物料来管理，只有这样处理，才不会违背先进先出的原则。

此外，还有一种情况——混批。供应商送货到仓库，这批货有好几个批号，都是同一天到达。由于供应商没有把批与批之间的原物料充分隔开，导致在卸货的时候混在了一起。出现混批，要做到先进先出会很难。出现这种情况怎么办？第一，要求供应商每次发货时原则上只允许出现一个批号。如果出现两个以上的批号，必须书面告知，同时要求批与批之间隔开，不得出现混批。第二，遇到进货混批的情况，出货仓库应该有权要求退货，或者由供应商将每个批号的原物料分清楚。第三，若供应商不理会，且又急用，仓库或者采购部必须安排人员把所有混在一起的批号彻底分开，并依次入库。

最后，还有一种情况，就是供货量很大，一批物料分好几天到货，该怎么办？这种情况，如果使用供应商的批号作为公司批号来管理，可以通过到货日期来执行先进先出；如果是自编批号，那么小批号先用，大批号后用。

(3) 对于生产车间，先领取的原物料必须优先使用

如果仓库完全做到了先进先出，对于生产来讲，做到先进先出就非常容易了。为了做到先进先出，在生产车间设暂存区（类似于生产车间的小仓库），建立货位卡，每次领进来多少数量，什么批号；每次用了多少数量，哪个批号；剩下多少数量，哪个批号，非常清楚。通过这个台账，能够非常清晰地看出是否遵循了先进先出的原则。小批号的在前，先使用；大批号的在后，后使用。如果在生产过程中，发现最开始用的原物料批号比现在用的批号要大，说明仓库没有把好关。

（4）对于成品仓库，先生产的成品必须优先发货

这里的成品，对于客户来讲，就是原物料。根据前面的阐述，同样需要遵循先进先出原则。但是如果客户对新鲜度有要求，比如要求是三个月或者一个月以内生产的货物，对这份特殊订单，就不必遵循先进先出原则。在得到企业管理层批准后，仓库可根据客户要求的生产时间进行发货。

4.2.2 仓储管理不容忽视的四防

对于仓储管理，一是要遵守先进先出的原则，二是要保证账物卡一致。这两点是最基本的，除此之外还要做好以下四防。

（1）防外人进入

在仓库周围经常看到"仓库重地，外人禁入"的字样，说明仓库的重要性。如果不管控，谁都可以进出仓库，如果物料丢失了怎么办？对于食品企业，若丢失的是一些化学品，那就更糟糕！你必须知道这些有毒有害品是否会进入食品中。如果不管控，竞争对手就可以清楚地知道你用了什么原料，或根据你的库存估算出你的产能，从而制定竞争策略。

因此，仓库往往都是铁将军把关，只有仓管员才可以进入。当然，现在有公司使用门禁系统，经过授权人员才允许进入仓库，有的安装了摄像头。但个人认为，最好的也是最笨的方法就是对进入仓库的外来人员进行登记管理。保持好这些记录，方便以后查阅。

（2）防虫防鼠防腐败，还要防交叉污染

仓库所有的原辅料包材和成品必须储存于能防止腐败，防止有害微生物、昆虫、鼠类、异物及化学品污染的地方，在储存的过程中应尽量减少损坏。一般说来，仓库的面积都比较大，但是仓管员的人数并不一定配备得很充分，因此在仓库的日常巡检中未必能发现全部问题。这就要求我们在对仓库进行检查的时候务必认真仔细，对于发现的问题应该及时给予纠正，而不是"过会"才去做，说不定"过会"你就忘记了。在检查的过程中，应该重点关注地面是否干净，是否有物料残留，是否有虫害，包装是否有破损，标识是否清晰、正确、完整等。对于老鼠，很多人会误认为仓库储存的都是化工小料，老鼠不爱吃，可是老鼠喜欢磨牙，在啃噬的过程中，老鼠携带的汉坦病毒就有可能会污染到原物料。

同时，用于储存食品、包装材料和辅料的工器具和设施应做到能充分防止灰尘、冷凝物、排水设施、废物和其他污染物的污染。储存区域应干燥并保持良好通风。若用通风设备，则务必要考虑对外是否安装了纱窗，以防止虫害进入仓库。还要注意的是仓库屋顶的天花板水泥块和墙壁的油漆是否有脱落，有没有滴油或者冷凝水，这些物质不论对于原料还是成品，都是异物，都必须防控。

（3）防物料拥挤

防止物料拥挤，要保证批与批之间、垛与垛之间有充分的间隙。比如，堆码、货架保证至少距墙 30cm，这样方便清洁、取样和对虫害的检查。另外，如果放置了捕鼠器，距墙距离应保持在 45cm。间隙距离只要保证成人可以进出并留有一定的工作区域即可。

很多人知道有这个要求，但是做着做着就忘记了，特别是来货很多，空间不够的时候。这时更应该管控好，不要因为多而出乱，更不能因为多而导致不能完成相应的检查。即使物料存放很多，也必须保证批与批之间有一定的间隙，这个间隙也可以用一定的物理隔离措施来实现，例如规定颜色的彩带。

（4）防乱控制温湿度

很多公司规定了仓储的温湿度，这对温湿度有要求的物料无可厚非。但是，对于温湿度没有要求的普通物料呢？有些人同样规定了温湿度范围。这当然好！关键是这个温湿度定得很苛刻，很难做到。根据质量管理的要求，如果规定了一个限值，却没有达到或者超出了这个范围，就必须有相应的措施。有时又把控制范围定得很宽，例如将仓库温度的范围定在 $-10 \sim 50$℃，而湿度则定在 10%～95%！一看就闹笑话，仓库的温度会有 49℃ 的时候吗？湿度会到 10% 吗？

仓储温湿度一般是根据其储存物料标签上的贮存条件来确定的。如果标签上有要求，就必须执行；如果标签上没有明确规定，那么就没有必要监控温湿度。在审核的时候，告诉审核老师，对于没有温湿度要求的仓库，记录温湿度仅仅是作为一个记录，一个参考，不做监控，只是为数据积累提供支持。

4.2.3　原物料到达工厂后，该做些什么？

原物料到达工厂后，该做些什么？有些人说，那还不简单，直接卸货呗！其实不然，为确保原物料的安全以及确认到达的原物料能满足要求，从原物料到达工厂门口、进入厂区直至入库完成还有很多事情要做。这里，首先谈谈物料到达工厂后，需做些什么？

（1）进入厂区前，运输车辆以及人员的信息需要登记

这是门卫必须要做的工作，主要登记哪些方面的信息呢？登记的信息主要包括货物到达日期、什么货物、从哪里来的、驾驶员的名字、身份证号码、人员数等。对于一些关键区域，例如防火防爆区域，还要确认他们是否有携带火种、香烟、手机等。

（2）到达仓库，仓管员完成到货物料的初验工作

经门卫登记后，送货车辆到达仓库后，并不是直接卸货，仓管员还有很多工作要做，简单概述如下。

① 物料与采购合同是否一致？在采购合同上，肯定会体现需要采购的物料名称，还有数量。采购合同上这些最基本且重要的信息应该通知仓库。物料到达仓库后，仓管员应该对照采购合同、供应商提供的送货单对照实物进行检查，看看是否一致。如果不一致，需要及时通知采购部门和质量部门。

② 物料是否由合格供应商提供？每个企业对于所用的物料都有一套流程，都会建立合格供应商清单。作为采购部门，所有提供物料的供应商都必须来自这份合格供应商清单。一般说来，合格供应商清单由采购部门起草，质量部门审核，最终由最高管理者或者管理者代表批准。从这个过程可以看出，合格供应商清单非常重要。作为一份最重要的文件，合格供应商清单经批准后，必须分发给仓库、采购部和质量管理部门。采购部从合格供应商那里采购物料，物料到达仓库后，仓管员需要确认物料是否由合格供应商清单中的

供应商提供。

③ 是否有产品检验报告单？供应商提供的产品检验报告单是一份很重要的记录，可以证明到货的物料是否合格。有时，产品检验报告单会随货物抵达；有时，供应商可能会直接发送给采购部门。无论采用何种方式，都必须有产品检验报告单，否则，仓管部门有权拒收。

④ 需要对车辆的卫生状况进行检查。对于一般的非槽罐车，需要检查车厢内部是否干净卫生？车厢是否漏水？有无虫害？是否堆放了其他化学品、腐蚀品或者可能对原物料存在污染的物料？对过敏原、转基因有严格要求的产品，还要检查车厢里面是否装了其他过敏原或者转基因物料？有没有原物料混放？有时为了减少运输成本，拼车是很普遍的，但是我们要考虑混放是否会造成产品之间的交叉污染。对车辆的卫生检查，需要有记录并存档。对于槽罐车，是否做到专车专用？如果没有，需要提供清洗证明。证明这个槽罐在输送该批物料之前的物料已经被清洗掉，不会存在交叉污染。

⑤ 对于散装物料，需要检查铅封的正确性和完整性。为什么要铅封？就是防止在运输过程中物料受到人为破坏，例如投毒等。有些物料运输需要很长时间，对于食品生产企业来讲，这个过程是不可控的。所以，要采取行动，让这个过程做到可以控制，以减少食品安全的风险。因此，供应商物料出厂后，要对槽罐车槽罐上所有的入口和出口进行铅封，并且把这个铅封号写在送货单或者产品检验报告单上。作为客户，接收到这些散装物料之后，要检查槽罐上实际的铅封号与送货单或者产品检验报告单上写的铅封号是否完全一致，这是正确性检查。同时，还需要检查铅封是否完整，有没有被破坏。如果被破坏，说明在输送过程中，槽罐车中的散装物料存在被破坏的风险，可以拒收。

⑥ 对于散装物料，需要取样检测合格后才能卸货。散装物料，一旦入罐储存，如果检测后判定为不合格，那么如何将这些不合格的物料从罐里面抽回到槽罐车？其次，如果只有一个罐来存放这种物料，那么不合格的物料一定会和之前正常的合格物料混在一起，如何去区分，这也是个问题。特别是对于液体散装物料，更是如此。因此，通常来说，散装物料到货之后，需要等到检测的指标合格才可以入库。而对于非散装的，例如袋装、桶装、箱装的物料，即使判定为不合格，在指定的区域储存，通常不会对其他原物料或者成品造成污染，因此可以先入库，再检测。

⑦ 需要对物料的净重进行抽检。对于散装的物料，在进厂之前，都会过磅，来确定每次到货原物料的数量。但是对于非散装的，例如袋装、桶装、箱装的物料呢？同样也需要对净重进行抽检，以确定净重是否满足其标识和国家法律法规的要求。抽样的数量可以和质量部对来料检验时抽样的数量保持一致。既然是净重，那么还必须知道包装物的皮重，以及可以接受的重量偏差，这些都是质量部给定的标准。每一次的毛重、皮重和最后确定的净重，都需要如实记录。这里说的净重抽查，我们关心的是少称或者多出来的重量是否会对产品的质量造成影响，特别是那些整袋不需要称量的物料。例如，生产投料时，每批次加25kg的麦芽糊精共计20袋，那就是500kg/批，而工艺要求对麦芽糊精的重量偏差必须控制在±1%，即±5kg，也就是495～505kg之间。如果每一袋麦芽糊精多出了或者少了600g，那么20袋就出现了±12kg的偏差，超出了工艺可接受的范围。如果仍旧照原定的要求进行投料，产品肯定会存在质量上的问题。所以，对于生产型企业来讲，每袋物料太多了不行，太少了也不行，都会直接影响投料量，继而影响终产品的质量。

(3) 初检结束后,品管员对物料进行抽检

在仓库抽检结束后,没有异常,质量部品管员会根据要求对到货的物料进行抽样,抽样结束后张贴抽样标签。最后需要将抽样后产品的检验结果告知仓库物料是否可以放行。当然,作为具有监管职责的品管员,在抽样的时候,需要对仓管员上述已经完成的初检工作进行复核,以确保初检按照要求进行。当然,并不是所有的物料都需要抽检,这需要工厂根据风险性评估确定哪些需要抽检,哪些物料可以根据供应商的产品检验报告单放行。

4.2.4 对物料进行抽样应注意的问题

物料到达工厂仓库后,对物料进行抽样,在抽样的时候应该注意哪些问题?

(1) 需确定抽样比例

关于抽样的程序和原则,国家已经有相当成熟的标准。对于食品,还有专门的抽样标准:《食品抽样检验通用导则》(GB/T 30642—2014)。

然而,对于食品生产用到的原辅料,个人认为还没有严格到需要按照上述标准进行抽样。但是,必要的、简单的抽样还是需要的。在确认抽样比例的时候,需要综合考虑原物料的风险性以及以往质量的抽检数据。

可是,有些人却对抽样工作敷衍了事。比如,原物料到货 10 件,抽样 3 件;到货 300 件,仍旧抽样 3 件;PE 袋到货 53 箱(200 只/箱,10600 只),只取样 2 只;碳酸氢钠到货 640 袋(50kg/袋,共 32 吨),却取样 6 袋。这样的比例是不正确的,没有代表性不说,更不能反映出物料的质量情况。

(2) 抽样要有代表性,要保证均匀、客观

如果抽样没有代表性,那么检测的结果就会大打折扣。如果检测结果不能最大程度反映出物料的真实水平,那么就失去了抽样的意义。对于散装液体物料,物料本来就比较均匀,所以只要取样了就会有一定的代表性;对于散装的固体物料,如果有在线的取样设备,也很容易保证取样的均匀与客观,毕竟在线的取样设备可以调整角度。

送货车到达仓库后,有些人爬到车上去随机取样,有些人在卸货的过程中定量取样,有些人等货卸完了再统一取样。个人倾向于第二种,即在卸货的过程中每隔多少件取样一次。我们知道,装在卡车上的物料,如果爬上去,必然要踩在物料的外包装上,这是不允许的,再说,在卡车上也很难取到放在中间层和底层的物料。若在卸货之后再取样,又要浪费人力来回搬运。在卸货过程中取样,则可以很好地避免以上问题。举例来说,如果到货 200 件,根据公式计算出应取样数量为 8 件,那么可以每隔 24 件取样 1 件,把取好的样品放在另外一个栈板上。这样做,可以最大限度保证样品的代表性。

(3) 取样工具要清洁

上面说到,取样的目的是为做检测。有时候是理化检测,有时候是微生物检测。既然是检测,就必须保证样品能够真实反映出其本来的样子。如果在取样的过程中样品被污染,会导致误判,继而影响后续的生产。

原则上说,取样工具应该专用,不同物料的取样工具要分开。如果不能做到一种物料一个取样工具,那么至少要保证存在交叉污染(包括串味)可能的物料必须分开。取样工具，不论是专用还是多用，必须要清洁。如何清洁，也是有讲究的。最好是用纯净水冲洗，如果一定要使用清洁剂，那么要确保清洗之后依附在工具表面的清洁剂残留不会对检测造成影响。每次对取样工具的清洁，都要做好记录。

建议对取样工具进行编号。有些人喜欢张贴小标签，但是容易掉，或者随着使用时间的延长，会慢慢褪色，不好识别。因此建议对不锈钢材质的取样工具在表面打钢印，用阿拉伯数字1、2、3等来区分。

（4）抽样过程应受控

抽样过程如何做到受控？可以通过取样车和取样间进行控制。对于固体物料，特别是粉末性物料，在取样的时候粉尘容易随处飘扬，容易造成与其他物料的交叉污染。有效地应用取样车和取样间就可以很好地避免这一点。

这里需要注意的是，必须保证取样车和取样间的卫生。要求干净、整洁。如果对物料卫生有特别要求，还要对取样车和取样间进行验证，以确保其能满足要求。

接下来，涉及一个问题：如何取样？有些人习惯用取样钎。在食品生产企业，不建议使用取样钎。因为被取样钎插过的包装袋都有破损，原料很容易曝露在空气中。而且被取样钎插过的包装袋，破损的包装物和原料接触，存在一定的异物隐患。比较好的办法还是打开包装袋，取完样后密封。

（5）抽样后物料要密封、标记，并优先使用

被取样过的物料，就好比做了一个小手术的病人，需要特别处置。有些人取样用的是取样钎，然后把取样证张贴在取样口，表示密封。时间长了，张贴的取样证往往容易脱落，导致产品曝露在空气中。比较好的做法是，取样后的物料先扎口，然后外面再套一个PE塑料袋并再次封口（扎紧或者热封），外面张贴好取样的标识。标识的内容包括取样人、取样时间、取样第几件、物料批号以及物料名称等关键信息。

被打开过的物料已经接触到空气，理论上说其质量或多或少已经受到了影响，因此要优先使用。

4.2.5 原物料的批号如何设定？

原物料到了工厂之后，该怎么办？首先需要做的事情是确认原物料是否来自合格供应商、数量是否与采购订单上一致。除此之外，对于质量管理来说，最重要的是去定义原物料的批号。

那么，什么是批号？批是指经一个或若干加工过程生产的、具有预期均一质量和特性的一定数量的原辅料、包装材料或成品，而批号则是指用于识别一个特定批的具有唯一性的数字和（或）字母的组合。换言之，批号就是一批产品的号码，用以检查产品生产的时间、质量及有效期等。通俗地讲，批号就是产品的身份证号码。

一般说来，原物料到达工厂之后，都会有批号。该如何定义批号呢？有些企业会制定一个操作规程来确定如何制定批号，例如2017013001，指的是2017年1月30日到的第01批物料。为了区分，还在前面加上个物料代码R01，变成了R01-2017013001。而有些公司则直接用供应商的批号作为原物料的批号来进行管理，相对简单直接。个人更倾向于后者，直接采用供应商的批号，有如下几个原因。

① 不会增加额外的工作量。如果原物料到达工厂之后，企业再编一个批号，不仅要

知道每个原物料的代码，而且还需要知道流水号，每次接收原物料的时候还要去查找现在是第几批到达的物料，这无形中就增加了仓管员的工作量。

② 方便检查确认。从原物料入厂到使用完毕，很多时候都需要对原物料的批号进行检查确认，如果采用自编批号，估计会存在诸多不方便。

一般说来，根据标准，不论是国家标准、行业标准还是企业标准，都要求在最小的销售单元上标示出物料的批号信息。换句话说，我们看到的最小销售包装上面，比如一袋、一桶、一包标签上面都会有批号信息。如果直接采用供应商的批号来管理，那么现场员工在使用前就可以对这些批号进行核对，是否有混批、错批，是否符合先进先出的原则等。也许有人会说，我们使用的很多物料外包装上，没有生产日期，也没有供应商名称，也没有批号信息，怎么办？对于这种情况，可以考虑在到货日期（8位数字）前加上本公司名称第一个字拼音的首字母来表示，以便区分和后续检查与追溯。

③ 方便产品追溯。建立批号管理的目的，就是方便追溯。也就是说，一旦产品出现质量问题，能在最短的时间内找到这些产品所使用的所有的原物料批号信息。如果使用了自编批号，还需要通过自编批号去查找原供应商的批号，费时又费力。

4.2.6 散装物料如何定义批号？

散装物料，是指通过槽罐车或者管道来运输的非桶装、箱装和袋装的液体、固体或者气体物料。例如，食品厂使用的面粉、食用油等；化工厂常用到的有机溶剂，比如甲醇、丙酮、乙醇等；包装过程中会用到的高压氮气等。一般说来，散装物料有很好的流动性。

然而，对于这些散装物料该如何进行批号管理呢？可以参考桶装、箱装和袋装物料的管理办法，以供应商的批号来进行管理。散装物料到达工厂之后，分装于桶中或者袋中，或是直接用于生产中，比较常见的是装在储槽中。

（1）若散装物料分装于小包装入库储存

分装成小包装之后，在每一个小包装上面都需要有物料标签，上面注明物料的名称、批号、供应商名称、生产日期等最基本的信息。同时，还需要注意的是，分装的小包装，例如桶、袋是不是专用，如果不是专用，需要清洗，以防止交叉污染。但对一些有毒害的化工物料，因为气味很大，而且对人体的健康有害，不建议分装，而是直接装入储罐，减少人的接触。

（2）若散装物料通过管道输送直供生产

这种情况经常会出现，例如一个工厂上一个车间的产品是下一个车间的原料，为了尽可能减少过程的损耗，利用管道加以输送，同时提高效率；两个企业离得比较近，因此通过管道，把一个企业的产品输送到另一个企业当成了原物料。这种情况下，需要关注两点：第一，每个批号的原物料之间必须要断开，才能确保追溯不出现问题；第二，必须定期清洁，防止堆积的物料受微生物的污染或者管道中的杂质影响产品质量。

（3）若散装物料通过槽罐车打入储罐

散装物料通过槽罐车输送到达工厂，再通过管道进入储罐，根据槽罐车的容量以及储槽的大小，可能存在以下几个情况。

一是储罐很大，但只有一个，槽罐车来了好几车，每一车的批号都不一样。不太希望出现这种情况。这种情况下，意味着一个储罐里面的散装物料有数个批号，一旦其中一个批号的散装物料出现了质量问题，怎么去追溯呢？岂不是要追溯所有的混在一起的原物料吗？这样造成的损失会扩大。因此，如果在储罐容量不能改变的情况下，必须要求供应商每次提供的原物料只能是一个批号。

二是储罐只有一个，每次散装物料到货后，储罐里面还有剩余。这种情况很普遍。因为工厂最初设计的产能满足不了现在的需求，那该怎么办呢？在储罐之后放一个小储槽，放在车间还是仓库都可以，但这个小储槽的量足够下一批次散装物料到来之前使用，那么可以把大储罐里面的散装物料彻底抽空，然后再灌入新一批的散装物料。这样也确保了散装物料批与批之间完全隔开。如果没有小储槽，则应该明确规定，每次储罐里面还剩下多少量时，例如剩下不到 1/5 或者少于 100kg 时方可注入新批号物料，可以用此新批号作为批号来管理。但是需要注意的是：储罐必须定期清空。定期是多久，取决于企业对此风险的承担能力，可以是一个月、一季度、半年或者一年。如果不定期清空，储罐里面的散装物料估计还混有最开始的第一批物料，一旦散装物料不合格，原则上所有的产品都有问题。如果定期清空了，则不会涉及所有的产品。

三是储罐有两个或两个以上，每次散装物料到货正好一个储罐可以装得下。这种情况是最佳状况！一个槽罐车一个批号，进入一个储罐。用完一个储罐再开始用另一个储罐，不会出现混批。所以，在前期设计的时候，对于每一种散装物料，都应该做到这一点：每种散装物料有两个或两个以上的储罐。

对于散装物料批号的管理，从来都是一个难题。然而，对于企业，特别是食品制造型企业来说，这又是不得不做的事情。因为批号管理不好，就无法实现追溯，即使追溯了，涉及的量会扩大，也不准确，一旦出现异常，将给企业带来沉重的打击。

4.2.7 领料单要体现物料的批号信息

领料单，顾名思义，即领取物料所用的单据。一般说来，材料领用人员根据需求提出申请，需要领取什么材料、多少数量，由领用部门主管批准，然后到仓库去领取，仓库根据现有的库存来确定可以领取的材料数量。如果企业使用的物料比较多，特别是相近的物料品种比较多，例如活性炭有医药级、食品级还有工业级，那么企业应给物料进行编号，通过编号来确定具体是哪个物料，仓库据此进行准确发放。

领料单，有一个更重要的功能，那就是传递批号，因此原物料包材的批号都必须体现在领料单上。可是，很多人都忽略了，在领料单上往往没有体现这方面的信息。

因此，最好的做法是：由领料部门填写好需要领取物料的名称以及数量，然后仓库给出可以领取这种物料的数量以及批号。只有这样，才能把原物料的批号正确传递给使用部门。原物料是源头，一旦批号弄错，那么后面会连着错，这会给后续原因的调查，以及问题的分析带来很大的困难。当然，随着物料计划系统，例如 SAP 等的普及，纸质的领料单已经慢慢退出，但流程都是一样的，都需要把原物料的批号信息传递给使用部门。这样，使用部门再把这些批号信息体现在生产记录上，从而确保了在整个生产过程中产品的可追溯。

4.3 实验室，应成为企业的亮点

实验室，也称化验室，在当今生产型的企业，特别是在食品工厂中扮演着越来越重要的角色。在食品安全越来越被关注的今天，对实验室的管理被提升到更高的层面，这不仅表现在对实验室硬件的新建或者改造上，更表现在对软实力的重视。

如何提升软实力呢？越来越多的企业实验室都通过了 ISO/IEC 17025:2005《检测和校准实验室能力的通用要求》认证。通过此项认证，虽然费用较高，但可以提升实验员的检测水平，增强客户对产品的信心。因为检测的数据相对可靠，更经得起推敲。

4.3.1 实验室管理的注意事项

实验室作为一个对产品和原辅料进行检测的场所，在管理的过程中需要注意什么呢？

(1) 在实验室不能吃东西

把用餐食品，如牛奶、鸡蛋、煎饼等放到用于冷藏实验试剂的冰柜里面，对于实验室来说，是绝对禁止的。一是因为食品与化学试剂的交叉污染会影响到人的健康；二是因为外来食品对检测有影响；三是因为食品储藏易带来虫鼠害威胁。

(2) 废弃物处理要规范

按照要求对原辅料或者半成品、中间品或者成品进行检测，有时会用到化学试剂，检测过后也可能会出现废弃物。对于这些废弃物该如何处理，要求是："应该由具备资质的专业的公司来回收集中处理"。但是，至于如何收集废弃物和管理废弃物没有做出具体的要求。因此，有些实验员在实验过程中或者实验结束需要清理实验设备的时候，就会把实验产生的废弃物随手一扔或者顺手一倒，进入垃圾桶或者下水道。进入垃圾桶可能还好，但是进入下水道，长时间化学试剂对管道的侵蚀可能会造成管道出现破洞，甚至会腐蚀其他建筑物，散发出来的气味可能直接或者间接影响到人的健康。因此，对于实验室产生的废弃物必须要规范管理。

(3) 实验员的检验能力要比对

如果同样的项目由几个人来做，就必须要关注不同的实验员在做这个检测项目时，谁的最终检测结果是在允许的误差之内；甚至于我们还要考虑同一个实验员在不同气候条件下，例如寒冷的冬天和炎热的夏天，其检测的结果是否在允许的误差之内。在食品公司，每年都会送产品到第三方实验室去做型式检验，在取样的时候，我们可以多留样几份，一份交第三方外检，其余的由自己实验室的实验员来检测，要求用同样的方法。最后他们检测的结果和第三方的进行比对，看看是否在允许误差之内。

(4) 实验结果要能追溯

当检测结果出现了偏差，需要做调查的时候，我们需要提供足够的、真实的、清晰可辨的、经得起反复推敲的证据，通常是相关的记录来支持实验室的检测是可以站得住脚的。例如，在做某一检测项目的时候，要能够追溯到谁用了哪个设备（具体到电子秤等），谁什么时候配置的哪个标准溶液进行的实验。很多时候，我们去检查，发现并不能实现全程追溯，通常追到半路就断线了。在偏差调查时，要关注到每一个环节，因为每一个环节均有可能出现这样或者那样的问题。因此，做好充分、有效的记录是非常必要的，这是确保实验结果能够实现追溯的前提，也是保证数据完整性的关键。

（5）实验仪器需要检定

实验用的仪器要不要检定，对于一些相对"个大"的仪器，比如分光光度计、pH 计等，大多数人没有异议。然而，对于一些普遍使用且数量众多的玻璃仪器，如移液管、量筒、量杯等是否需要检定就不是很清楚。根据 JJG 196—2006《常用玻璃量器检定规程》规定："新制造和使用中的滴定管、分度吸量管、单标线吸量管、单标线容量瓶、量筒、量杯等常用玻璃量器"都需要检定（首次检定、后续检定和使用中检验），经检定合格的玻璃量器，贴检定合格证或出具检定证书。"玻璃量器的检定周期为 3 年，其中无塞滴定管为 1 年。"

（6）化学试剂要保管好

实验室的化学品必须建立台账，做好登记，每日核对。作为检测重地，需要防止外人进入。这里所说的外人包括所有不在实验室工作的人员。现在比较好的做法是设置门禁系统，进入实验室必须登记，更换工作服。这样做的目的是防止潜在的交叉污染和对化学品的非预期使用。

4.3.2　出具 COA 需要注意什么？

什么是 COA？根据 ISO/TS 22002-1《食品安全的前提方案 第一部分 食品生产》的定义，COA 或 CoA 是英文 Certificate of Analysis（检测报告）的缩写，指的是针对某一规定批次的产品，由供应商提供的显示特定检测或分析的结果，包括检测方法的文件。可以说，COA 承载着产品质量指标的重要信息，借此可判定产品合格与否。一般说来，出具给客户的 COA 都表示该产品是合格的。

在出具 COA 的时候，该注意哪些方面呢？笔者认为，以下四点必须重点关注。

（1）COA 必须要有人审核并签字确认

很多时候，我们收到的报告，是由电脑打印，上面没有任何人的签字。如果没有人签字确认，如何判定该报告的真实性和正确性呢？

COA 编制之后，一定要审核，看看检测的这些项目是否满足客户的要求，是否符合法律法规的要求，该检测的项目是否已经全部检测过了，检测的结果是否都在指标范围之内。

对已经编制好的 COA 不仅要审核，而且建议多次复核。建议审核之后，再审批。所有的编制、审核和审批都需要当事人签字或者签章。通过这样的层层把关，才可以确保传递给客户的产品信息是正确的、完整的，而不是错误的、残缺的。

（2）COA 一旦生成不得修改和转化

一般说来，COA 都是由公司质量部门出具。很多公司，也会由公司的销售人员或者其他部门人员在原始 COA，即公司质量部已经签署的 COA 上进行转化。一些不经意间的转化会导致很多意想不到的问题，例如格式不符合要求，没有人复核，也没有人审批。

有些没有检测的指标也被强行放入 COA，还有些指标根本就不能满足客户的要求，因为很多销售人员对产品的技术指标并不是很了解，也不是那么敏感。

编制 COA 是很严肃的事情，一旦生成，不能随意修改。因为产品应有的检测项目、检测方法以及检测指标在特定的时间内不会随着外界因素的变化而变化。因此，COA 不得修改，更不得转化，是什么样就是什么样。所有的 COA 必须由质量部门根据客户要求，结合实际的检测结果出具。其实，质量部门在设计 COA 的时候，可以考虑尽可能涵盖所有的检测项目，也可以考虑中英文对照。这样不管对什么样的客户，不论国内还是国外，指标要求多还是少，都可以由这一份 COA 搞定。

(3) COA 必须要有原始检测数据支撑

记得去一家公司审核，随机检查两份其使用包材的 COA，发现这两份 COA 基本上是一样的，唯一不同的是批号和生产日期，很是诧异。于是扩大抽样范围，把最近采购的 10 份 COA 找出来，发现这 10 份都没有什么变化，即使是不一样的检验员，所有的指标检测结果却完全一样，这肯定是造假！做包材不差毫厘，怎么可能呢？产品的实际质量指标不可能绝对一样，肯定会有波动。如果去审核供应商出具 COA 检测的原始记录，估计会让人大吃一惊，或者根本就没有做检测。只是随手写一写指标，填一填数据，完全谈不上有原始数据的支撑。如果连终产品的检测报告都造假，还能相信这家公司吗？

COA 只是一份报告，可以说是所有检测数据的汇总，根据给定的标准判定是否合格。在一张简单的 COA 后面有很多的检测原始数据，它会告诉你在 COA 上的每一个数字是根据什么方法检测和怎么计算得来的，包括检测的频率，是每批、每周、每月、每季度、每半年还是每年。如果 COA 上的检测数据经不起推敲，不能被反向追溯，则说明这个检测结果不能令人信服。

(4) COA 需要体现产品的生产地址

COA 是产品"自荐书"。既然是自荐书，那么必须要让客户知道这个产品是什么，什么时候从哪里来？从哪里来是指它的生产地址。现在很多公司，特别是有多个生产场地的大集团公司，往往不知道它提供的这个产品到底是它下属的哪个工厂生产的。如果不在 COA 上注明，需要反复确认才可能知道具体的生产地址。在 COA 上体现产品一些最基本的信息，例如产品名称、生产日期、批号、生产地址，是完全有必要的，也是对客户和自己产品负责任的一种做法。

4.3.3 做稳定性试验需要关注哪些方面？

做稳定性试验的目的是什么？根据《中华人民共和国药典》的解释，"稳定性试验的目的是考察原料药或药物制剂在温度、湿度、光线的影响下随时间变化的规律，为药品的生产、包装、储存、运输条件提供科学依据，同时通过实验建立药品的有效期"。简言之，稳定性试验是为了确定产品适当的储存条件以及有效期。这个方法也用于食品保质期的确定，只是稳定性的温湿度条件设置有差异。稳定性试验有加速试验（Accelerated stability test，储存条件比较苛刻）和长期试验（Long-term stability test，接近实际储存条件）之分。至于如何做稳定性试验,在《中华人民共和国药典》上有详细的规定,这里就不再赘述。

在做稳定性试验的时候,以下几点需要注意。

(1) 稳定性考察的样品应与销售包装一致

稳定性考察的样品该如何选择?是完全和销售的产品包装一样,还是可以严于销售包装,或换成不一样的包装?这个在ICH Q7《原料药的良好制造规范(GMP)指南》中已经说得很清楚:"稳定性样品应当储存在与销售容器相仿的容器中",并举例说明:"如果原料药是装在纤维桶内以袋子形式销售,则稳定性样品可以包装在同样材料的袋子中,放入与销售包装桶材料相似或相同成分的较小的桶中。"

前面已经谈到,做稳定性试验的目的是确定产品的储存条件以及有效期。这里面隐含的不变量是产品的包装已经确认。我们可以设想,如果产品的销售包装是用塑料扎带封口,而做稳定性试验的样品包装是铝箔袋热封,这样的试验就没有任何意义,因为铝箔袋热封产品质量的好坏与塑料扎带封口的产品没有任何关系。

(2) 稳定性试验监测的设备需要有报警功能

有些公司对产品做长期稳定性试验,就是把产品取来,放在一个房间里面,不管不问,然后定期检测产品的各项指标,看看是否正常。其实,这不是严格意义上的稳定性试验。稳定性试验需要有特定的储存条件要求,要达到这样的条件,必须把需要进行稳定性考察的样品放入恒温恒湿箱。样品在考察期间的储存条件需要满足试验的要求。

这里需要注意一点,作为设备,恒温恒湿箱也有出故障的时候,如果在试验的过程中设备坏了,不能提供恒温恒湿,怎么办呢?有人说,我这里有声光报警器,设备坏了人听到"呜呜"的警报声,可以立即跑过去。但是,如果在没有人上班或者无人值班的时候出现问题呢?例如,你下午五点下班时,稳定性试验箱工作正常,到了晚上六点突然开始出现故障,不能正常工作,一直到第二天早上八点半上班你才发现,中间的14.5个小时,储存条件不能满足要求,怎么办?我们知道,稳定性试验,特别是长期稳定性试验,需要整整三年的时间,如果试验的条件失控,则意味着产品的稳定性考察失败。稳定性考察失败不仅仅是费用的损失,更是时间的浪费。

因此,稳定性试验监测的设备必须要有报警功能,这个报警不是指传统意义上的声光报警,而是说可以通过一装置关联到电话或者手机。如果恒温恒湿箱在运行过程中出现故障,那么会通过手机短信或者电话直接告知相关人员,以便在第一时间采取应急措施,确保不会因为设备的故障影响到稳定性试验的效果和进度。从这个层面上来说,条件允许,还需要再准备一台恒温恒湿箱,作为出现异常时的备用。

(3) 稳定性试验监测的数据仅在线打印是不够的

样品放置于恒温恒湿试验箱内,怎么证明这个温度和湿度是满足标准要求的呢?首先,我们需要对实际运行的温湿度进行记录。有些公司使用在线打印机,每隔一段时间,比如20分钟、30分钟或1个小时,去打印对应时间点的温湿度。还有些公司,会把数据导入电脑并定期硬盘备份。

其实,这都不是最好的方法。即使有在线打印的功能也不能完全信任,万一打印机出现了故障,万一打印机没有油墨了怎么办?稳定性考察的数据存入电脑,但是如何在线查看呢？这都是问题。编者建议的方法是：每隔 20 分钟或者 30 分钟在线打印一次；上班期间每天上午和下午由人去确认一次自上一次人工复核以来的温湿度是否正常，并记录复核时恒温恒湿试验箱实际的温湿度；稳定性考察的数据建议通过端口输入电脑，并定期备份。

4.3.4 产品留样应注意什么？

产品为什么要留样？在 ICH Q7《原料药的优良制造规范（GMP）指南》已经说得很清楚，"留样的包装和储存是为了今后可能会对原料药批质量进行评价，而不是以将来的稳定性测试为目的的。"这里面强调了，留样的目的不是为了稳定性测试（试验）。换言之，稳定性试验的样品不应该像留样那样存放，而应该对储存条件进行控制。

其实，个人认为，留样的作用就是当产品出现了质量问题，特别是严重的质量问题或者客户投诉的时候，可以对样品进行重新检测。在对产品进行留样时，该注意哪些方面呢？建议对以下四个方面给予重点关注。

(1) 留样的包装应与销售包装一致

ICH Q7 要求："留样应当储存在原料药储存的同样的包装系统中，或者与销售包装相同，或更具保护性。"个人不太认同"或更具保护性"这样的表述，而是认为，和稳定性试验样品一样，留样必须和终产品的销售包装完全一致。只有这样，才能最大限度反映出产品随着时间的变化状况。试想，如果你留样的产品包装得非常到位，里三层外三层，外加充氮包装，接着又是 PE 袋封口，然后又是铝箔袋密封，最后存放在铝听里面，而市售的产品只是 PE 袋扎口，然后入箱。这样天壤之别的包装，却拿最终的产品去做比较已然没有任何意义。如果客户投诉产品质量，比如色泽、水分等有问题，你去复测留样有何意义呢？完全不能反映销售时产品的质量状况。

有人说，要做到与销售包装完全一样很难，因为很难找到那么小的包装。其实，你完全可以让包材供应商顺便做一些小包装，至于容积要多小，够装你的留样即可。然后，留样的包材、包装方式和装箱方式应尽可能与终产品保持一致。

(2) 储存条件应与产品标签保持一致

储存条件一般都会标示在产品标签上，例如"避光、密封保存"。很多人为了保护好产品，往往在留样室配置了空调和加湿器，控制储存的温湿度。留样在最适合的环境里静静地躺着，从来不会"生病感冒"。似乎很好，其实，我们是否想过，在标签上没有特殊储存条件说明的产品，也许它会漂洋过海、历经数月的风风雨雨来到了异国他乡，经此"磨难"的产品和待在空调房里的留样质量显然会有差别。

前面说过，留样是为了最大限度模拟销售包装，同时也是要最大限度模拟销售时的储存环境。该有温度控制的时候就控制温度，该控制湿度的时候就控制湿度，什么都不控制的时候就什么都不需要控制。只有这样，我们才能知道产品随着时间的变化趋势，为产品标注的储存条件提供数据支持。

(3) 留样量应保证三倍法定全检样

留样留多少？很多人不知道。其实，前面已经提到，留样的作用就是当产品出现了质量问题，特别是严重的质量问题或者客户投诉的时候，可以对样品进行重新检测。如果产品有质量问题被投诉了，怎么办？通常是对留样进行检测，发现结果合格；然而客户不认同，那就把留样寄一份给客户。客户发现仍旧不合格，怎么办？这个时候，就需要把留样寄给彼此认可的第三方检测。这样算来，就需要三倍的全检样。

全检样通常包括产品执行标准中涉及的所有检测项目所需的样品量，如果没有微生物要求，则建议增加微生物检测的量。有时候产品很贵，而做微生物检测却需要不少样品，这就需要在风险与成本之间做出平衡。既要考虑到今后可能面临的产品质量投诉，又要防止增加过多的取样成本。如果可能，留样尽可能多一些，只是不要出现留样"到用时方恨少"的尴尬境地。

(4) 留样时间应为有效期满后至少一年

ICH Q7 规定："适当标识的每一批原料药的留样应当保留到由生产商规定的该批号的有效期满后一年，或该批产品销售后三年，以较长时间为准。"其实，不单单是原料药，很多食品留样都是有效期或者保质期后一年。对于食品生产来讲，这还是不够的。举一个极端的例子，如果原料保质期是三年，工厂在第三年的最后一个月将原料使用到产品中，而产品的保质期是 2 年。换句话说，原料的留样已经处理掉了，但是该原料仍旧在产品中，如果要查找原因，留样已经没有了怎么办？从这方面也提醒我们，在食品生产过程中，对一些使用的关键原物料，我们需要对其进行留样，这是对供应商产品留样的一个延续。

留样时间到期后，该如何处理呢？只有一个，报废处理。我们知道，留样时间为有效期满后一年，也就是说留样已经过期了一整年，很多质量指标估计都已经严重超标，因此不能返回车间，也不可以降级使用。到期的留样被报废处理后，需要保留相应的记录。

4.3.5 对环境致病菌监测需要了解什么？

致病菌（Pathogenic bacteria）是常见的致病性微生物，属于食源性病原微生物。我们将通过摄入活菌或其产生的毒素等副产物而导致人类患病的一类微生物通称为致病菌或病原菌。食品中的致病菌主要有沙门氏菌、金黄色葡萄球菌、副溶血性弧菌、大肠埃希氏菌、李斯特氏菌等。据原国家卫计委 2014 年 3 月 6 日在《〈食品中致病菌限量〉（GB 29921—2013）问答》中介绍，我国每年由食品中致病菌引起的食源性疾病——凡通过摄食而进入人体的病原体使人体患上感染性或中毒性的疾病——报告病例数占全部报告的 40%～50%。世界卫生组织官网 2015 年的报告估算全世界每年每 10 人中就有 1 人因吃被污染的食物而生病，并导致 42 万人死亡，其中五岁以下儿童处于特高风险状态，每年有 12.5 万名儿童死于食源性疾病。

2013 年 12 月 26 日发布并于 2014 年 7 月 1 日实施的《食品中致病菌限量》（GB 29921—2013）适用于预包装食品，规定了 11 类食品中 5 种致病菌限量水平，具体分布见表 6。

表 6　GB 29921—2013 规定的致病菌限量水平

序号	食品类别		致病菌				
			沙门氏菌	单核细胞增生李斯特氏菌	金黄色葡萄球菌	大肠埃希氏菌 O157：H7	副溶血性弧菌
1	肉制品	熟肉制品	√	√	√		
		即食生肉制品	√	√	√		
2	水产制品	熟制水产品	√		√		√
		即食生制水产品	√		√		√
		即食藻类制品	√		√		√
3	即食蛋制品		√				
4	粮食制品	熟制粮食制品（含焙烤类）	√		√		
		熟制带馅（料）面米制品	√		√		
		方便面米制品	√		√		
5	即食豆类制品	发酵豆制品	√		√		
		非发酵豆制品	√		√		
6	巧克力类及可可制品		√				
7	即食果蔬制品（含酱腌菜类）		√		√	√	
8	饮料（包装用水、碳酸除外）		√				
9	冷冻饮品	冰激凌类	√		√		
		雪糕（泥）类	√		√		
		食用冰、冰棍类	√		√		
10	即食调味品	酱油	√		√		√
		酱及酱制品	√		√		√
		水产调味品	√		√		√
		复合调味料（沙拉酱等）	√		√		√
11	坚果籽实制品	坚果及籽类的泥（酱）	√				
		腌制果仁类	√				

从上表中可以看出，对所有食品都监测沙门氏菌，其次是金黄色葡萄球菌，其他三类（单核细胞增生李斯特氏菌、大肠埃希氏菌 O157：H7、副溶血性弧菌）只是限定在特定的食品中。

食品中的致病菌从何而来呢？当然不会从天上掉下来，只会来源于食品加工的环境中。近年来，人们对食品安全关注度越来越高，对致病菌的容忍度越来越低，我国的食品安全国家标准也开始体现环境致病菌的内容，而且已形成一个趋势。近年来，涉及环境致病菌监测的食品安全国家标准有以下三个。

①《食品安全国家标准 粉状婴幼儿配方食品良好生产规范》(GB 23790—2010,2010年3月26日发布,2010年12月1日实施)。

②《食品安全国家标准 食品生产通用卫生规范》(GB 14881—2013,2013年5月24日发布,2014年6月1日实施)。

③《食品安全国家标准 糖果巧克力生产卫生规范》(GB 17403—2016,2016年12月23日发布,2017年12月23日实施)。

将上面三个标准中涉及的环境致病菌监测要求进行汇总,见表7。

表7 部分国标对环境致病菌监测的要求

序号	食品安全国家标准	标准号	实施日期	与上一版比较	致病菌监控要求			
					监控区域	监控取样点	监控的微生物	取样频次
1	《粉状婴幼儿配方食品良好生产规范》	GB 23790—2010	2010-12-1	比上一版《婴幼儿配方粉企业良好生产规范》(GB/T 23790—2009)增加了对清洁作业区环境中主要污染源——沙门氏菌、阪崎肠杆菌和其他肠杆菌进行监控的要求。	清洁度要求高的食品清洁作业区,如裸露待包装的半成品储存、充填及内包装车间等。	不接触食品的表面(如设备外部、生产线周围的地面、管道和平台)和直接接触食品的表面(如从喷粉塔到包装前之间可能直接污染产品的设备和筛尾结团粉)	沙门氏菌、阪崎肠杆菌、肠杆菌	根据产品特点、消费者年龄和健康状况来确定食品清洁作业区微生物环境监控的取样频次;应根据检测结果和污染风险严重程度来调整环境监控计划实施的频率。
2	《食品生产通用卫生规范》	GB 14881—2013	2014-6-1	比上一版《食品企业通用卫生规范》(GB 14881—1994)增加了"食品加工环境微生物监控程序指南"。	与食品或食品接触表面邻近的接触表面	设备外表面、支架表面、控制面板、零件车等接触表面	菌落总数、大肠菌群等卫生状况指示微生物,必要时监控致病菌	每两周或每月
3	《糖果巧克力生产卫生规范》	GB 17403—2016	2017-12-23	比上一版《巧克力厂卫生规范》(GB 17403—1998)增加了"糖果巧克力生产过程微生物监控程序指南"。	与食品接触表面邻近的接触表面	设备外表面、支架表面、控制面板、零件车等接触表面	菌落总数等卫生状况指示微生物、沙门氏菌(巧克力及其制品)	每周、每两周或每月
					非食品接触表面	清洁地面的清洁工具,如扫帚、墩布或洗地车等清洁工具,地沟、地面等	沙门氏菌(巧克力及其制品)	

在强制性国家标准中增加环境致病菌的监测要求，是非常有必要的。试想一下，如果抽检的食品能检出致病菌，那么环境中肯定有致病菌存在，而且数目还不少。相反，如果产品中没有检出致病菌，那么环境中有没有致病菌呢？可能有，也可能没有，这需要具体问题具体分析。但是，如果在加工的环境中，特别是微生物可能藏匿或进入的地方，没有检测到致病菌，那么食品中含有致病菌的可能性将大为降低，或者根本就不存在。

通过对环境致病菌进行监控来保证终产品不受致病菌污染，就像我们做 HACCP 体系一样，具有预防型和主动性的特点。也像 HACCP 一样，需要对可能出现致病菌的区域进行分析，找出致病菌可能出现的"关键点"，继而制定环境致病菌监测计划，若发现异常，还需要制定纠正预防措施。

(1) 监控哪些区域

说到区域，大家肯定想到分区管理。《食品安全国家标准 粉状婴幼儿配方食品良好生产规范》（GB 23790—2010）对分区也有提及，如图10。

3.1 清洁作业区 cleaning work area
　　清洁度要求高的作业区域,如裸露待包装的半成品贮存、充填及内包装车间等。
3.2 准清洁作业区 quasi-cleaning work area
　　清洁度要求低于清洁作业区的作业区域,如原辅料预处理车间等。
3.3 一般作业区 commonly work area
　　清洁度要求低于准清洁作业区的作业区域,如收乳间、原料仓库、包装材料仓库、外包装车间及成品仓库等。

图 10　GB 23790—2010 对生产分区的定义

目前，对产品卫生要求比较高的食品生产企业，一般遵循如下卫生分区规定。

① Zone 1（高卫生区）：产品会充分曝露的区域，例如原料药工厂的洁净车间，或者食品工厂的灌装、充填以及内包车间等，可以用"红色"来警戒。

② Zone 2（中卫生区）：一般指原辅料预处理区域，例如拆外包装间，通常来讲，是一般生产区到高卫生区的过渡区或者缓冲区，可以用"黄色"来告知。

③ Zone 3（低卫生区）：指一般生产区，产品在环境中没有曝露机会的区域，常见的例如原辅料包材仓库、成品仓库、外包装间和原料药工厂的化工生产区等，可以用"绿色"来识别。

上面是对生产过程的分区，对环境监控该如何划分呢？这个在《食品安全国家标准 糖果巧克力生产卫生规范》（GB 17403—2016）也有提及，如图11。

A.4　控制水平的更改：
　　a) 根据生产环境中沙门氏菌和其他微生物对产品的污染风险,取样点可以分为三级;第一级区域包括生产线的产品直接曝露位置及其邻近区域,或其他裸露食品的直接接触面;第二级区域指与第一级区域邻近,但不靠近曝露的产品或不会直接影响产品的区域;第三级区域是指远离生产线和产品曝露位置的区域,该区域无需常规监控。

图 11　GB 17403—2016 附录 A.4 对环境监测的要求

环境监控分区应该对针对 Zone 1（高卫生区），也就是说对产品会充分曝露的"清洁作业区"才有必要去监控致病菌。也可以把它们分成三级区域，至于如何分，在《食品安全国家标准 糖果巧克力生产卫生规范》（GB 17403—2016）表 A.1 也已经给出了答案，见表 8。

表 8 致病菌监控分区建议

微生物监控分区		常见例子	是否监测致病菌
第一级区域	1）食品直接接触面	食品加工人员的手部、工作服、切片刀、操作台面、传送带、工器具及其他直接接触产品的设备或设施表面（管道内壁）	否
	2）与食品接触表面邻近的表面——换言之，就是离食品接触面较近的非食品接触面	设备外表面、框架、控制面板等表面	是
第二级区域	非食品接触表面——换言之，就是离食品接触面较远的非食品接触面，即不靠近曝露的产品或不会直接影响产品的区域	清洁地面和墙面的清洁工具，如扫帚、墩布或洗地车、吸尘器等清洁工具，地面、地沟、地漏、车间用车辆的轮子、叉车等	是
第三级区域	生产车间外区域——远离生产线和产品曝露位置的区域，该区域无需常规监控	卫生间、更衣室、垃圾房、食品清洁间外部走廊以及门等	否

正如前面所述，我们应该对微生物可能藏匿或进入而导致污染的地方监测致病菌，而不是监测已经清洁并做了消毒处理的食品接触面。因此，个人建议监控上表中"第一级区域 2）"和"第二级区域"，或者更进一步，只监控"第二级区域"。

（2）监控哪些部位（点）

前面建议只对 Zone 1（高卫生区）（产品会充分曝露的区域）的"第二级区域"（非食品接触表面），如"清洁地面和墙面的清洁工具，如扫帚、墩布或洗地车、吸尘器等清洁工具，地面、地沟、地漏、车间用车辆的轮子、叉车等"进行致病菌监测。其实，我们可以更进一步，去抽查"第二级区域"最糟糕最有可能受到致病菌污染的部位，列举如下。

① 吸尘器收集袋里面的粉尘 吸尘器在食品工厂很常用，但是我们是否注意到吸尘器吸到的"尘"（垃圾）到底跑到哪里去了，全部都进入收集袋里面。那么收集袋多久会更换一次呢？很难说，每班，每天，每周还是每个月？不论更换或清洁，我们可以从吸尘器收集袋中取粉尘样进行致病菌监测，这个样品具有代表性。

② 地漏 有经验的审核老师都会很"关心"地漏，打开看一看是否有液封，是否有消毒液的气味，以确定是否定期清洁。有时候，会"惊喜"地发现地漏已干，没有液封；

地漏表面已经发霉,并有异味。在对致病菌监测时,我们要更关注不常用的地漏,因为这些地漏往往缺少维护,易出现致病菌。

③ 筛上物　在食品行业,为了保证产品的颗粒度或防止异物,经常使用筛子。在用筛的时候,会有一些颗粒度比较大或者已经结块的物料无法通过筛网,可以使用这些筛上物做致病菌检测。如果没有检测到致病菌,那么正常通过筛网的产品检出致病菌的可能性很小。这远比去抽查成品是否有致病菌要好很多,而且更具说服力。

④ 除尘装置内表面的粉尘　和前面吸尘器一样,除尘装置也是用来收集垃圾的,不过这个垃圾主要是飘浮在空中的原物料或者产品细颗粒。它们在车间空中飞扬,随时会被空气中的微生物"抓住",然后被除尘装置吸走,遇到合适的环境便立即滋生,继而产生毒素,从而污染加工环境或者产品(半成品或者成品)。因此,这里的粉尘可用于致病菌检测。

⑤ 初次清洁设备的水　水是微生物比较喜欢的,当水遇上食品中的养分,若再加上合适的温度,就像干柴遇上了烈火,估计微生物想不生长都很难。因此,我们可以取设备清洁后的水样去检测致病菌。需要记住的是,这个水样必须是初次,也即是第一次清洁后的水样。在《生活饮用水卫生标准》(GB 5749—2006)中已经有微生物的指标要求(见表9),可做参考。

表 9　GB 5749—2006 水质常规指标及限值

指　　标	限　　值
微生物指标	
总大肠菌群/(MPN/100mL 或 CFU/100mL)	不得检出
耐热大肠菌群/(MPN/100mL 或 CFU/100mL)	不得检出
大肠埃希氏菌/(MPN/100mL 或 CFU/100mL)	不得检出
菌落总数/(CFU/100mL)	100

(3) 谁来实施检测以及监测频次

一般说来,传统意义上的微生物实验室仅能检测菌落总数(或称细菌总数)、大肠菌群、霉菌和酵母菌。这种微生物实验室在食品工厂很常见,只属于级别最低的一级生物安全实验室。而用于致病菌检测的微生物实验室则属于更高级别的二级生物安全实验室,需要同时实施一级屏障和二级屏障,在洁净度级别、压差、最小换气次数以及围护结构严密性等方面都有更高要求,主要是防止致病菌对操作者的生物危害或者致病菌扩散到空气中。具体可参考《生物安全实验室建筑技术规范》(GB 50346—2011)。

正因为对用于致病菌检测的二级生物安全实验室建造要求更高,所以建造一间致病菌检测的微生物实验室花费不低,还要有后续的维护成本。因此,如果食品工厂生产的产品没有致病菌要求,只是对环境的致病菌进行定期监测;或者对生产的产品有致病菌要求，但是检测的频次很低，建议将致病菌的检测外包给有资质的第三方微生物实验室，既省钱又省心。

明确了谁来负责致病菌检测，我们需要制定监测计划。致病菌监测计划中最核心的内容是怎么取样，在哪里取样，检测什么项目。后面两点，即在哪里取样和检测什么项目在前面已经谈及。下面主要说一下怎么取样这个问题。

其实，取样的方式在上面提及的国标中有详细的规定，可以参考。我们需要明确的是取样的频次以及样品的处理。取样的频次取决于是第一次进行致病菌检测，还是已经监测了一段时间并积累了不少数据的检测。如果是前者，监控的频次应适当高一些，例如每周或者每两周一次。持续监控的目的是获得卫生情况的基础数据，并跟踪趋势的变化。当积累到一定数据之后，可以根据获得的数据评估是否可以降低监控频次，比如每三周或者每月一次。在《食品安全国家标准 糖果巧克力生产卫生规范》（GB 17403—2016）附录 A.4 对监控频次也有说明，可供参考。

建议根据检测结果和污染风险严重程度来调整环境致病菌监测计划实施的频率。

当成品、半成品中有致病菌检出时，应提高环境致病菌监控频率，增加取样点，找出原因，确定污染源并采取纠偏措施。

当污染风险增加时，例如新生产线投入生产或生产线整体大修、长时间停产后，或卫生状况变差后，应提高监控频率，增加取样点。

在现场取样时，可以在前文提及的"第二级区域"最糟糕最有可能受致病菌污染的不同部位取多个点的样品，在确保灵敏度的前提下，将这多个点的样品混在一起检测致病菌。如果检出致病菌呈阳性，应进一步对每一个点进行测试以确定阳性样本的位置。找到阳性样本所在的位置，进行原因分析并制定纠正和预防措施，并重新清洁直至检测结果为阴性。此外，后续提高对此位置（点）的致病菌监测的频次，如果后续的连续三次检测正常，即致病菌呈现阴性，则可以恢复至以往的监控频次。

（4）监控发现异常如何处理

致病菌监控发现异常如何处理？在《食品安全国家标准 糖果巧克力生产卫生规范》（GB 17403—2016）附录 A.4 有体现。

其实，环境致病菌检出呈阳性，就相当于超标，可以参照质量控制参数超标的处理方法：找出原因，制定措施，增加频次，扩大抽样点；检测终产品是否正常。具体来讲，可以分成两种情况。

当出现轻微不符合时，即个别点检出或者很长时间才检出，可通过增加取样频次、适当扩大取样点等措施来加强监控；

当出现严重不符合时，即很多部位的很多监控点同一时间或者某一个点连续多次检测出致病菌，应当立即采取行动（比如彻底清洁并消毒），查找问题出现的原因（人机料法环），评估现有卫生措施的有效性和充分性。同时对产品进行检测，必要时给予扣留。

好记性不如烂笔头！发现好东西，立马记下来！

随心所感（4）：_____

第 5 章
HACCP 体系

HACCP 是英文 Hazard Analysis and Critical Control Point（危害分析与关键控制点）的简称，它是一个体系。传统检验方法是事情已经发生了才采取行动，显得很被动。而 HACCP 恰好相反，是在事情发生前预先采取行动，好比"生米还没有煮成熟饭之前，控制加水量、火候和时间来确保饭被煮熟"，凸显预防型和主动性。利用 HACCP 原理，企业可以集中有限的物力和财力用在最容易出现异常或一旦出现异常后续工序无法控制的几个关键控制点上，确保终产品 95% 甚至 99% 合格，且不会对消费者带来食品安全危害。

5.1　HACCP 的"前世今生"

HACCP 与 ISO 22000 和 FSSC 22000 之间有什么关系呢？很多人都不清楚。个人认为，可以把 HACCP 的发展分成以下几个阶段。

(1) HACCP 起源

20 世纪 60 年代美国太空总署（NASA）的太空计划，需要百分之百安全的太空食品，但是传统的方法很难保证这一点。即使是破坏性试验，100 箱食品破坏掉 99 箱，这 99 箱确定是合格的、安全的，也不能百分之百保证剩下的最后 1 箱其质量是安全的。因此，项目组提出了预防性控制体系的概念，以防止生产过程中危害的发生，此时 HACCP 孕育而生。

1973 年，美国食品和药物管理局（FDA）首次将 HACCP 概念应用于低酸性罐头食品加工，以防止腊肠毒菌感染。从此，HACCP 迈出了跨时代的一大步，随后被广泛用于食品界和政府机构。1993 年，国际食品法典委员会（CAC）把 HACCP 纳入《食品卫生通则》。次年，CAC 再次强调有必要加快发展 HACCP。1997 年 CAC 颁布了《HACCP 体系及其应用准则》，并被多个国家采用，并一直持续到 2005 年。

(2) 从 ISO 9000 到 ISO 22000

ISO 9000 是质量管理体系，至今已经发布了五版：1987 年第一版，1994 年第二版，2000 年第三版，2008 年第四版，2015 年第五版（现行版）。我们把目光放在第三版，这一版本是在 2000 年 12 月 15 日发布，HACCP 从 1973 年开始第一次用于低酸性罐头食品，到 ISO 9000 第三版发布的 2000 年，已经过去了 27 年。此时，HACCP 已取得巨大成功，加之其具有预防型和主动性两大优点，ISO 开始打 HACCP 的主意：是不是可以将 HACCP 与 ISO 9000 进行糅合？

2001 年起，国际标准化组织（ISO）将 HACCP 原理引入 ISO 9000 质量管理体系标准中，经过 4 年努力，在 2005 年 9 月 1 日完成并发布了 ISO 22000:2005，我国等同采用

(IDT)该标准的国家标准《食品安全管理体系 食品链中各类组织的要求》(GB/T 22000—2006)于2006年3月1日发布，2006年7月1日实施。该标准将HACCP七大原理十二个步骤融入管理体系中，彻底完成了HACCP体系向食品安全体系管理的演变，其管理的范围也延伸至整个食品链，包括农作物种植者、饲料生产者、食品辅料和添加剂生产者、清洁剂和消毒剂生产者、包装材料生产者、食品生产加工者和食品服务者等。

2018年6月18日，ISO 22000:2018标准英文版面世。用了将近13年才修订1次，从侧面也反映出ISO 22000:2005标准的确很好，升版并不频繁。新版标准虽然在格式和内容上做了不少修改，但是其核心基本保持不变。考虑到我国等同采用（IDT）该标准的国家标准（中文版）还没有发布，因此本书仍旧是基于ISO 22000:2005标准条款进行撰写。

(3) 从 PAS 220 到 ISO/TS 22002-1

2005年发布的ISO 22000标准第7.2.3条列出了从a到k共11项前提方案（PRP），但是很抽象，难以执行。由欧盟食品饮料行业联盟（Confederation of the Food and Drink Industries of the European Union，简称CIAA）发起，英国标准协会（British Standards Institution，简称"BSI"）组织达能（Danone）、卡夫食品（Kraft Foods）、雀巢（Nestlé）和联合利华（Unilever）对PRP进行细化，形成PAS 220《食品安全生产前提方案》(Prerequisite programmes on food safety for food manufacturing)，并于2008年10月25日生效。PAS是英文Publicly Available Specification（公共可用规范）的英文缩写。PAS 220一发布，就大受欢迎，ISO又打算纳入麾下。经过一年多时间的整合，PAS变成了ISO的一个技术标准——ISO/TS 22002-1《食品安全的前提方案 第一部分 食品生产》(Prerequisite programmes on food safety – Part 1: Food manufacturing)，并在2009年12月15日发布生效。

(4) ISO 22000 ＋ PAS 220 等于 FSSC 22000

PAS 220（ISO/TS 22002-1）是ISO 22000的完美补充，若两者结合，会怎样呢？这就是FSSC 22000。FSSC 22000分成4部分，均在2010年1月发布。FSSC 22000被GFSI（Global Food Safety Initiative，全球食品安全倡议）组织认可。

标准在不断完善、不断更新，稍不留神，可能就不认识了。但从2005年之后，无论怎么变化，在后续的诸多体系中，例如ISO 22000、FSSC 22000，甚至BRC，HACCP的精髓都没有发生变化，仍旧是那七大原理。

5.2 危害分析

HACCP是一个食品安全体系，笔者认为，前面的"HA"，即危害分析是难点，而后面的"CCP"，即关键控制点是重点。如何进行危害分析呢？可以总结成"两个源头＋三个方面"。

5.2.1 如何分析：两个源头＋三个方面

具体来讲，"两个源头"是指原辅料和产品接触材料及加工过程；"三个方面"是指可能产生的物理性危害、化学性危害和生物性危害。

(1) 两个源头

危害不会凭空产生，它的产生是有原因的。对于食品生产中可能出现的食品安全问题，按照 ISO 22000 的表述，应该是来自如下所述的两大源头。

源头一：所有的原料、辅料（含加工助剂）和产品接触材料（含包装材料）。产品，肯定是生产出来的。在生产过程中必定要用到各种物料，包括原料、辅料和包装材料等，这里需要重点提及的是辅料。有些人对于辅料的认识不是很清楚，比如，有些材料在参与过程反应后，又被释放出来，他们认为，这不是辅料，只是一种加工助剂，不需要评估它的风险。这种理解是片面的。类似这样的加工助剂，有几个问题：它成分单一没有杂质吗？如果有杂质，这种杂质是否会参与过程反应生成另外一种新的有害物质？这种加工助剂在使用过程中可百分之百复原吗？如果不会，那么没有复原的加工助剂分子必将进入产品从而影响到产品的质量，或者食品安全。还有人认为，包装材料只需要关注到第一级包装材料，即内包材，这也是不对的，产品的外包装，例如纸箱、纸桶、铝听等，也必须给予高度重视。以最常见的纸箱为例，如果纸箱的抗压强度不够，可能导致在运输的过程中纸箱坍塌，纸箱坍塌直接影响着产品的质量，而且不仅是其成分受影响，还存在着微生物及异物的风险。此外，生产中使用到的水（包括自来水、纯化水、去离子水等），还有压缩空气、充氮包装使用的氮气等惰性气体，都必须给予评估。

除了辅料，还有一大类是人们比较容易忽视的，那就是在 ISO 22000：2005 第 7.3.3.1 款提及的"产品接触材料"。这里说的"产品接触材料"，不仅仅是指内外包装材料，还包括会与产品直接接触的设备内表面材料，诸如滤网、筛网、垫圈、密封圈等，以及与产品有直接接触的工器具、人员手部、车间空气等。

因此，在进行 HACCP 危害分析时，必须将产品生产涉及的所有原料、辅料、加工助剂以及产品接触材料都考虑到。

源头二：加工过程。原辅料在加工的过程中，也可能产生危害。危害的种类以及大小，与加工设备、加工方法以及加工所处的环境有关。

① 加工设备　加工设备在生产过程中扮演着非常重要的角色，好的生产设备可以提高生产效率，减少浪费，好的设备可以改善产品的质量。有人说，好的产品是检测出来的，但是我认为，好的产品是好的设备制造出来的。因为在设备设计时就可以把很多可能存在质量风险或者有食品安全隐患的因素统统考虑进去，这样出现问题的风险就大为降低。这也是为什么制造型的工厂经常要对设备进行技改的根本原因。

② 加工方法　加工方法随着加工设备的改变而改变。例如，用微波干燥和用热风干燥是两种完全不同的干燥方式，它们可能对食品安全的危害显然不一样。微波干燥是利用频率在 300MHz 到 300GHz 的电磁波与物料直接作用，将超高频电磁波转化为热能使物料达到干燥的过程。而热风干燥则是用加热介质，例如空气等，和待干燥固体颗粒直接接触，并使其悬浮于流体中，通过热量传递达到干燥的目的。前者可能会破坏产品的分子结构，而后者可能会使产品发生变性。

举个更简单的例子，牛肉可以烤着吃，也可以煎着吃，还可以炒着吃，煮着吃，或者蒸着吃。在烤或者炸的过程中会产生苯并芘等致癌物质，肯定对身体有害；而蒸煮着吃，可以最大限度保持食品的营养成分不流失，当然对身体有益。这也是为什么越来越多的人喜欢煲汤，或者把菜蒸着吃的原因。

③ 加工环境　产品肯定是在一定的环境中生产出来的。加工环境包括很多要素，例如车间空气洁净度、人员的卫生（特别是会接触到产品的手部的卫生）、工作服、现场存在的垃圾袋、维修工具、设备清洁卫生所使用的清洁液和消毒液等。可以说，加工环境很复杂，必须考虑到所有会出现的情况。

(2) 三个方面

对上面提到的两个源头进行分析，分析存在哪些危害，并将危害分成三类，就是以下三个方面。

第一方面：物理性危害。物理性危害，可以把它归类为看得见的危害，比较典型的物理性危害有金属、玻璃、硬塑料、木刺、毛发、纸屑等。既然是看得见的危害，说明这种危害有可能被人识别，一旦出现危害，也可能是个案，涉及产品的数量容易控制。一般说来，对企业带来的负面影响相对会小一些。

第二方面：化学性危害。化学性危害作为看不见的危害之一，只有通过检测才能被发现。而且，一旦出现，企业损失可能就很大，发生在 2008 年的三鹿婴幼儿奶粉三聚氰胺事件就是一个典型案例。

一般说来，化学性危害包括天然毒素、过敏原（也叫致敏原）、未按照规定要求添加的食品添加剂；生产过程中没有添加，但是因其他原因混入的化学类物质，比如清洗设备的洗涤剂、消毒剂，洗手用的洗手液和设备用的润滑油；原材料生产中用到的化肥、杀虫剂和抗生素等。还有一类是重金属，它对人体的危害极大，对大脑、心脏、神经等的伤害可能是致命的。

第三方面：生物性危害。生物性危害，作为另一类看不见的危害，同样让人恐慌。因为它看不见，而且一旦出问题都是批量性的。这种危害主要包括细菌污染（例如沙门氏菌、李斯特氏菌、金黄色葡萄球菌等）、病毒感染，以及存在寄生虫等。

相比于看得见的危害，看不见的危害只有通过检测才能发现，而且不易控制，因此，一旦出现，造成的损失及危害就很大。现行《食品安全法》第二十六条规定，食品安全标准应该包括"食品、食品添加剂、食品相关产品中的致病性微生物，农药残留、兽药残留、生物毒素、重金属等污染物质以及其他危害人体健康物质的限量规定"。其中谈到的"致病性微生物、农药残留、兽药残留、生物毒素、重金属等"都属于看不见的危害。

5.2.2　看不见的危害之农药残留

2017 年 1 月 16 日，原国家食品药品监督管理总局（简称食药监总局）举行新闻发布会称，2016 年在全国范围内组织抽检了 25.7 万批次食品样品，总体抽检合格率为 96.8%。不合格产品主要表现在：

［1］超范围、超限量使用食品添加剂，占不合格样品的 33.6%。

［2］微生物污染，占不合格样品的 30.7%，其中因致病性微生物导致的不合格样品占此类不合格的 25.6%。

［3］质量指标不符合标准，占不合格样品的 17.5%。

［4］重金属等元素污染，占不合格样品的 8.2%。

［5］农药兽药残留不符合标准，占不合格样品的 5.5%。

［6］生物毒素污染，占不合格样品的 1.1%。

［7］检出非食用物质，占不合格样品的 0.7%。

［8］其他问题，占不合格样品的 2.7%。

在本次会议上，对于导致的这些问题，给出了三条原因：一是源头污染，包括土壤、水源等环境污染导致重金属和有机物在动植物体内蓄积，农药兽药、农业投入品的违规使用导致农药兽药残留等超标；二是生产经营过程管理不当，比如生产、运输、储存等环节的环境或卫生条件控制不到位，生产工艺不合理，出厂检验未落实等；三是当前基层监管人员总体能力水平与监管任务在一定程度上存在不适应。其中，最受人关注的是第一条：环境恶化导致的土地污染、水污染，以及农药的非法和过量使用。

关注原国家食品药品监督管理总局以及各省原食品药品监督管理局公布的对食品抽检情况的公告，经常可以发现农药残留超标的案例。

2017 年 1 月 5 日，广西壮族自治区原食品药品监督管理局发布的《食品安全监督抽检信息公告（2017 年第 1 期总第 71 期）》称，在抽检的 2 类共 39 批次食品（食糖、食用农产品）中，有不合格 4 批次，其中有 2 批次食品检测出 3 种违禁物；

2017 年 1 月 11 日，河南省原食品药品监督管理局发布的《关于 2017 年元旦春节食品安全专项抽检第一批抽检情况的通告》称，在抽检的 14 大类 1215 批次食品中，有 28 批次不合格，其中有 3 批次农兽药超标；

2017 年 1 月 11 日，山东省原食品药品监督管理局发布的《山东省食品安全监督抽检信息通告 2017 年第 1 期（总第 80 期）》称，在抽检的 7 类批次 819 批食品中，有 14 批次不合格，其中有 6 批次蔬菜农药残留严重超标；

2017 年 1 月 16 日，山西省原食品药品监督管理局发布的《2017 年食品安全监督抽检信息公告（第 2 期）》称，在监督抽检 154 批次产品中，有 5 批次不合格，其中有 1 批次农药克百威超标。

将 2016 年每季度国家食品安全监督抽检情况的数据进行统计分析，见表 10 和图 12。

表 10　2016 年国家食品抽检情况统计

项　目	2016年食药监总局公布的食品(含保健食品和食品添加剂)抽检情况				2016年全国范围内食品抽检情况
	第一季度	第二季度	第三季度	第四季度	
抽检样品批次	193617	191672	370298	738972	25.7万
不合格批次	5344	4690	9593	16489	—
合格率	97.30%	97.60%	97.40%	97.80%	96.80%
不合格产品主要表现在：					
1. 超范围、超限量使用食品添加剂	33.8%	33.6%	30.1%	32.5%	33.6%
2. 微生物污染	22.9%	25.5%	35.6%	27.4%	30.7%

续表

项　目	2016年食药监总局公布的食品(含保健食品和食品添加剂)抽检情况				2016年全国范围内食品抽检情况
	第一季度	第二季度	第三季度	第四季度	
3. 质量指标不合格	21.1%	13.9%	12.6%	11.7%	17.5%
4. 农兽药残留指标不合格	7.3%	11.3%	9.3%	14.7%	5.5%
5. 重金属等元素污染	5.0%	4.6%	3.9%	3.7%	8.2%
6. 检出非食用物质	2.2%	2.8%	1.5%	2.1%	0.7%
7. 真菌毒素污染	1.5%	1.4%	0.7%	1.0%	1.1%
8. 其他	6.2%	6.9%	6.3%	6.9%	2.7%

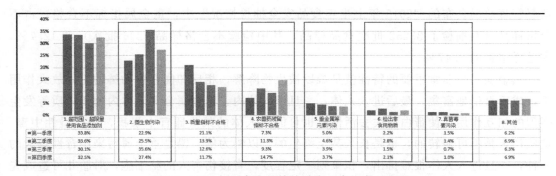

图 12　2016 年国家食品抽检季度不合格率对比图

通过以上图表，发现"超范围、超限量使用食品添加剂""微生物污染"和"质量指标不合格"三大因素占据了不合格总数的近 80%。上述看不见的危害，"农兽药残留指标不合格""重金属等元素污染""微生物污染""检出非食用物质"和"真菌毒素污染"等五类不合格占到了总不合格的 38.9%～50%，这是一个非常大的数字，需要高度重视。

对此，国家从两个方面采取了行动。

一是更新国标。2016 年 12 月 18 日新版《食品安全国家标准 食品中农药最大残留限量》（GB 2763—2016）发布，并于 2017 年 6 月 18 日实施。新标准共涉及 433 种农药 4140 项最大残留限量。而 2014 版中涉及 387 种农药 3650 项最大残留限量，2012 版中涉及 322 种农药 2293 项最大残留限量。可以看出，农药的种类在以大概每年 30 种的速度增加，而最大残留限量在以每年 200～700 项的速度递增。

二是抽检更加严格。根据原国家食品药品监督管理总局 2017 年 1 月 3 日发布的《总局关于印发 2017 年食品安全抽检计划及要求的通知》的要求，2017 年食品安全抽检计划涵盖 33 大类食品、132 个食品品种、203 个食品细类，共抽检 127.59 万批次。计划将以"三重一大"，即重点区域、重点品种、重点项目和大型企业为核心目标，特别会加大对农兽药残留、重金属及环境污染等因素引起的食品安全问题和与人民群众紧密相关的餐饮食品的抽检力度和频次。

那么，对于涉及农产品的食品链企业，除了从源头上控制农药的合法合规合理使用外，还必须对农药的残留量进行检测。对于使用农产品再加工的企业，除了要求上游供应商定期检测农药残留外,还必须对进厂接收的农产品定期抽样检测农药残留,并对终产品做农药残留检测,以确保产品能满足国家法律法规要求。

5.2.3 看不见的危害之重金属

什么是重金属?重金属一般是指相对密度大于 5 的金属,包括金、银、铜、铁、铅等。在现实生活中,重金属几乎无处不在。例如,一些化妆品,特别是指甲油;我们喜欢吃的皮蛋瘦肉粥;动物的内脏;易拉罐饮料等。在食品行业,我们常说的重金属一般指的是铅、砷、汞、镉、铬等五类生物毒性显著的重金属元素。

随着检测手段的不断更新以及检测方法的不断完善,食品重金属超标越来越"普遍",这些食品甚至还包括一些所谓的"绿色""无公害"和"有机"食品。在原国家食品药品监督管理总局公布的"2015 年上半年食品安全抽检情况"中,重金属指标不合格,占不合格样品(共抽检了 33252 批次食品样品,其中检验不合格样品 1236 批次)的 12.7%,占总样本量的 0.47%。

重金属一个非常重要的特性就是难以被生物降解,相反却能在食物链的生物放大作用下,成千百倍地富集,最后进入人体。一旦进入体内,重金属会和人体内的蛋白质等发生强烈的相互作用,使蛋白质失去活性;也可能在人体的某些器官中累积,造成慢性中毒。这些伤害是不可逆转的,也是长久甚至终生的。以铅为例,铅是重金属污染中毒性较大的一种,一旦进入人体很难排出,积聚到一定程度,直接伤害人的脑细胞,对胎儿可造成先天智力低下,对老年人造成痴呆、脑死亡等伤害。研究表明,人体中的铅大约有 90% 是来自于食品,粮食和蔬菜是人体中铅的主要来源,粮食和蔬菜中的铅主要来自土壤、水和空气。

工业三废(废水、废气、固体废弃物)的不合理排放,为重金属超标"贡献"不少。

废弃物不按要求处理,不按规定排放,必将变成气体、液体和固体进入环境中。这个环境包括土壤、水和空气。废弃物若是固体,降解后经土壤吸收变成有毒有害物质进入农作物;若为液体,会直接渗透到土壤中被农作物吸收,或者进入水中被人饮用,最终在生物链最顶端的人体内聚集,从而影响健康。

在我国的食品安全国家标准里,对重金属设置了指标,而且这个指标随着公众对健康的关注度越来越高也将变得越来越严格。但是,我们知道,传统的食品加工很难除掉重金属,除非使用活性炭吸附或者离子交换等工艺,这就使食品加工企业在很多时候显得束手无策。其实只有一个办法,就是管控好原辅料,然而,原辅料也不是那么好管理的,特别是和农产品相关的原辅料,因为这些农产品种植所在的土壤是否被污染以及在生长的过程中是否滥用农药,并不明确。

作为食品企业,首先必须对用到的所有的原辅料参照标准和加工工艺进行识别,确定是否存在重金属的风险,如果存在,则需要建立监测计划,要求供应商提供重金属的检测报告,同时企业也要定期检测重金属,以确保原辅料的重金属水平能满足要求。其次,对于产品,也需要关注其重金属的水平,如果生产过程中有一些工艺是来降低终产品重金属水平的,那么就要考察这些控制措施的有效性和充分性。对于终产品,如果自己可以检测重金属含量，频次可以增加到每批或者每个月一次，如果是外检，可以考虑每季度或者每半年一次。检测的重金属主要考虑铅、砷、汞、镉、铬等五类。

5.2.4 看不见的危害之非食用物质

在食药监部门发布的抽检公告中，经常会看到有一类项目不合格，即检出非食用物质。那么，什么叫非食用物质呢？

根据2008年12月12日全国打击违法添加非食用物质和滥用食品添加剂专项整治领导小组印发的《关于印发〈食品中可能违法添加的非食用物质和易滥用的食品添加剂品种名单（第一批）〉的通知》（食品整治办〔2008〕3号）附件《食品中可能违法添加的非食用物质和易滥用的食品添加剂品种名单（第一批）》对非法添加物做了如下界定：判定一种物质是否属于非法添加物，根据相关法律、法规、标准的规定，可以参考以下原则。

① 不属于传统上认为是食品原料的；
② 不属于批准使用的新资源食品的；
③ 不属于卫生部公布的食药两用或作为普通食品管理物质的；
④ 未列入我国食品添加剂、营养强化剂品种名单的；
⑤ 其他我国法律法规允许使用物质之外的物质。

这里说的非法添加物基本上可以和非食用物质画等号。我们需要注意的是，在现实生活中经常会碰到食品添加剂，一些人总是把塑化剂、三聚氰胺、苏丹红等看成是食品添加剂的代名词。其实，非食用物质和食品添加剂是两个极容易搞混淆的概念。根据我国现行《食品安全法》的定义，食品添加剂是指"为改善食品品质和色、香、味以及为防腐、保鲜和加工工艺的需要而加入食品中的人工合成或者天然物质，包括营养强化剂"。如果没有食品添加剂，几乎所有的加工食品都将无法存在。饼干将不像饼干，因为不加香精、色素就没有了香味，也没有了颜色；你也吃不到罐头，因为不加防腐剂使得因滋生细菌而变质变得很容易；冰激凌也吃不到了，因为它的口感、形状无不是通过食品添加剂来维持的。原卫生部2011年3月1日在《食品添加剂监管问答》中曾明确指出：非食用物质≠食品添加剂。"长期以来，一些单位混淆了食品添加剂和非食用物质的界限，将从事违法犯罪活动，向食品中添加非食用物质（如孔雀石绿、苏丹红等）都称为添加剂，误将添加非食用物质引起的食品安全事件归结为滥用食品添加剂。"原卫生部刊文如是说！

那么，非食用物质包含哪些呢？从2008年12月12日至2011年6月1日国家共公布了六批食品中可能违法添加的非食用物质和易滥用的食品添加剂名单。这里，对公布的食品中可能违法添加的非食用物质进行统计，见表11。

表11 食品中可能违法添加的非食用物质清单

序号	名称	可能添加的食品品种
1	吊白块	腐竹、粉丝、面粉、竹笋
2	苏丹红	辣椒粉、含辣椒类的食品（辣椒酱、辣味调味品）
3	王金黄、块黄	腐皮
4	蛋白精、三聚氰胺	乳及乳制品

续表

序号	名称	可能添加的食品品种
5	硼酸与硼砂	腐竹、肉丸、凉粉、凉皮、面条、饺子皮
6	硫氰酸钠	乳及乳制品
7	玫瑰红B	调味品
8	美术绿	茶叶
9	碱性嫩黄	豆制品
10	工业用甲醛	海参、鱿鱼等干水产品、血豆腐
11	工业用火碱	海参、鱿鱼等干水产品、生鲜乳
12	一氧化碳	金枪鱼、三文鱼
13	硫化钠	味精
14	工业硫磺	白砂糖、辣椒、蜜饯、银耳、龙眼、胡萝卜、姜等
15	工业染料	小米、玉米粉、熟肉制品等
16	罂粟壳	火锅底料及小吃类
17	革皮水解物	乳与乳制品、含乳饮料
18	溴酸钾	小麦粉
19	β-内酰胺酶（金玉兰酶制剂）	乳与乳制品
20	富马酸二甲酯	糕点
21	废弃食用油脂	食用油脂
22	工业用矿物油	陈化大米
23	工业明胶	冰激凌、肉皮冻等
24	工业酒精	勾兑假酒
25	敌敌畏	火腿、鱼干、咸鱼等制品
26	毛发水	酱油等
27	工业用乙酸	勾兑食醋
28	肾上腺素受体激动剂类药物（盐酸克伦特罗，莱克多巴胺等）	猪肉、牛羊肉及肝脏等
29	硝基呋喃类药物	猪肉、禽肉、动物性水产品
30	玉米赤霉醇	牛羊肉及肝脏、牛奶
31	抗生素残渣	猪肉
32	镇静剂	猪肉
33	荧光增白物质	双孢蘑菇、金针菇、白灵菇、面粉
34	工业氯化镁	木耳
35	磷化铝	木耳
36	馅料原料漂白剂	焙烤食品
37	酸性橙Ⅱ	黄鱼、鲍汁、腌卤肉制品、红壳瓜子、辣椒面和豆瓣酱
38	氯霉素	生食水产品、肉制品、猪肠衣、蜂蜜
39	喹诺酮类	麻辣烫类食品
40	水玻璃	面制品

续表

序号	名称	可能添加的食品品种
41	孔雀石绿	鱼类
42	乌洛托品	腐竹、米线等
43	五氯酚钠	河蟹
44	喹乙醇	水产养殖饲料
45	碱性黄	大黄鱼
46	磺胺二甲嘧啶	叉烧肉类
47	敌百虫	腌制食品
48	邻苯二甲酸酯类物质,主要包括:邻苯二甲酸二(2-乙基)己酯(DEHP)、邻苯二甲酸二异壬酯(DINP)、邻苯二甲酸二苯酯、邻苯二甲酸二甲酯(DMP)、邻苯二甲酸二乙酯(DEP)、邻苯二甲酸二丁酯(DBP)、邻苯二甲酸二戊酯(DPP)、邻苯二甲酸二己酯(DHXP)、邻苯二甲酸二壬酯(DNP)、邻苯二甲酸二异丁酯(DIBP)、邻苯二甲酸二环己酯(DCHP)、邻苯二甲酸二正辛酯(DNOP)、邻苯二甲酸丁基苄基酯(BBP)、邻苯二甲酸二(2-甲氧基)乙酯(DMEP)、邻苯二甲酸二(2-乙氧基)乙酯(DEEP)、邻苯二甲酸二(2-丁氧基)乙酯(DBEP)、邻苯二甲酸二(4-甲基-2-戊基)酯(BMPP)等。	乳化剂类食品添加剂、使用乳化剂的其他类食品添加剂或食品等。

这里提到了 48 大类非食用物质,在现实中估计不止这么多。一些工厂在经济利益的驱动下,可能会滥加非食用物质,如果监管不到位,很容易流入市场。如果非食用物质是"黑名单"上的物质还好,可以检测。如果不是呢?检测和分析会很难,因为可以添加的物质太多了。即使知道了添加的物质,也不一定能够检测出来,因为检测需要方法和设备。因此,这一类的危害也属于看不见的危害,非常可怕,往往比其他类型看不见的危害更可怕,由于这是未知的。

从这个意义上讲,食品真的是一项浩大的"良心"工程。从业人员的行为素养、道德品质、管理者意识以及同理心都将影响食品质量的好坏、食品的安全。

5.2.5 看不见的危害之微生物

微生物超标很麻烦,为什么?因为微生物"个"太小,看不见也摸不着,而且最让人头疼的是要通过检测才能知道结果,检测的时间还不是一个小时、两个小时,而是 24 小时、48 小时,甚至更长。微生物,它总是悄悄地来,但是它不会悄悄地走。

我们经常可以在各种媒体中看见食品微生物超标的报道。

① 据 2012 年 10 月 11 日《中国质量万里行》报道,湖南省质监局 2012 年 1~6 月对 7 大类重点食品共抽查 4022 批次,平均合格率为 93.17%,在不合格的 311 批次食品中,微生物超标占比达 39.5%。

② 据 2014 年 12 月 17 日大众日报报道,山东省食药监局在近期食品安全监督抽检

6082 批次食品中，合格率为 96.76%，在发现的 197 批次不合格产品，多为微生物超标。

③ 据 2015 年 4 月 22 日广州日报报道，广州食药监局在 2015 年第一季度食品抽检的 2643 批次食品中，合格 2573 批次，70 批次不合格，其中因微生物指标超标不合格占 30 种，达 42.9%。

④ 据 2016 年 5 月 8 日新华网报道，广西食药监局 2016 年 4 月在对 19 类 845 批次食品样品抽检中，检验合格的样品 829 批次，不合格样品 16 批次，其中一般微生物超标占比总不合格的 43.75%。

⑤ 2017 年 7 月 17 日，山西省食药监局公布第 24 期食品抽检了 9 大类 56 批次样品，共检出 4 批次不合格，其中有 3 批次为微生物超标。

一听到微生物，大家便条件反射地讨厌它，恨不得自己吃的东西一个微生物都没有，近乎微生物"真空"的状态。但这是不可能的，在马路边光洁的鹅卵石上微生物就有很多，在用洗洁精清洗过的水果表面微生物也有不少，估计只有在特定的消毒液里面找不到微生物的影子。

其实，产品都有质量指标，在我国的食品安全国家标准中，微生物指标分为菌落总数（或称细菌总数）、大肠菌群、霉菌、酵母菌和致病菌。其实，食品中细菌总数少一些或者多一些并不意味着人一旦食用了这类食物就不会或者会对人体的健康造成危害。从这个角度讲，在新闻报道中经常被提到细菌总数超标几十倍、几百倍和几千倍是没有太多意义的。在这几类微生物里面，致病菌（例如，沙门氏菌、单核细胞增生李斯特氏菌、金黄色葡萄球菌、大肠埃希氏菌 O157：H7、副溶血性弧菌等）才是食品安全的杀手，它才是造成食源性疾病的"罪魁祸首"。一般说来，在我国食品安全国家标准中，对于直接入口的即食品（Ready-to-Eat，RTE），除金黄色葡萄球菌外，其他均不得检出。

食品生产企业，最怕出现批量性不良的微生物超标事件，一旦微生物超标了，都不允许复测。因此，作为食品生产企业的每一个人，从操作工，到班组长，到主管，到经理，甚至总经理，都必须清楚地认识到微生物，特别是致病菌对产品质量和食品安全的影响，并在工作中的每一个细节去关注、去预防，才有可能把食品的微生物管理好、控制住。

5.3 HACCP 小组成员

ISO 22000 和 HACCP 都是一个体系，都需要有人来完成，这些人组成的团队我们称之为食品安全小组或 HACCP 小组。有人认为应该叫食品安全小组，因为这是食品安全管理体系；有人认为应该叫 HACCP 小组，因为这是 HACCP 体系。个人认为，叫什么名字无所谓，只要把该做的事情做好就行。在这里，我们就暂且称之为 HACCP 小组。

那么，HACCP 小组应该包括哪些人呢？有些公司把看门的大爷都列入 HACCP 小组，因为他可以防止坏蛋进去，特别是三更半夜的时候。确实，公司每个人都是公司请过来的，都需要付工资，都很重要，但是这个员工有没有重要到对食品安全起关键性作用呢？这就需要打一个大大的问号。

在本书第 5.2.1 节说到，要从两个源头和三个方面进行危害分析。从这里，我们就可以知道一个有效的 HACCP 小组应该包括哪些成员。

一是研发人员。研发是最重要的。一个产品实现工业化生产前，研发人员必然经过很多次试验，诸如实验室阶段的测试、生产线上的小试和中试，到最后的试生产，无不凝聚着他们大量的心血。因此，研发人员应该是对这个产品生产所使用的原辅料、在生产过程中会出现的问题以及可能存在的危害都是最熟悉的。通常研发人员都是 HACCP 小组的核心力量，若有可能，研发人员可以任命为 HACCP 小组组长。

二是生产人员。生产人员天天在生产第一现场，对车间的环境、生产用的设备以及加工的方法都是最熟悉的。他作为 HACCP 小组成员之一，是必然的。如果没有生产人员的参与，估计很难了解产品生产的各个环节，特别是有些危害要很长时间才偶尔出现一次就更难发现。

三是维修人员。前面说过，要从两个源头和三个方面做危害分析，其中的一个源头就是加工过程中使用的设备，设备在生产过程中起着非常关键的作用。维修人员对设备的"脾气秉性"是最了解的，有些经验丰富的维修师傅往往通过声音就能辨别设备是否处在正常运转中，还有些人不到现场就能知道设备故障的问题出在哪里，这些靠的是良好的专业素养和平时经验的积累。因此，在 HACCP 小组中必须留一个位置给维修人员，这个人可以是维修主管，也可以是岗位上的维修工。

四是质保人员。质保人员，就是我们常说的品管，他对体系比较了解，可以把生产、研发和维修等不同部门人员串联起来。他能够给大家分析 HACCP 的原理，指导小组成员一步步地完成 HACCP 计划的编制。因此，质保主任或者质保部经理也是 HACCP 小组组长比较合适的人选。

五是微生物专业人员。生物性危害是三大危害之一。生物性危害看不见摸不着，但是它一旦产生，其危害的严重程度以及对公司品牌的负面影响巨大。因此，在 HACCP 小组中必须要有微生物专业人员，在进行危害分析的时候，他可以识别过程中可能存在的微生物风险，解释如何有效地防止微生物污染事件发生。

从上面的分析可以看出，一个有效的 HACCP 小组要包括研发、生产、维修、质保和微生物专业人员。换句话说，没有这五类人，HACCP 计划是不完善的，在进行危害分析时容易出现这样或者那样的问题。HACCP 小组成员不需要太多，多了往往很难凑在一起。上面提及的五个部门的人都是和生产息息相关的，基本上可以随叫随到，应该可以把 HACCP 扛起来。

有人说，我公司的 HACCP 小组成员都是各部门的主管，组长是总经理，阵容很强大，但 HACCP 小组不在于成员在公司的级别有多高，而在于能不能及时、有效地解决出现的食品安全问题，如果不能，那就没有什么作用。

(1) HACCP 小组成员不要求都是部门主管

如果 HACCP 小组成员都是部门主管，那么谁来做事？部门领导通常是指派另外一个人去做，他们之间需要传递信息，这样不可避免地降低交流的效率。作为部门主管，或公司高层领导，在需要的时候给予充分的资源和必要的支持就够了。HACCP 小组成员有很多事情需要做，所以个人还是倾向于由基层管理人员或者是岗位员工担当。这样，有问题需要商讨的时候，招之即来，来了就能干活，问题一出现就能迅速被解决，不至于产生更大危害。

(2) 产品线较多时，可以按线别设置小小组

有些公司很大，产品线很多，怎么办？设置一个小组，显然是不合理的。个人建议，首先可以在公司层面设置一个 HACCP 小组，小组由总经理或者质量部经理来领导。然后按照生产线再分设各产品的 HACCP 小小组，这个 HACCP 小小组可以以产品线来命名或者编号，例如 HACCP-1 小组、HACCP-2 小组等。这些小小组可以由负责该生产线的现场品管来负责。最后，各小小组按照上面提及的要求，建立自己的团队，必须确保团队里面的每一个成员都能承担相应的职责，让这个小小组真正地运转起来。

(3) HACCP 培训由组长到组员再到操作工

HACCP 小组的培训是非常必要的。培训包括三个层面：HACCP 小组成员的培训、HACCP 涉及的相关岗位员工的培训和其他员工的培训。HACCP 小组成员可以由外部机构进行培训，或者 HACCP 小组组长先到外部接受培训，然后再对小组成员进行培训，要确保小组中的每一个成员都能了解 HACCP 的最新动态。接受了 HACCP 培训的小组成员，必须对其所在部门的其他人员进行培训。对于涉及 HACCP 岗位的人员，建议由隶属于质量部的 HACCP 小组成员进行培训，并经过书面考核，以确保其完全知悉其岗位 HACCP 的相关操作。

5.4 原料、辅料和产品接触材料的特性描述

在 ISO 22000 标准中，要求"应在文件中对所有原料、辅料和产品接触材料予以描述，其详略程度应足以实施危害分析"。只有在文件中对所有原料、辅料和产品接触材料的特性描述清楚，知道它们通过什么材料用什么工艺在什么地方如何制备的，符合什么标准等，才可能顺利进行危害分析。

然而，很多人不以为然，认为自己对原料很熟悉，随便写写就能达到要求，其实，并不是这样！你再熟悉再精通，也会有遗漏的时候。有些人在做原辅料特性描述的时候，要描述的项目往往很不全面，不足以实施危害分析。

该如何对原料、辅料和产品接触材料的特性进行描述呢？编者认为，应该严格按照 ISO 22000 第 7.3.3.1 条款来操作。现简单概述如下。

① 化学、生物和物理特性　本书第 5.2.1 节说到的"两个源头＋三个方面"中的三个方面：物理性、化学性和生物性危害，和这条互相呼应。一般说来，这三个特性会在产品标准，例如国家标准、行业标准中体现出来，只要摘录即可。通过对产品标准的学习，相信对这个物料会存在哪些方面的危害就非常清楚了。

这里需要特别强调的是，没有必要将产品标准中所有的理化和微生物指标全部摘录到化学、生物和物理特性中，而是要重点关注可能存在的危害，特别是前面提到的看不见的危害。

② 辅料的配制组成，包括添加剂和加工助剂　对即将使用的物料，要了解它在生产的过程中加了哪些配料和辅料，用过哪些添加剂或者加工助剂。换一句话说，你要知道它的"前世今生"。有人会说，我对要使用的原物料是用什么材料做出来的，不是很清楚，怎么办？不清楚，可以咨询供应商，也可以去现场审核，必须确保对所用的所有物料都很清楚。

③ 产地　产地是一个很大的范畴。产地对产品质量的影响很大，特别是农产品，2008年开始实施的农产品地理标志就是一个很好的佐证。一个地方种植或者生产出来的产品和另一个地方种植和生产出来的产品在口感、成分等特性上有着显著区别。我们知道，产品加工的方法固然重要，但是原物料产地的环境，包括土壤、水和空气等因素同样关键。因此，我们要非常清楚采购的原物料来源于哪里，国内还是国外，具体哪个城市，哪个区域，知道了这些，才能够评估其可能出现的潜在危害。

④ 生产方法　之前就说过，不同的加工方法产生的潜在危害不同。例如，牛肉是烤的、油炸的、煎的、炒的、煮的还是蒸的？维生素是化学合成的还是天然提取的？如何知道它的生产方法呢？有两种方法。第一，可以查阅这种材料执行的国家标准或者行业标准，在这些标准的"范围"里面，通常会有一句话来概述这个产品是怎么做的。例如，在《食品安全国家标准 食品添加剂 维生素A》（GB 14750—2010）"1 范围"就有这样一句话："本标准适用于以 β-紫罗兰酮为起始原料，经化学合成制得的食品添加剂维生素A。"第二，我们可以从供应商那里获得其产品加工的必要信息。

⑤ 包装和交付方式　物料到达企业时，用的是什么包装方式，袋装、箱装、桶装，还是散装？内袋是PE袋、铝箔袋还是编织袋？包装方式对在运输过程和储存中的产品的质量有较大影响。还有交付方式，是供应商自己送货上门还是我们到供应商那里去提货，或是委托第三方送货，是陆地运输，还是海运、空运，这些都必须要好好考虑。不同的交付方式会对产品质量产生潜在的影响。原物料在供应商那里包装完好，但是经过运输到达企业后，就变得很脏，有破包，有坍塌，这些可能都是由错误的交付方式造成的。

⑥ 储存条件和保质期　储存条件直接影响着保质期。物料该如何储存，是没有温湿度要求，还是必须低温储存，是必须完全避光还是对光线没有要求等都需要深入了解。一般说来，在产品的外包装上都会标识出物料的储存要求和保质期，如果没有的话，去查找国家标准或者行业标准。如果两者都没有，企业可以根据产品的特性，制定出一个合理的保质期。

⑦ 在使用或生产前的预处理　就是说，物料在使用前需要怎么处理？例如，有些物料在使用前需要过筛，防止大颗粒物料影响最终产品的口感或者颗粒度；有些物料在使用前必须溶解，因为要确保物料在生产过程中混合均匀，以防影响终产品的质量。知道了物料在使用或生产前需要进行的预处理，也就能知道可以控制哪些危害，对后续的产品质量保证提供支持。

⑧ 与采购材料和辅料预期用途相适宜的有关食品安全的接收准则或规范　很多人把自己的企业标准放到这里，这是不充分的。这里谈及的接收准则或规范应该优先采用国家标准、行业标准或者国际标准等，而不是企业自己制定的原辅料接收标准。国家标准和行业标准考虑得比较全面，通常不会遗漏。

5.5　绘制HACCP流程图的七个注意事项

流程图（Flow diagram 或 Flow chart），通常用来说明一个过程。流程图很重要，在

ISO 22000:2005 第 7.3.5.1 款规定："流程图应为评价可能出现、增加或引入的食品安全危害提供基础。"如果没有流程图，HACCP 小组如何去讨论过程，如果去做危害分析，估计只能拍脑袋做决策了。

那么，要绘制清晰、准确和足够详尽的流程图应该注意什么呢？编者认为应该重点关注以下七个方面。

(1) 流程图要体现专业性

有经验的审核老师，在拿到公司提供的流程图的那一刻，就知道这家公司的水平怎么样，通过流程图可以推断或者想象他们的现场管理是不及格、及格、良好还是优秀。在最常见的流程图（如图 13）上自始至终只有两种符号：长方形的方框和箭头。有人说，这能满足工艺需求吗？是的，可以满足一般的需求，但是无法满足 HACCP 流程图的要求：清晰、准确和足够详尽。

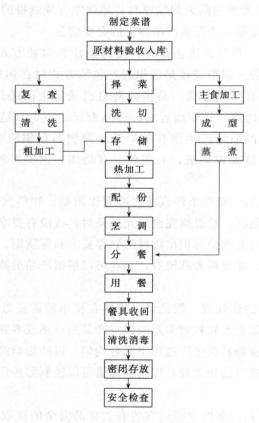

图 13　最常见的流程图

流程图上的图形是有严格要求的（如图 14），不是你想用什么形状就用什么形状，更不能全都使用长方形。能运用不同的符号，说明你对过程很熟悉，让外人觉得你很专业。

既然不同的符号有不一样的意义，那么我们应该怎样去绘制流程图呢？现在依靠一些简单的软件，画出来的流程图既专业，又显得美观。有些人擅长用 Word 或者 Excel 软件，那么就打开 Word 或者 Excel 软件，按照图 15 找到流程图（Flow chart），这里面显示的形状也是常用的 28 种，和前一幅图中的数量是一样多的，如图 15。

	过程		内部储存		手动输入		资料带
	可选过程		文档		手动操作		汇总连接
	决策		多文档		联系		或者
	数据		终止		离页连接符		对照
	预定义过程		准备		卡片		排序
	摘录		合并		库存数据		延期
	顺序访问储存器		磁盘		直接访问储存器		显示

图 14　不同图形代表的意义

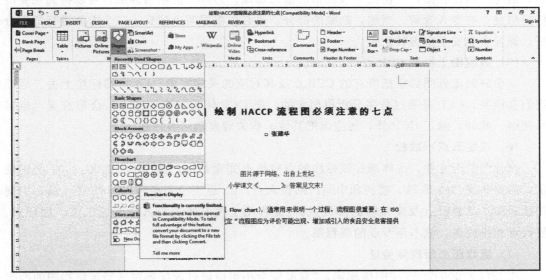

图 15　在 Word 中如何绘制流程图

（2）辅助工艺需要绘制流程图

这里谈及的流程图，可能很多人简单理解为工艺流程图，这是很片面的。看看 ISO 22000:2005 是怎么说的，"应绘制食品安全管理体系所覆盖产品或过程类别的流程图。"流程图应覆盖整个食品安全管理体系。比如，在生产过程中用到水（不论是纯化水，还是去离子水或者软化水等）、气（例如压缩空气、氮气等）等的辅助过程，只要和产品相关，会对食品安全有潜在的影响，就必须对这些辅助过程的流程进行识别并按照要求绘制流程图。

（3）在流程图中给工序编个号

我们能看到的流程图都非常简单，当有些工序操作相同的时候，怎么办？最好的做法是给每个工序编一个唯一的号码，例如从 01 开始，一直到 99，如果不够用的话，可以用三位数。这也就是说，如果一个产品在生产过程中用到了三次结晶，第一次结晶可能是"08结晶"，第二次结晶可能是"26结晶"，第三次结晶可能是"39结晶"。每一个工序都是唯一的，我们说第三次结晶的时候只要讲第39步就可以了，简单明了，不会造成混淆。

编号还有助于后续对过程的危害分析。我们知道，过程分析就是基于流程图，每一道工序每一个步骤都需要涉及，所以把每个工序对应的编号填入危害分析表格中，这样分析的时候就非常清晰，不至于前后混乱。

若有可能，可以将一些重要设备的编号（位号）列入流程图中。例如车间有三个结晶釜，把每个釜的编号都填入流程图中，以方便后续的危害分析。这样做有一个好处，如果现场设备变更了，增加或者减少设备，很容易发现不一致。

（4）机密工序适当做隐藏

有些人很担心，我的流程图画得这么专业，这么详细，我的工艺岂不是泄漏了吗？的确如此！从一份好的流程图，可以获得想要的任何信息。对于这样的情况，唯一的办法是，制定两份流程图，一份把一些机密的信息隐藏，另外一份相当详细，可以得到想要的任何信息，有专人管理。当然，隐藏的部分，也必须根据两个源头+三个方面进行危害分析，确保食品安全危害被识别。

（5）流程图上标注 CCP 点

一份好的流程图必须把所有的 CCP 点及其对应的关键限值（CL）都标注上去。后面我们会谈及，CCP 是通过危害分析得出来的，把 CCP 体现在流程图上，会很直观，也容易理解。此外，除了 CCP 外，还应该把其他一些关键参数同时标注。

（6）咬定五点不放松

流程图是否专业，也体现在该标注的点有没有完全标注。在 ISO 22000:2005 明确规定，需要体现"c）原料、辅料和中间产品投入点；d）返工点和循环点；e）终产品、中间产品和副产品放行点及废弃物的排放点。"流程图上没有体现投入点、返工点、循环点、放行点和排放点，就不是专业的流程图。

（7）流程图必须现场验证

在 ISO 22000:2005 中明确规定，"食品安全小组应通过现场核对来验证流程图的准确性。经过验证的流程图应作为记录予以保持。"至于怎么进行现场验证，方式很多。有一些公司，拿一张表，让 HACCP 小组全体成员都签个字，就说这是现场验证。这绝对不是现场验证，因为这些人都没有到现场，怎么去现场核对呢？充其量只能说这是会签，没有任何意义。

真正的现场验证应该是 HACCP 小组成员至少两个人，例如张三和李四拿着现行版的流程图到达生产现场，按照流程图上的工序一步一步地核对，看看图上画的和现场存在的是不是完全吻合，有没有多或少，一点都不能遗漏。现场核对之后，验证人张三和李四都需要在那个流程图上签署名字和验证的日期。现场确认过的流程图就是经过验证的，那份被划过被涂改的流程图可以保存作为验证记录。HACCP 小组要根据现场验证的结果，更新流程图。至于流程图验证的频次，建议做到每半年一次。如果流程图都跟现场不一致，那么后续基于流程图做的危害分析只能是闭门造车，自说自话罢了。

5.6 HACCP 的七大原理

在第 5.1 节我们提到 HACCP 的"七大原理十二个步骤",它们具体是什么呢? 这里说的七大原理,确切来说,也就是七个步骤,就是建立 HACCP 必须完成的步骤。

(1) 进行危害分析 (HA)

前面讲过,要从两个源头和三个方面列出所有可能出现的问题,确定潜在的危害在终产品中是否显著。

显著危害是指有可能发生,若不加控制,将导致消费者不可接受的健康风险。危害是否显著取决于危害在终产品中发生的可能性和产生不良健康后果的严重性。可能性是指每年、每季度、每月还是每天甚至每小时、每分钟都可能发生,抑或数十年、上百年都不会发生;严重性表现在一旦摄入是否身体出现不良症状,出现的不良症状呈现急性还是慢性,甚至是否会出现生命衰竭甚至死亡。

(2) 确定关键控制点 (CCP)

关键控制点是指能够实施控制,并且该控制对防止、消除某一显著危害或将其降低到可接受水平所必需的某一加工点、步骤或工序,可通过 CCP 判断树来判定其是否属于 CCP。例如调节低酸性罐头食品 pH 值至 4.6~7.0,以防止病原体在产品中的滋长;通过高温烘烤杀死寄生虫,消除寄生虫对产品的危害;产品通过金属探测器,使可能出现的金属异物危害降低到可接受程度,即比标准测试块的金属粒直径要小的金属。

(3) 建立关键限值 (CL)

关键限值是区分可接受和不可接受的判定值。关键限值必须要有严谨的数据支持,可源于公认的惯例、科学期刊、法规性指南、专家和行业权威等信息,也可以通过企业自身的实验或者对历史数据的分析得出。

此外,关键限值必须是在线可测量的、具有可操作性的,且易于监测的,因此不能将微生物指标作为关键限值。因为要想知道控制点的微生物结果是否超出关键限值,检测需要几天时间,微生物检测的滞后性可能导致潜在不合格产品增多。通常,可以考虑将温度、pH 值、水分活度、压强、时间等作为关键控制限值。

(4) 对关键控制点进行监控

确定了关键控制点,也建立了关键限值,接下来要做的事情就是对关键控制点进行监控。其实监控就是执行计划好的一系列观察或测量,从而评价关键控制点是否受控,是否超出关键限值,并做准确的记录供审核时查阅。监控必须清楚:监控什么(对象)、怎么监控(方法)、多久一次(频次)、谁去做(负责人)及谁行使监督(审核人)。

(5) 建立纠正行动

当关键限值发生偏离时,要采取纠正行动。纠正行动包括两个方面:纠正或消除产生偏差的原因使加工恢复控制;确定在加工出现偏差时所生产的产品,并确定这些产品的处理方法。例如,某工序温度作为 CCP,其关键限值为 55~60℃,若监控发现温度为 52℃,那么首先必须调整温度,把蒸汽阀加大,让温度重新回到 55~60℃,同时要将上一次监控合格,即温度在关键限值内至本次温度值超出关键限值的产品隔离,并按照潜在不合格品进行处理。

(6) 建立验证程序

这里,我们需要明白两个概念:确认和验证。

确认(Validation)是指获取证据以证实由 HACCP 计划和操作性前提方案安排的控制措施有效。确认,在 HACCP 运行前或者变更后进行,更侧重于文件的符合性,即文件是否符合现状,是否涵盖了所有控制要素。我们经常会说"我要确认一下""双方确认签字",也都包含这层意思。

验证(Verification)是指通过提供客观证据对规定要求已得到满足的认定。验证,在 HACCP 运行中和运行后进行,目的是为了证实实际的运作是否达到了预期的控制水平或要求,更侧重于文件的执行性,即文件是否执行到位,是否存在文件上规定的(写的)与实际实施的(做的)不一致。

验证主要体现在两点:CCP 的验证和 HACCP 计划验证。

CCP 的验证包括每日 CCP 记录检查和设备功能复查,纠正措施的执行;有针对性的取样和检测;监控设备的校准。而 HACCP 计划验证包括检查执行行为和程序规定与 HACCP 的一致性;回顾记录以确定任何趋势,寻找根本原因,可以通过内部审核或第三方的审核实现。

(7) 建立文件保存体系

HACCP 是一个体系,所有与该体系有关的文件和记录都必须保存,包括 GMP(良好操作规范)和 SSOP(标准卫生操作规范)等支持性文件及记录、HACCP 方案和制定方案时所采用的参考文献、CCP 监控记录、纠正措施记录、内外部审核记录。

5.7 HACCP 计划和操作性前提方案

HACCP 计划和操作性前提方案(OPRP)就像兄弟俩,在 HACCP 体系中发挥着重要的作用。

5.7.1 HACCP 计划

在 ISO 22000:2005 第 7.6.1 条对 HACCP 计划的建立做出了详细规定。为了方便起见,我们将此处的 HACCP 计划习惯上称为 CCP。

根据 ISO 22000:2005 第 7.6.1 条的要求,一份完整的 HACCP 计划应该包括如下七个方面。

(1) 关键控制点所控制的食品安全危害

根据 ISO 22000:2005 的定义,关键控制点指的是"能够进行控制,并且该控制对防止、消除某一食品安全危害或将其降低到可接受水平所必需的某一步骤。"和 OPRP 控制的食品安全危害一样,这个 HACCP 计划表也是用来控制不可接受的(显著的或者大的)危害。

(2) 控制措施

对于已经识别出来的显著性的食品安全危害,必须要有充分的措施来加以控制。这里说的控制措施可以是单个的，也可以是多个的（控制措施组合）。

(3) 关键限值

在 OPRP 中没有这一项，这是 CCP 特有的。根据 ISO 22000：2005 的定义，关键限值指的是区分可接受和不可接受的判定值。对于关键限值，需要注意以下五点。

① 关键限值应是可测量的　关键限值可以是时间、速率、温度、压力、真空度、水分、水分活度、pH、盐分等。这些参数都是可以用监测设备直接测量的。对于不可测量的关键限值，例如筛网完好无破损、无异味等，在 ISO 22000 第 7.6.3 条款有明确要求："基于主观信息（如对产品、加工过程、处置等的视觉检验）的关键限值，应有指导书、规范和（或）教育及培训的支持。"个人不建议使用不可测量的参数作为关键限值，因为存在很大的主观性。

② 没有必要设置操作限值　在《危害分析与关键控制点体系食品生产企业通用要求》(GB/T 27341—2009) 中提及操作限值，是"为了避免监控指数偏离关键限值而制定的操作指标"。个人认为，本着简单、有效、增值的原则，完全没有必要设置操作限值。企业只要按照要求把关键限值控制好，就够了。多了，反而容易造成困惑，让人混淆。

③ 关键限值不等同于工艺指标　有人说，我的关键限值就是工艺指标，工艺指标就是关键限值，这种理解是错误的！关键限值不是工艺指标，工艺指标也不一定是关键限值。可以这么说，关键限值可能隶属于工艺指标的一部分，或者说是工艺指标最核心最严格的部位。因为我们知道，过程中工艺指标超标了，产品可能还是合格的；但是一旦关键限值超标了，产品就是（潜在）不合格的了，这就是最大的区别！反过来说，如果关键限值超标了，产品还是合格的，说明这个关键限值设置得不合理、不科学、不正确。

④ 用于监测关键限值的设备必须经第三方检定　在 ISO 22000：2005 第 7.6.4 条"关键控制点的监视系统"指出："对每个关键控制点应建立监视系统，以证实关键控制点处于受控状态"，其后再次强调需采用"适用的校准方法"；在第 7.10.1 条明确规定："超出关键限值的条件下生产的产品是潜在不安全产品，应按 7.10.3 进行处置。"试想，如果用于检测关键限值的计量器具，例如温度计、压力表、pH 计、水分仪等没有经过第三方的强制检定，出现了不可接受的偏差，已经超出了关键限值，产品超标了但是没能被及时发现，该怎么办？这必将是一个很严重的问题。

⑤ 关键限值应该是可以在线直接测量的　第一条说到关键限值应是可测量的，这条还不够。例如，微生物指标也是可以测量的，但是以它作为关键限值就是不对的。我们知道，微生物检测有滞后性，从取样到检测再到出结果需要一天、两天，甚至三四天，这个时候产品都已经做出来了，出结果有什么用呢？完全背离了 HACCP "预防型"的精髓。

(4) 监视程序

需要明确地告知，谁什么时间需要用什么方法隔多长时间去监控一次，然后由谁复核。这样做的目的是确保 HACCP 计划被百分之百执行，而不是流于形式。

(5) 当超出关键限值时，应采取的纠正和纠正措施

在监控的时候发现超标，该怎么办？在 ISO 22000 第 7.6.5 条"监视结果超出关键限值时采取的措施"是这样说的，"应在 HACCP 计划中规定超出关键限值时所采取的策划的纠正和纠正措施。这些措施应确保查明不符合的原因，使关键控制点控制的参数恢复受控，并防止再次发生。"条款比较拗口，很难懂。可以这样理解，关键限值超标了，要做两件事情：第一，把偏离的关键限值"扭转"过来，使它回到正确的轨道上；第二，必须对之前在偏离正常关键限值轨道下生产的产品进行隔离处理。

(6) 职责和权限

需要规定每个人该做什么，由谁检查，由谁复核。这里需要指出两点：第一，因为是用来控制显著危害，所以建议检查和复核双方来自不同职能部门的成员，便于相互监管；第二，对监控 CCP 的相关人员，包括岗位员工和复核人都必须经过培训，他们必须完全熟悉该岗位 CCP 的所有内容。

(7) 监视的记录

本 HACCP 计划表相关的记录都需要存档，以方便后续 HACCP 计划回顾分析、异常时的原因调查以及内外部检查或者审核时的证据查阅。

这里需要指出的是，因为 HACCP 计划表是整个 HACCP 体系的精髓，也是关键所在。因此，一般在建立 HACCP 计划表的基础上还要制定一份详细的 HACCP 计划操作指导书，让每一个人都清楚地知道每一步该做什么，出现了问题又该如何处理。只有这样，才能保证出现异常时，过程和产品能第一时间得到控制，以降低质量损失和对食品安全的影响。

5.7.2 操作性前提方案

对于前提方案（PRP），已经在本书第 3.1 节做了概括性阐述，那么，OPRP 又是什么呢？

OPRP 是"操作性前提方案"英文"operational prerequisite program"或"operational PRP"的字母缩写，在 ISO 22000：2005 中对它是这样定义的："为控制食品安全危害在产品或产品加工环境中引入和（或）污染或扩散的可能性，通过危害分析确定的必不可少的前提方案。"从这个定义，我们可以得出两个重要的信息：第一，OPRP 是通过危害分析确定的；第二，OPRP 是前提方案的一部分。用数学语言可以这样表述："操作性前提方案（OPRP）∈ 前提方案（PRP）"。了解这两点很重要，下面我们就来讲讲怎样建立操作性前提方案（OPRP）。

根据 ISO 22000：2005 第 7.5 条的要求，一份完整的 OPRP 应该包括如下六个方面。

① 由每个方案控制的食品安全危害　上面谈及，OPRP 是通过危害分析确定的必不可少的前提方案。本书第 5.2.1 节讲过，要从两个源头＋三个方面进行危害分析。分析之后肯定有结果，用专业的话讲，叫"输出"。HACCP 小组应该根据食品安全危害在终产品中发生的可能性和造成不良健康后果的严重性对食品安全危害进行评估，以确定哪些危

害是不可接受的（显著的或者大的），哪些危害是可接受的（不显著或者小的）。对于前者，可以通过 OPRP 和上一小节讲到的 HACCP 计划来控制。

② 控制措施　既然已经评价出来是危害，就必须要采取措施加以控制，这就是控制措施。通过适当的控制措施，可以使这个食品安全危害得到预防、消除或者降低到规定的可以接受的水平。

③ 监视程序，以证实实施了操作性前提方案　接上一步，有了控制措施，要有充分的证据证明这项控制措施或者控制措施组合确确实实是被认认真真做了。没有做，那就是一句空话。例如，规定要检测玉米淀粉二氧化硫残留量，必须规定谁在哪里怎么取样如何检测等诸方面。因此，在此监视程序里面需要明确由谁来监控，监控什么，用什么方法，多久监控一次等。

④ 当监视显示操作性前提方案失控时，所采取的纠正和纠正措施　如果监控发现已经超标，偏离了原定的"航线"，即我们常说的出现"偏差"，那么相关的人该怎么做？必须采取哪些措施？这要包括"就事论事"的纠正和必须找到"根本原因，对症下药"的纠正措施。

⑤ 职责和权限　在这个方案中必须详细规定每个人该做什么，出现了偏差又该做什么。谁检查，谁负责复核。只有各尽其职，才能够确保控制能有效进行。

⑥ 监视的记录　这个过程的记录需要保持，以确定你是实实在在、不折不扣地做了，为今后出现异常情况进行调查提供支持，为后续体系审核提供依据。

5.7.3　OPRP 和 CCP 的异同

OPRP 和 CCP 存在哪些方面的异同点呢？

(1) 相同点

在做 HACCP 时，从两个源头＋三个方面做危害分析，以确定显著性的食品安全危害。对于显著性的食品安全危害，有两种措施加以控制：OPRP 和 CCP。因此，OPRP 和 CCP 的目的是一样的，都是用来控制显著危害，这是相同点。这点从 ISO 22000：2005 中对 OPRP 的定义可以看出："为控制食品安全危害在产品或产品加工环境中引入和（或）污染或扩散的可能性，通过危害分析确定的必不可少的前提方案。"而在 7.6.1 "HACCP 计划"中也指出"该关键控制点所控制的食品安全危害"。

(2) 不同点

① CCP 比 OPRP 多出一个项目——关键限值（CL）　在 ISO 22000 7.5 "操作性前提方案（PRPs）的建立"和 7.6.1 "HACCP 计划"规定了 OPRP 和 CCP 应该包含的内容，对比见表 12。

表 12　ISO 22000 中 OPRP 和 CCP 所含项目对比

序号	OPRP	HACCP 计划表(CCP)
1	由每个方案控制的食品安全危害	该关键控制点所控制的食品安全危害
2	控制措施	控制措施
3	—	关键限值

续表

序号	OPRP	HACCP 计划表（CCP）
4	监视程序,以证实实施了操作性前提方案	监视程序
5	当监视显示操作性前提方案失控时,所采取的纠正和纠正措施	当超出关键限值时,应采取的纠正和纠正措施
6	职责和权限	职责和权限
7	监视的记录	监视的记录

② 超标时对产品处置方式不一样　ISO 22000 7.10"不符合控制"对 CCP 超标和 OPRP 超标做出了明确规定："超出关键限值的条件下生产的产品是潜在不安全产品，应按 7.10.3 进行处置。不符合操作性前提方案条件下生产的产品，评价时应考虑不符合原因和由此对食品安全造成的后果；必要时，按 7.10.3 进行处置。"换言之，CCP 的关键限值超标，产品就是不合格的；如果 OPRP 超标，产品有可能是合格的，也有可能是不合格的，必须经过评估确认。这也是为什么 CCP 相对重要的原因。

(3) CCP、OPRP 和 PRP 如何记忆？

我们现在对 HACCP 中的一些概念已经有所了解，但怎样才能真正理解并记忆它们呢？仅从文字的表述入手，有人会觉得比较难。这里举一个简单的例子供大家参考。在一个中国传统家庭里，有 5 个孩子，一个大儿子、三个女儿、一个小儿子。我们知道，作为传统家庭的父母往往最喜欢最疼爱小儿子，让他吃好的穿好的，不要让他生病。一旦他生病了，全家人都不开心不快乐。小儿子就相当于 HACCP 体系中的 CCP。CCP 是关键控制点，公司集中所有的人力、物力和财力来确保关键控制点能够得到控制，因为它"生病"了，产品就是潜在不安全的；其次，作为大儿子，当然也很重要，大儿子就相当于 OPRP；最后，5 个儿女都可以看作是 PRP，女儿也是家庭中的一分子。

这个例子也许不是很恰当，但是确实有助于理解 CCP、OPRP 和 PRP。

5.8　需要澄清关于 HACCP 的几个概念，分享几张重要表单

HACCP 体系涉及的知识面比较广，有些人对一些概念和重要表单认识不够。

5.8.1　澄清关于 HACCP 的几个概念

关于 HACCP，涉及很多概念，例如 HACCP 体系、HACCP、HACCP 计划等，该如何区分呢？对于一些初学者，可能会感到疑惑。在理清这些概念之前，我们先了解一下涉及 HACCP 的一些标准或者法规，然后再逐个解释。

(1) 与 HACCP 相关的标准和法规

1997 年，国际食品法典委员会（CAC）发布《食品卫生通则》[CAC/RCP1-1969，Rev. 3（1997）]，其附件为：Hazard analysis and critical control point（HACCP）system and guidelines for its application(《HACCP 体系及其应用指南》),该《食品卫生通则》在 1999 年做了修订。

2002 年 7 月 19 日原卫生部发布了《食品企业 HACCP 实施指南》(卫法监发〔2002〕174 号),以帮助食品企业提高食品安全管理水平,保证食品卫生质量。

2003 年,《食品卫生通则》及其附件《HACCP 体系及其应用指南》均被升版,编号变更为:CAC/RCP 1-1969,Rev. 4(2003)。

2004 年,我国等同采用(IDT)国际食品法典委员会(CAC)在 1997 年发布、1999 年修订的《食品卫生通则》附件——《HACCP 体系及其应用准则》(Annex to CAC/RCP 1-1969, Rev. 3(1997),Amd,1999),制定我国的国家标准——《危害分析与关键控制点(HACCP)体系及其应用指南》(GB/T 19538—2004),并于 2004 年 9 月 1 日实施。

2009 年 2 月 17 日原国家质检总局和国家标准化管理委员会发布《危害分析与关键控制点体系食品生产企业通用要求》(GB/T 27341—2009),并于当年 6 月 1 日实施。

(2) 两个易混淆的概念

① HACCP 体系(或直接称 HACCP)   HACCP 体系是一种科学、合理、针对食品生产加工过程进行过程控制的预防性体系,主要是按照五个初始步骤和七个原理系统性地确定具体危害及其控制措施,以保证食品安全。其着眼于预防而不是依靠终产品的检验来保证食品的安全。

② HACCP 计划表   根据《危害分析与关键控制点(HACCP)体系及其应用指南》(GB/T 19538—2004),HACCP 计划(HACCP Plan)指的是根据 HACCP 原理所制定的,以确保食品链各环节中对食品安全有显著影响的危害得以控制的文件。在 ISO 22000:2005 第 7.6.1 条中称为 HACCP 计划(HACCP Plan)。

下面来看看 HACCP 计划的几种形态,不同的机构会有不同的称呼,如图 16~图 19 所示。

HACCP 计划							
步骤	危害	控制措施	关键控制点	关键限值	监控程序	纠正措施	记录

图 16   GB/T 19538—2004 中称之为"HACCP 计划"

				LIST			
Step	Hazard(s)	Control Measure(s)	CCPs	Critical Limit(s)	Monitoring Procedure(s)	Corrective Action(s)	Record(s)

图 17　CAC/RCP 1-1969，Rev.4 (2003)英文版称之为"LIST"

			危害分析工作表				
加工步骤	危害	控制措施	关键控制点	关键控制限度	监控程序	纠错行动	记录

图 18　某机构翻译的 CAC/RCP 1-1969，REV.4-2003 附件称之为"危害分析工作表"

HACCP 计划表

产品运输方式：_____　　预期用途：_____

销售方式：_____　　商品名称：_____

1 CCP	2 危害	3 关键限值	4	5	6	7	8 纠偏行动	9 记录	10 验证
			监控						
			对象	方法	频率	人员			

图 19　卫法监发〔2002〕174 号称之为"HACCP 计划表"

其实,不论叫 HACCP 计划、LIST、危害分析工作表或者 HACCP 计划表,我们都知道它指的就是制定 HACCP 计划的那张表格。笔者更倾向称之为 HACCP 计划表(习惯称为 CCP 控制表或者 CCP),而做 HACCP 体系必需的"五个初始步骤和七个原理"一系列文件则可称之为"HACCP 计划书"。

5.8.2 关于 HACCP 计划编制的几张重要表单

然而,很多人即使接受了大量的培训,对 HACCP 也不知道该如何下手。针对这个问题,根据笔者多年来的经验,编制出制定 HACCP 计划要用到的六张表,见表 13~表 18。

表 13 原料、辅料(含加工助剂)和产品接触材料(含包装材料)特性描述

原料、辅料和产品接触材料名称	
1)化学、生物和物理特性	
2)配制辅料的组成,包括添加剂和加工助剂	
3)产地	
4)生产方法	
5)包装和交付方式	
6)储存条件和保质期	
7)使用或生产前的预处理	
8)与采购材料和辅料预期用途相适宜的有关食品安全的接收准则或规范	

表 14 终产品特性描述

终产品名称	
1)产品名称或类似标识	
2)成分	
3)与食品安全有关的化学、生物和物理特性	
4)预期的保质期和储存条件	
5)包装	
6)与食品安全有关的标识,和(或)处理、制备及使用的说明书	
7)分销方式	

表 15 原料、辅料(含加工助剂)和产品接触材料(含包装材料)危害分析工作单

品名	(问题 1) 有没有会对消费者健康造成不良后果的潜在危害?	危害评估			做出左侧判断的依据是什么	(问题 2) 该显著危害可以在加工过程中或者消费者使用前消除?	(问题 3) 该危害不控制是否会对其他产品造成潜在交叉污染?	是否为敏感性物料?	危害控制措施 (PRP/OPRP)
		造成不良健康后果的严重性 (1→4)	发生的可能性 (1→4)	风险水平					
物理性:									
化学性:									
生物性:									

续表

品名	(问题1) 有没有会对消费者健康造成不良后果的潜在危害?	危害评估 造成不良健康后果的严重性 (1→5)	发生的可能性 (1→5)	风险水平	做出左侧判断的依据是什么	(问题2) 该显著危害可不可以在加工过程中或者消费者使用前消除?	(问题3) 该危害不控制是否会对其他产品造成潜在交叉污染?	是否为敏感性物料?	危害控制措施 (PRP/OPRP)
物理性:									
化学性:									
生物性:									

表16 加工过程危害分析工作单

加工步骤	在此步骤是否有潜在危害介入、增强或需在此受控	此危害来源于	危害评估 造成不良健康后果的严重性 (1→5)	发生的可能性 (1→5)	风险水平	潜在风险是否可接受	控制措施 控制参数	措施评价	措施分类 (PRP/OPRP/CCP)
	物理性:								
	化学性:								
	生物性:								
	物理性:								
	化学性:								
	生物性:								

表17 HACCP计划表（CCP）

关键控制点所在的工序或者步骤	控制的食品安全危害（显著危害）	关键限值	监控 活动 (监控什么?)	方法 (怎么监控?)	频率 (多久监控一次?)	人员 (由谁来监控?)	纠偏行动	记录	验证

表18 操作性前提方案（OPRP）

控制的食品安全危害工序或者步骤	控制的食品安全危害（显著危害）	监控 活动 (监控什么?)	方法 (怎么监控?)	频率 (多久监控一次?)	人员 (由谁来监控?)	纠偏行动	记录	验证

好记性不如烂笔头！ 发现好东西，立马记下来！

随心所感(5)：_____

第6章

运营控制

这里说的运营不是指销售,而是指工厂管理,即从原物料进去到合格产品出来,每一个环节都需要管理。

6.1 特殊订单必须经过评审,为什么?

收到客户发来的订单,一般说来,都会很兴奋。但是,兴奋之余,我们应认真思考,客户下的这个订单是不是特殊的订单:特殊的产品规格、特殊的交货期限、特殊的包装方式。

特殊订单因其特殊性,在价格方面往往更有诱惑力。然而,如果没有相应生产能力,这个诱惑力对企业而言,就是陷阱;如果有这个能力,它就会带来净利润。

传统的制造业往往生产单一规格品种,因为这样可以实现规模化生产,管理过程比较简单,成本较低。随着社会的不断发展,原来传统规格的产品在很大程度上已经不能满足个性化的需求,这是为什么越来越多的企业开始做私人定制,开始提供个性化服务/解决方案的原因。要提供私人定制或个性化的解决方案,必须要了解产品,同时要知道客户的真正需求。

对于生产型企业,在接到客户的特殊订单或非标的产品需求时,首先必须会同研发部、质量部和生产部人员讨论工厂有没有能力去做这个产品。如果能做,是不是需要增加额外的设备或原料,或不用增加任何设备,只需要通过工艺调整就可以解决。其次,要把确认的结果及时反馈给客户:能做,成本会增加多少,或者交货期会延长多久;不能做,告诉客户不能做的原因。

之所以这样做,主要有三方面的原因。

一是交不了货,影响交货期。特殊订单没有经过评审,可能最直接的影响就是交不了货。也许,客户正等着你提供的原材料准备开始生产,如果这个时候交不了货,造成的损失谁来承担。特殊订单,正因为其特殊性,客户要找到供应商也比较难,如果你接单后提供的物料不能满足要求,那么客户又得重新花时间去寻找。因此,对特殊订单进行评审显得格外重要。

二是交不了货,影响信誉。客户要的东西最后无法交付,这是很难为情的一件事情。或许因为这件事情,客户会耿耿于怀。你本来是站在客户的角度,想帮他一次,但没有想到帮了倒忙。现在这个社会,信誉越来越重要。为什么一些公司没有回头客,就是因为不讲信誉,答应的事情没有兑现。信誉是金,一点不假,就像做人一样,人失去了信誉,就像没有了灵魂一样。从这个层面讲，对于特殊订单，没有那金刚钻，就别揽这瓷器活。

三是交不了货，影响感情。企业之间交往，就像人与人的交往一样，是存在感情的。然而，感情不是一朝一夕建立起来的，靠的是慢慢积累。企业在生产经营的过程中，会接触到越来越多的朋友，这些朋友，经常帮助企业渡过一个又一个的难关。但是，如果客户的一个特殊订单，因为没有经过评估贸然上马，最终交不了货，那么估计企业与客户之间的合作也到头了，甚至相互之间的感情会清零。从这个意义上讲，对特殊订单进行评审非常必要。

6.2 关于质量管理使用计算机控制系统的建议

计算机控制系统在企业管理中应用得越来越广泛。站在质量管理的角度，对于使用计算机控制系统，编者提出三点建议。

（1）必须由能够胜任的人员操作

计算机控制系统相对比较专业，操作人员必须经过专业培训，才能够胜任。如果没有经过系统的培训，对计算机控制系统的各个功能板块不熟悉，就可能导致误操作，从而带来不必要的麻烦或损失。

一般说来，计算机控制系统的内容比较全面。负责每一个模块的人分工不同，接受培训的内容也有差异。计算机控制系统由能够胜任的人员进行操作，并不是说经过了培训的人都可以操作，而是必须经过了这个模块专业培训并通过考核测试的人才可以进行操作，这样可以确保计算机控制系统的正常运转。

（2）通过授权确保被充分控制

上面讲到，计算机控制系统必须由能够胜任的人员进行操作。如何防止没有经过培训的人误操作呢？这里涉及权限管理的问题。很多时候，需要设计出不一样的权限，包括操作权限和维护权限。不同职责的人，会有不一样的处理权限。只有充分地控制，才能够防止非授权人员进入，才能确保数据不会被更改。

对于计算机控制系统的质量控制模块，最重要的莫过于物料的放行管理。说到放行，肯定离不开隔离。如果一个物料到了工厂，还没有出检测结果，我们需要先在系统内进行隔离，确保这些被隔离的物料不会被使用；对于成品，在检测结果还没有出来时，也必须进行隔离，等待检测结果；对于已经隔离的不合格品，只有质量部的授权人员才有放行的权限，这样做的目的是为了保证不合格品能得到有效的管理，避免对正常的原辅料和成品造成污染。

对于计算机控制系统，如果保留了相应的电子记录，能查阅电子记录的权限也必须加以控制，以防止被破坏。

（3）必须建立可靠的备份系统

使用计算机控制系统，如果出现故障，该怎么办？回答是要做好备份系统。在做备份系统时，要考虑多长时间备份一次，以及备份的记录要保存多少时间。还要注意，若有系统更新，备份记录能否在新的系统中打开，如果不能打开，那么在老系统下的备份只能成为一堆作废的电子垃圾。

对于备份的系统，也必须建立管理权限，只有授权人员在必要时才可以查阅。

6.3 不合格管理的注意事项

什么是不合格？根据 ISO 9000:2015 的定义，不合格，也称不符合，是指"未满足要求"。这是一个很抽象的定义。对此，个人这样理解：一边是标准要求，一边是实际情况，两者对比有差别就是不合格。需要注意的是，这里讲的不合格不仅仅是指产品的不合格，还包括生产过程的不合格。

对于不合格的管理，我们应该注意哪些方面呢？个人认为以下五点需要重点关注。

(1) 不合格包括三类：原辅料包材不合格、过程不合格和成品不合格

一说到不合格，很多人脑子里蹦出来的是哪个产品指标超标，哪些原料不合格。其实，这只是说到了不合格的一个方面，即成品不合格和原辅料包材不合格。还有另一方面的不合格是生产过程的不合格。对于成品和原辅料包材不合格，大家很好理解，因为比较常见，也有相应的标准。生产过程的不合格，也称制程不合格，指的是生产过程中某些指标、过程参数不能满足工艺要求。这个时候我们需要对这种情况下生产的产品进行处置，同时还要对过程不合格产生的原因进行分析，继而采取相应的整改措施。

(2) 建议对不合格品进行分类，明确处理权限和盘点周期

我们知道，不合格有大有小，有严重有轻微。因此，建议对不合格品进行分类管理。通常情况下，我们可以将不合格品分成两大类。

Ⅰ类不合格：会导致实际的或潜在的食品安全问题、严重的质量问题以及严重的违反相关法规要求的问题。这类不合格品必须放置在独立且密闭的区域，或者进行有效的物理隔离。同时要求将不合格标记张贴到每一单位（件）的不合格品上。对这类不合格品需要建立台账每天对库存进行盘点，以免丢失。对这类不合格品的处理，需要由公司的最高管理者、管理者代表或者食品安全小组组长决定。

Ⅱ类不合格：会导致潜在的产品质量问题或轻微地违反相关法规，但不会导致潜在的食品安全的问题。这类不合格品必须被直观地标识和/或物理隔离。这类不合格虽然不要求每一单位（件）都张贴不合格标记，但是仍需要进行物理隔离或通过系统锁定，以防止不合格品被非预期地选择和运输。对这类不合格品也需要建立台账，盘点的周期不低于每月一次，建议每周一次。对于这类不合格品的处理，由质量部负责人、质量部授权人或质量主管决定即可。

(3) 不合格品不仅仅要系统隔离，还应物理隔离

出现不合格品，首先要做的事情是：对不合格品以及怀疑不合格的产品进行扣留。此时，被扣留（隔离）的产品可能是合格的，也可能是不合格的。如果没有对不合格品或者潜在不合格品进行有效扣留而进入下道工序、流入市场或者交付给客户，处理起来就不那么轻松了，会需要更多的人力、物力和财力，甚至可能影响到公司的品牌。

至于如何隔离？现在一些公司通过电脑对物料进行系统隔离，简单方便，但这远远不够，因为被隔离的物料仍有可能被物理移动。因此，强烈建议采用物理隔离。对于物理隔离，有些公司设置独立的、密闭的房间，并上锁由专人管理。有些公司用不锈钢栅栏隔挡，此时栅栏要有一定高度，以防无关人员进入。有些公司使用伸缩隔离带，要注意确保正确地隔离了需要隔离的物品。不论何种方式的隔离，都应该用红色，例如红色的不合格标记、红色的地标、红色的隔离带等，以起到足够的警示作用。同时要明确规定，除品管和授权人员外的任何人员不得移动或处理已经张贴了不合格标记的任何物品。

(4) 对不合格品的销毁必须在监管下进行，要确保在离开公司前已经被完全彻底毁坏

对不合格品如何处理？根据 ISO 22000:2005 条款"7.10.3.3 不合格品的处理"要求："评价后，当产品不能放行时，产品应按如下方式之一进行处理：a) 在组织内或组织外重新加工或进一步加工，以确保食品安全危害得到消除或降至可接受水平；b) 销毁和（或）按废物处理。"如果是销毁，必须在有监管（最好是第二方）的情况下进行，要确保需要被销毁的产品及其商标在离开公司前已经被完全彻底毁坏，绝对不会进入供应链。同时，要保存好销毁的所有记录，包括销毁产品名称、数量、销毁日期、销毁地点、销毁人、监督销毁人，最终销毁产品的处理方式和接收人等。

(5) 要调查不合格产生的原因并制定纠正和预防措施，同时要跟进直至执行

产品出现不合格肯定是有原因的，特别是反复出现的不合格。因此，对任何一起不合格，都需要去追究不合格产生的根本原因，从人机料法环等五个方面去查找，然后有针对性地制定纠正措施和预防措施。对于采取的措施，需要跟进以确保这些措施被执行。

6.4 2S、5S、6S、7S、9S 到 12S，你想要几S?

5S 很普通，普通到只要在公司上班的人一般都有所耳闻；5S 很古老，如果你说你所在公司正在推行 5S，人家会说已经过时很久了，现在 6S、7S 都过时了，已经做到了 9S，正准备向 12S 进军了！

什么是真正的 5S 和日益时髦被扩充的 6S、7S、9S 和 12S，看看你到底能做到几个 S。

5S 起源于日本，1955 年开始推行的时候，只推行了前面 2S，即整理和整顿。31 年后，即 1986 年，随着 5S 著作的问世，5S 才开始流行。这么看来，至今 5S 刚过而立之年，三十多岁了。

下面，我们先用自己的话来说说 5S。

因 5S 的 5 个词，它们日语的罗马拼音均以 S 开头，因此简称 5S。

(1) 1S——整理（日文读音：Seiri，日语：せいり）

整理最大的作用就是区分哪些东西要哪些东西不要。有些人会觉得很难。的确，要区分东西要还是不要，需要智慧，更需要决心。也许有些东西，你用了很长时间，现在虽然派不上用场，但是又舍不得扔掉，仍然视为宝贝。有些人，经常把用得差不多，还剩下一点点的东西留着，说以后再用。但是这个"以后"，也许就是一年，两年，最后发现这个东西已经过了保质期。还有一些人，看见超市的一些赠品，例如杯子、玻璃碗、塑料碗等，就往家里搬，结果发现自家的碗每一个都不一样，不论形状、大小还是材质。面对这种情况，该如何整理？

首先，区分哪些是一定要的，哪些是肯定不要的，哪些是可要可不要但无法最终确定的；其次，对于不好处理的第三种情况，可要可不要的，让另外一个人帮你扔掉。当然，也可以把第三种情况的东西送给他人，让它变成别人的"要"，成为有价值的东西。

这样整理，估计东西会少三分之二。

(2) 2S——整顿（日文读音：Seiton，日语：せいとん）

整顿就是把要的东西放在它该放的位置上。很多人，说自己很忙，其实就是忙于找东西：我的笔不见了，我的那份重要文件找不到了，我的手机在哪里……殊不知，时间就在找东西的过程中悄无声息地溜走了。

同样道理，可用于生产车间。车间是用来加工产品的，在加工的过程中，会用到大量的原辅料包材，还有一些工器具。试想，同样的原料东一袋西一袋，用完的工具随处乱放，生产效率能高吗？除了效率大幅度降低之外，也都是重大的异物隐患，说不定某天就出现一个大事故，比如工器具掉入产品，需要费力调查，可能还徒劳无功。

对于工器具，做好现场标识是一种重要方法，但却不是最好的方法。我们知道，现在很多工具都专门存放在特制的工具箱里，一个工具卡在一个对应的卡槽里面，很牢固。每个卡槽对应一个工具，少了什么，通过形状看一眼便知，无须思考，也没有必要查找记录。若现场用到的工具不多，可以参考特制工具箱的方法，把这些工具的形状描绘在专属区域的墙上或者桌子上，有几样就描绘几样，用完立即在那里放好。这样非常容易发现缺少了什么，从而大大节省时间。

(3) 3S——清扫（日文读音：Seiso，日语：せいそう）

清扫的关键就是发现垃圾立即清除。垃圾少的时候，扫起来方便。但是很多人觉得，现在不太脏，没事，等垃圾多了再去扫。然而真等到了垃圾很多的时候，想清除也比较难了。就像家里厨房卫生一样，发现墙壁上有点脏污，顺手拿起抹布，蘸点洗洁精就能把它擦拭掉。如果等油污积累到很多的时候，再去清理，不仅多花时间，还会耗费更多的力气。

生产现场的员工，必须养成爱清洁的好习惯。发现脏东西，及时给予清理。该擦的地方擦，该扫的地方扫。有时，我们会看到，生产现场很乱，地面很脏，但是责任区域的员工，却站在那里无所事事。这样的企业，即使墙上贴满了 5S 的标语，也与 5S 精神完全背离。

(4) 4S——清洁（日文读音：Seiketsu，日语：せいけつ）

清洁就是标准化、制度化。标准化的目的就是：谁来做结果都一样。如果不形成制度，今天张三做是这个样子；明天李四做是另外一个样子；后天王五来做又是一番景象。越到后面，偏差越大，最后与最开始的方法完全不同。如果这样，所有的努力都是徒劳。

在推行 5S 管理的工厂，会有很多管理制度或者作业指导书。在具体操作上，我们希望这些制度，能够看起来非常简单，最好是图文并茂，方便学习，适合操作。如果繁杂冗长，那就与 5S 的精髓完全相违背。

(5) 5S——素养（日文读音：Shitsuke，日语：しつけ）

素养就是养成讲卫生爱干净的好习惯。习惯会跟随自己一辈子，若这个习惯是个好习惯，将受益一生。例如，一个孩子养成了每天睡觉前看半小时书的好习惯，可以想象，这一辈子得看多少书；一个孩子从小就养成了做家务的好习惯，还用担心他长大了不能照顾好自己，还愁他不能养活自己吗？

对于生产一线的员工，也是如此。如果他们真的明白了做5S会带来怎样的好处，发自内心地想改变，肯定会将这种意识融入日常行动中。经过长时间坚持，慢慢养成好习惯，最终将会改变人生。

5S用得如此之多，有些人，在5S的基础上，又大胆、创造性地发明了6S、7S、9S，甚至令人惊讶的12S，不得不令人感叹。

在5S的基础上，加上"安全（SAFETY）"，称之为6S。但是，已经把不要的东西彻底扔掉了，要的东西放得整整齐齐，能不安全吗？

在6S的基础上，套上"节约（SAVING）"，美其名7S。但是，已经把那些不要的，该扔的都毫无保留地扔掉了，减少库存，变现处理，不是节约是什么？

在7S的基础上，增加"服务（SERVICE）"和"满意（SATISFACTION）"，说它是9S。但是，现场保持得干干净净、整整齐齐，要的东西都能随时找出来，这种服务还不到位，领导/客户能不满意？

在9S的基础上，强加"学习（STUDY）""效率（SPEED）"和"坚持（SHIT-SUKOKU）"，统称为12S。然而，已经有了标准化的制度、文件，不需要学习？要的东西都放到了位，能没有效率？都养成了好习惯，能不坚持？

所以，6S、7S、9S、12S，万变不离其宗，其精髓仍旧是5S。

而且，5S真正的核心应该是前面的3S，即整理、整顿和清扫，后面的清洁和素养都是前面3S的结果。所以，如果我们认认真真，不折不扣，每日坚持做到3S：整理、整顿和清扫，相信离脱胎换骨的改变已经不远了。

6.5 重视对计量器具的管理

计量器具是指生产过程中会用到的各种检测装置、仪器仪表、量具等，它们用于对产品过程的质量控制。计量器具管理得好与坏直接影响到产品的质量。

6.5.1 关于计量器具检定的注意事项

根据《中华人民共和国强制检定的工作计量器具检定管理办法》（1987年4月15日国务院发布，自1987年7月1日起施行）规定，对用于贸易结算、安全防护、医疗卫生、环境监测方面，并列入《中华人民共和国强制检定的工作计量器具目录》（1987年5月28日国家计量局〔1987〕量局法字第188号发布）的计量器具实行定点定期检定。根据此目录要求，有55个项目被纳入强制检定范围。

在涉及食品安全的食品行业，对于计量器具，应注意以下三点。

(1) 必须建立可追溯的计量台账

有些公司没有建立计量台账，有些公司虽然建立了计量台账，但是，在计量台账中却无法追溯到关键的信息。我们知道，计量器具出厂时有一个出厂编号，类似于人的身份证号码，是唯一的、可追溯的。这个独一无二的编号必须纳入计量台账中，因为通过这个编号才可以追溯到对应计量器具的关键信息,例如生产厂家、生产日期等。有人说,我们会给这些计量器具编制工厂的内部编号,以方便统计。自己编制内部编号未尝不可,但要保证这个内部编号和计量器具本身的出厂编号能一一对应。如果不能做到这一点,说明存在问题,一旦出现不可接受的偏差,将无法追查。

一般说来,计量器具在校准或者检定时,必须知道计量器具的编号,这个显示在检定合格标签、检定证书或者校准记录上的编号有可能是出厂编号,也有可能是工厂的自编编号。计量台账除了记录可以追溯计量器具的出厂编号外,还需要记录它的使用地点、校验周期、校验人、校验机构以及有效期等。有些企业计量器具很多,需要校验的也很多。这种情况下,可以进行分类管理,例如每季度集中校验一次,这个月是电子秤和标准砝码,下个月是温度计和压力表。通过这种方法,我们既能保证即将到期的计量器具被及时校验,又能保证质量,提高效率。

(2) 用于监控关键限值(CL)的设备必须经第三方强制检定

上面提及,国家法规要求对用于贸易结算、安全防护、医疗卫生、环境监测方面的计量器具做强制检定。但是,在食品行业,还有一类计量器具同样需要做第三方强制检定,那就是用于监控关键限值(CL)的计量器具。这点在本书第 5.7.1 节已详细阐述,在此不再赘述。

另外,在很多审核中,会提及金属探测器的校准。目前,还没有哪个第三方机构可以检定金属探测器的,因为它根本就不在《中华人民共和国强制检定的工作计量器具目录》内。像这种情况,一般可以委托厂家在进行年度维保时用标准测试块做一个检测,确定是否可以被正确击落(剔除),这份记录可以作为校验记录。当然,平时按照要求对金属探测器在使用前、中、后进行验证也是必需的。

(3) 停征计量器具强制检定收费

根据《财政部国家发展改革委员会关于清理规范一批行政事业性收费有关政策的通知》(财税〔2017〕20 号)的文件要求,自 2017 年 4 月 1 日起将取消或停征 41 项中央设立的行政事业性收费,包括了隶属于质检部门的"15. 计量收费(即行政审批和强制检定收费。非强制检定收费不得列入行政事业性收费,不得强制企业接受服务并收费)"。

确实,每年企业要花不少钱用于计量器具的强制检定,这项政策的执行,会为企业带来的实惠。

经常有人问,我们公司有人经过培训并获得"计量检定员证",他对计量器具做的校验是不是属于强制检定的范畴?这个不属于,除非你公司有资质做检定,并可以出具检定证书。检查是否属于有效的检定证书,就是要看检定专用章处是否打了检定机构的专用钢印。

6.5.2 哪几种情况下,需要对秤在使用前进行验证?

这里说的秤范围很广,包含《中华人民共和国强制检定的工作计量器具目录》(1987 年 5 月 28 日国家计量局〔1987〕量局法字第 188 号发布)中的天平、秤(杆秤、戥秤、案秤、台秤、地秤、皮带秤、吊秤、电子秤、行李秤、邮政秤、计价收费专用秤、售粮机)、定量包装机和定量灌装机。一般说来,我们都会根据《中华人民共和国强制检定的工作计量器具检定管理办法》(1987年4月15日国务院发布,自1987年7月1日起施行)规定对它们按照一定周期(通常为每年一次)进行第三方检定。

然而,一年工作日多达260天,仅仅靠每年一次的检定很难保证秤的准确性。因此,在使用之前,必须对秤进行验证,看看称量是否准确。需要注意的是,这个验证,就是用标准重的砝码对秤进行称量验证,看看两者的偏差是否在允许范围之内。以下三种情况需要对秤进行验证。

(1) 用于成品包装的电子秤或者磅秤

成品包装,涉及贸易结算,为了保证秤的准确性和精确度,必须进行验证。我们知道,每个销售包装的产品都需要称重,对秤的使用也会很频繁,秤在使用的过程中,会出现这样或者那样的不准确,因此用标准砝码去验证就显得格外重要。因为如果成品包装的净含量不符合相关规定的要求,那么被客户投诉和被监管机构抽查发现问题的可能性大增。

(2) 实验室检测用到的天平和电子秤

实验室经常会用到天平和电子秤来称取一定量的样品用于检测,如果样品称量得不准确,实验的结果不会准确,却很难排查找到原因。对于实验室用到的天平和电子秤,除了在使用前需要验证外,还需要建立天平和电子秤的使用记录。如果检测结果出现了问题,通过这个记录可追溯到当时用的是哪台天平或者电子秤。很多公司实验室都设置了天平室,更有公司在天平室购买了供天平称量专用的实验桌,减少震动,以保证称量的准确度和精确度。

(3) 用于配料称重的电子秤或者磅秤

配料,是非常重要的一道工序,配料的准确与否,直接影响到终产品的成分或者口感。一般说来,每种配料都有精度的要求。如果秤不准确或者精度不高,称出来的物料就不能满足既定的要求,这不仅违反了公司工艺规程,也可能会违反产品营养标签的要求。

在配料时会添加一些用量比较大的物料,这些物料也许是通过管道输送到投料间,也许是通过袋装的原料通过计算整袋数而逐袋投入。如果是整袋投料,我们就要注意一个问题:整袋的物料有没有称重或者抽查重量?比如,每次要加某种原料50袋,净含量为25kg,实际上每袋几乎都多出来了1.5kg,总共多出来了75kg,超重就达6%,而工艺精度要求为≤1%,就超标了。所以说,在原料入库前,必须对袋装、箱装、甚至桶装的物料进行净重抽查,特别是那种生产时会整袋投入的物料。这样做的目的,其一是保证不少称,不会影响成本;其二是为了保证投料的准确度。这也告诉我们,标示有净含量的包装并不是"多给点"就是好事。

6.5.3 秤在使用前进行验证的注意事项

秤在使用前要进行验证,在验证的过程中该注意什么呢?对秤的验证不认真,可能会影响秤的准确性和精确性。下面做详细说明。

(1) 应实施五点验证

很多人一谈到对秤的验证，认为就是用标准重量的砝码放在秤上去称一下就可以了，没有考虑到在使用的过程中，可能把物品放在秤的任何部位。既然秤被使用的位置不固定，那么在对秤进行验证时就必须考虑到多点验证，而不是单点。

对于用在成品包装、实验室检测和配料称量的电子秤或者磅秤，秤盘的形状大多为方形或者圆形。对于方形秤盘的秤，在验证时，可以对左上角、右上角、右下角、左下角以及最中间等五个点进行逐一验证。其实，对于秤盘是圆形的秤，也可以参考这种方法，即五点验证（如图20）。我们会惊讶地发现，五个点的误差在很多时候都不一样。这也印证了五点验证的重要性。

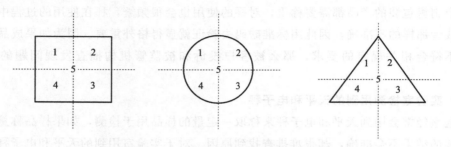

图 20　JJG 1036—2008 对荷载区域的要求

(2) 用于验证的砝码应该涵盖使用范围

大家都知道用标准砝码对秤做验证，那么该用多大（重）的标准砝码呢？可能没有认真想过。我们知道，每台秤都有称量范围，即量程，指的是最小称量（小于该载荷值时称量结果可能产生过大的相对误差）和最大称量（不计添加皮重时的最大称量能力）之间的范围。

根据 JJG 1036—2008 电子天平计量检定规程，检定时的试验载荷须包括空载、最小称量、最大允许误差转换点所对应的载荷（或接近最大允许误差转变点）和最大称量。据此可以确定天平的测量不确定度中的截距和斜率。而在使用的时候，很少或者基本上用不到秤的最小称量和最大称量。因此，个人认为，选择用于验证的标准砝码必须涵盖该秤的使用范围。打个比方，有一台电子天平，其最大称量是 1100g，最小称量是 0.1g，实际使用时，大多数情况下用来称 1kg 的成品，少数情况（约 20%）用来称 10g 和 50g 的成品。那么选用的 10g 和 1kg 的两个标准砝码就比较合适，而不是选择 1100g 和 0.1g 的标准砝码，也不是单个 1kg 的标准砝码。

(3) 验证的示值必须如实记录，并计算偏差，再判定是否合格

我们知道，在秤上面都会张贴一个铭牌。从这个铭牌上面，可以获得很多信息，比较重要的项目包括：最大称量 Max、最小称量 Min、检定分度值 e（用于划分天平级别与进行计量检定的，由生产厂家确定）、实际分度值 d（指相邻两个示值之差，现在我国使用的大多数天平主要采用 $e=10d$ 的换算模式）、准确度级别（分特种、高、中和普通等四个等级，用带椭圆的罗马数字表示）和出厂编号。其实，知道了准确度级别和检定分度值 e 就可以知道不同载荷（加载量）时的最大允许误差了，如图 21。

最大允许误差	载荷 m（以检定分度值 e 表示）			
	Ⅰ级	Ⅱ级	Ⅲ级	Ⅳ级
±0.5e	$0 \leqslant m \leqslant 5\times 10^4$	$0 \leqslant m \leqslant 5\times 10^3$	$0 \leqslant m \leqslant 5\times 10^2$	$0 \leqslant m \leqslant 50$
±1.0e	$5\times 10^4 < m \leqslant 2\times 10^5$	$5\times 10^3 < m \leqslant 2\times 10^4$	$5\times 10^2 < m \leqslant 2\times 10^3$	$50 < m \leqslant 2\times 10^2$
±1.5e	$2\times 10^5 < m$	$2\times 10^4 < m \leqslant 1\times 10^5$	$2\times 10^3 < m \leqslant 1\times 10^4$	$2\times 10^2 < m \leqslant 1\times 10^3$

图 21　JJG 1036—2008 对"最大允许误差"的规定

以上面提到的那台电子天平为例，来计算最大允许误差：其准确度等级为Ⅰ级，检定分度值 e 为 0.01g，当载荷 $m \leqslant 5\times 10^4 e = 5\times 10^4 \times 0.01 = 500$g 时，其最大允许误差为 ±0.5e，即 $±0.5\times 0.01 = ±0.005$g；当 $500g < m \leqslant 2\times 10^5 e = 2\times 10^5 \times 0.01 = 2000$g 时，其最大允许误差为 ±1.0e，即 $±1.0\times 0.01 = ±0.01$g；当 m＞2000g 时，其最大允许误差为 ±1.5e，即 $±1.5\times 0.01 = ±0.015$g（其实这个时候不会存在，因为已经超出此秤的最大称量）。据此，如果我们选用 10g 和 1kg 的两个标准砝码对其进行验证，其实际的误差（示值＜显示值＞－标准砝码值）应该在它们的最大允许误差（分别为 ±0.005g 和 ±0.01g）范围内才算合格。否则，不得使用。需要注意的是，在 JJG 1036—2008 第 5.5.5 条规定"天平使用中检验的最大允许误差应是首次检定时最大允许误差的两倍。"

此外，在验证的时候，要如实记录。例如，放置 1kg 的砝码显示的数值是"1.000kg"，有些人却写成"1kg"，也有人写成"1000g"。从数学角度，1.000kg、1kg 和 1000g 是完全相等的，但是从计量精确的角度来看是有明显差别的。前者可以精确到小数点后 3 位，而后两者却都是整数位。因此，我们在记录的时候，秤上显示的是多少，就原封不动地把它抄下来，这点要切记！

6.6　如何才算做好了标识？

在企业管理甚至日常生活中，经常会遇到需要标识的物品，例如家里有许多充电数据线，用于不同的电子产品（不同型号的手机、iPad、智能手表等），如果不给予标识，极容易产生混淆。

但许多人认为做标识没有太大的意义。他们会说，我一直在岗，也没有人到这个岗位上来，用不着做标识。有这种思想就大错特错了。因为，标识不是做给自己看的，而是做给他人看的。不做标识，自己也许不会搞错，不会把没有标识的物品误用或者误操作，但别人呢？曾经碰到过这样一件事情，在反应釜的投料口附近放着一桶无色透明的液体，没有标识，外观看来有点像水。问车间主任说是水，后来再次和这个岗位的操作工确认，那是一桶刚从储罐领出来的盐酸。如果有人干活手脏了，恰巧以为那是一桶水，一旦去洗手，后果会怎样？在另外一家公司，在车间工具柜旁边发现了一桶无色透明的液体，同样没有标识，后来通过再三确认，那是甲醇。做目视化、可视化管理最核心的部分仍旧是充分做好标识管理，让人一看就知道是什么，有什么用途。

笔者认为应重点关注以下几个方面的标识。

(1) 仓库车间储存的物料

这里说的物料包括原料、辅料、包装材料和加工助剂。对于这些物料，要通过一定的形式，一般是货位卡，让别人知道它是什么，多少数量，来自哪里，什么批号。同时还必须清楚地告知他人这个物料的状态：合格，待检，还是不合格？针对后者，我们可以通过颜色来管理。用绿色表示合格，例如绿色的货位卡、绿色的缠绕带，见到绿色表示物料可以正常使用；用黄色表示待检，比如黄色的货位卡、黄色的缠绕带，见到了黄色即表明该物料暂时不能使用，因为还没有被放行；用红色来代表异常，比如红色的货位卡、红色的缠绕带，见到了红色表示物料有问题，未经授权人同意，不得乱用。我们知道，红色是最醒目的颜色，对人，甚至对动物都有很大的警示作用。

（2）设备的状态和卫生标识

对设备的状态和卫生情况进行标识的目的是告诉外人设备的使用情况，例如设备是正在使用中、检修、停用还是废弃，以及设备的卫生情况，比如已经清洁，还是待清洁，或已清洁待消毒。如果不将设备的状态清楚地告诉大家，就会存在一定安全隐患。不经意的误操作，不仅影响产品质量，还会破坏设备，从而影响后续生产。很多人对设备的状态及卫生标识认识得远远不够，有时悬挂了标识，但是实际情况和标识内容完全不符，如果是这样，就失去了标识的意义。在标识的时候，需要遵循的原则是：是什么就标识什么，不能夸大、缩小，甚至捏造非实际的任何情况。

（3）半成品物料标识

不论生产什么产品，都可能出现半成品，或者称之为中间体，或中间品。像这类半成品，更需要标识。如果半成品装在塑料袋里面，特别是那些白色粉末状物料，没有标识，根本就不知道到底是什么，即使通过检测也很难判断。对这些物料，也包括车间用剩的原物料，都必须清楚地标识好，让外人一看就很清楚。标识的内容包括：物料名称、批号、数量、记录人的姓名和日期。

有人会说，标识太麻烦了，太浪费时间。个人认为，在标识上花费时间是值得的，带来的好处是对人身安全和产品质量的保障。

6.7 异物控制

对于食品生产企业来讲，异物控制是必谈的话题，也是质量管理的核心环节。要知道，如果异物控制不到位，进入后续产品中将直接影响产品质量并带来食品安全问题。

6.7.1 异物的来源

异物是指混入原料或产品里的除对象物品以外的物质。对食品来说，非加工要求或根据产品标准应该含有的物质，均可以称为异物。异物分为内源性异物和外源性异物，如产品原料、辅料本身含有，但产品要求剔除的物质，称为内源性异物，如肉中的骨头，菜中的菜根；而原本就不属于产品原辅料的一部分而混入产品的物质，称为外源性异物，如金属、玻璃、头发、杂草、飞虫、化学药品污染等。内源性异物和外源性异物是相对的，不是绝对的。

对于异物，原卡夫食品的定义最科学最客观最有说服力：异物指在产品设计开发时没有将其列入产品的一部分却实际含有了的任何物质（Foreign Material means any matter which may become part of the product being produced, which is not designed to be part of such product），甚至包括产品生产时所需要的原物料本身。举一个简单的例子，某种产品要求使用的是"去皮的花生仁"，因此对于这个产品来讲，出现在产品中花生仁外层未去除干净的花生皮就应该判定为异物。

知道了异物的定义，下面来讲讲异物的来源。个人认为，异物产生的来源不外乎四个方面。

(1) 环境引入

可以说，这是非常重要的一个方面，在下一节提到的跑冒滴漏就属于此范畴。环境引入是一个非常宽的概念，天花板上的冷凝水和水泥块，地面上的油漆和垃圾，墙面上的窗户和挂钩，生产车间的粉尘和空气，车间悬挂的照明装置，车间使用的工器具和记录笔，清洁用的铲刀、扫把、拖布，玻璃制品，以及用于车间清洁、手部消毒和工作服清洗的非生产用化学品，例如洗涤剂、消毒剂、洗手液和洗衣液。这些一个个都是可能的异物威胁。

环境引入还有一个大类，而且也是特别招人反感的一类，那就是虫害。本书第3.7.1节提到的室外地面跑的、室内地面爬的、室内空中飞的和喜欢钻下水道的四大类虫害，防治不当都有可能进入产品。

需要注意的是，这里说的异物不仅是指已经和产品有接触的，没有和产品有直接接触但是存在间接接触的也算异物。打个比方，如果客户在产品的外包装箱外表面发现一只苍蝇，或者发现一只苍蝇夹在纸箱和产品包装的内袋之间，会怎么样？肯定会投诉说有异物。虽然没有进入产品，但是对产品是一个巨大的威胁。客户会通过此糟糕状况去"联想"公司的虫害防治水平。

(2) 人员带入

人员带入的异物多指毛发，这里说的毛发包括头发和体毛。很多人都说这类异物很好控制，但实际上，我们去车间看看，有不少人佩戴发网不规范，甚至头发外露，这能不产生毛发吗？正确的做法是制定行之有效的更衣流程并要求每一位进入车间的人员认真执行。

这里说的人员不单单是指本公司的员工，还包括外来人员。至于对外来人员怎么管理，本书第3.9.8节说得很清楚，"对于要进入车间的外来人员，应该严格按照该车间工作人员进入此车间一样的流程更换衣服，一个步骤都不能少。"更衣、洗手消毒，对谁都不能例外，包括客户。

事实上，人员带入的不只是头发，还可能包括身体上的一些排泄物，例如耳屎、老化的角质层等。这就要求所有的防护部位，例如发网边、上衣袖口、裤子腿口和裤子腰部都必须能紧口。

(3) 设备掉入

所有设备上非一体成型的部件都有可能成为异物，特别是一些紧固件，例如螺丝、垫片等。这就要求我们在设备选型的时候要全面考虑，要有效消除异物进入的可能。如果做不到，就需要考虑后续的控制该如何管理。比如，很多设备用螺丝和螺帽固定，我们可以选择防松螺丝，这样就能有效防止螺帽松脱。有些设备上四周要用螺栓和螺帽固定，如果空几个，但没有规律，就很难知道这些空出来的螺丝是掉入产品里了还是真的空缺了。因此，建议像这种情况，要么全部上满螺丝，要么有规律地空一个或者两个。例如，一圈要上 12 颗螺丝，可以每隔一个再上一颗螺丝，这样总共上 6 颗螺丝；也可以每隔 2 个上一颗螺丝，这样总共上 4 颗螺丝。

设备在运作过程中，如果有经常性的刮擦，这些刮擦很容易产生金属异物。这就要求我们对设备的运行非常敏感，对于出现的一些异常要及时查看，看看设备是否存在磨损、碰擦，是否会产生金属异物。如果有这种现象，需要立即停机并对已经生产的产品进行隔离并及时处理。

此外，我们还需要关注设备的内表面。有些设备的内表面是铸铁的，有些是搪瓷的，还有些是不锈钢或者塑料的。在生产过程中，需要考虑这些设备的内表面是否会脱落，是否会与原物料起反应。其实，在做 HACCP 计划，对其进行危害分析时就必须考虑这些问题了。这就要求，在设备选型时，材质最好是选用纯正 304 不锈钢或者更高级别的 316 不锈钢。

（4）物料混入

物料混入异物，有两个途径：第一是原物料（原料、辅料、包材和加工助剂）本身带入。第二是在对物料进行处理的时候混入。例如开袋时用的开袋工具，有些人用的是美工刀，而美工刀上的刀片可能是异物隐患；还有物料包装外袋以及开袋产生的纸屑和线头等。

其实，物料本身是否混入异物，主要取决于供应商的过程控制水平，供应商也需要从上述四个方面进行异物控制。

6.7.2　异物控制的三个重要原则

（1）确保现场"想犯错但是没有犯错的可能"

这是一个最重要的原则。异物隐患主要来源于两个地方。第一是投料区，这是生产的第一步，所有的原辅料加工助剂都是通过这里进入生产过程中，如果在这个地方不加以控制，一些与生产无关的物品，例如线头、毛发、编织袋丝、塑料薄膜、用于做记录的纸张等，都有可能由此处进入生产过程参与反应，最后物理混入或者变成分子进入产品中。若是前者（物理混入），相对还好，因为后续的过程，比如用过滤、过筛、磁选、金探等手段，或者客户在消费（使用）时可能会被发现；但如果是后者，因为参与反应变成了分子，即使通过检测也很难发现。我们知道，产品的标准很难把生产过程中所有可能潜在的危害，包括生产过程中的异物危害考虑进去。

第二是产品曝露区。产品不在设备和管道里面时，是否会有异物隐患，有没有异物掉入的可能。这里更多指的是包装车间，同时也包括中间半成品储存、中转的地方。包装车间的环境是否卫生；天花板是否有冷凝水滴漏；车间员工的着装是否规范，有无毛发掉入；包装设备上面的螺丝是否有松动，是否会掉入；生产和维修使用的工器具是否有缺失并进入产品；包装车间张贴的一些标志牌是否破损等都要考虑。

对这两类异物隐患，必须像做 5S 管理一样，把不用的工器具、可有可无的物品全部清除出此区域，到达什么程度呢？就像一个人，他想犯错都没有犯错的可能，这才是最佳的状态。这些东西都被清除出车间了，它想成为异物都没有可能。我们知道，异物来源大多是人的原因，把人管理好，异物管理也就成功了一大半。

(2) 先预防，再控制，最后再探测

对于异物控制，一般说来有三种方法：预防、控制和探测。

预防是最简单的，也是成本最低的。如果可以在产品设计的过程中充分考虑到所有的异物风险，那么产品受异物污染的风险将会很低。但我们知道，要在设计阶段评估到所有的风险很难，因为需要具备充分的知识和丰富的经验。其实，我们在考虑异物控制时，更多是预防在先。很多异物问题，甚至质量和食品安全问题在过去的十年八年没有发生，并不代表今后的一年、两年或若干年不会发生，因为，环境在变，人也在变，食品安全的风险也在变。在质量管理过程中，我们更多的考虑是，对这个事情，我们该如何预防，平时做到未雨绸缪，才能够稳操胜券。

控制放在第二位，预示着成本要增加。控制会用到不少的设备和耗材，例如过滤的滤网、过筛的筛网以及磁选的磁棒，这必然会增加投资以及后续的日常维护成本。在控制这一层面，也需要考虑控制措施的前移。一些人错误地认为，前面没有控制措施无所谓，我们后面有过滤。例如，在投料的时候，没有考虑拆原物料包装袋时对封口线头的管理，结果很多线头进入投料罐。有人说，没有关系，后面有过滤。但试想一下，如果我们对线头进行了严格的管控，后面给过滤的压力就会小。也就是说，如果包装袋上的线头没有管控直接进行过滤，过滤网可能一个班，甚至每小时就需要清理一次；如果在拆包装的时候得到了有效控制，过滤网可能一天，甚至一个星期才需要清理一次。

探测是最昂贵的！前面的过程没有控制好，后面就需要把它从产品中探测出来，通常使用金属探测器或者 X-光机。购买一台这样的探测设备需要花费很多钱，后续还需要人工对其进行维护并检查，而这些费用是和产品同步的。

(3) 跑冒滴漏实乃重中之重，必须时刻提防

跑冒滴漏，每个食品企业都会有，只是严重程度不一。跑冒滴漏的状况可以反映出一个企业的管理水平。到一个工厂，进入车间，这里有滴油漏水，那里又传来嗤嗤的冒气声，从心里我们已经认定这家工厂疏于日常管理，基本上是在及格分数以下。跑冒滴漏处处有，跑冒滴漏时时在，说明前期设备的设计存在问题，说明预防性维修做得不到位，说明平时的检查没有或者流于形式。堵住跑冒滴漏没有更好的办法，只有一个，那就是先认真检查再一个个修复。

跑冒滴漏浪费的是资源，其实更是异物的源头。跑冒滴漏产生的异物，相比于其他形式产生的异物，风险更大更多。因为跑冒滴漏产生的异物大多是看不见的，一旦出现污染，受到影响的产品也是批量的。所以说，对于跑冒滴漏，没有借口，唯有攻克。

6.7.3 生产车间应禁止使用的七大类物品

为了避免异物，防止微生物滋生，有些物品应避免在生产车间，特别是产品曝露区使用。根据个人经验列举如下。

一是钢丝球。钢丝球使用过后非常容易产生金属碎屑。用钢丝球刷过锅碗瓢盆的人都知道，装水的清洁盆里最后往往会有一些因刷洗而断裂的金属碎屑。对于食品生产企业，金属异物往往是最可怕的，这也是为什么食品企业需要使用磁选和金属探测器的原因。除了钢丝球之外，钢丝刷也不应该在生产车间使用。

二是百洁布。百洁布号称"百洁"，其实一点都不干净。在使用后，最容易藏污纳垢，滋生细菌。如果生产车间的确需要使用，也必须是一次性的，并且要做到数量可控。用完之后，必须全部清除出生产车间。

三是木制品/竹制品。木头和竹刺异物给人类健康带来的隐患是非常大的，因为会穿刺肠道。因此，必须对所有的木制品和竹制品工器具进行严格管理。在生产车间的任何地方均不得使用有任何木质或者竹质材料的工器具，例如木质手柄的铲刀、竹质扫把等。在包装车间，特别是内包车间等产品有曝露的地方不得使用木质栈板（托盘）。在原料或者成品仓库使用的木质栈板（托盘）在放置物料之前必须加垫一层厚纸垫，以确保物料外包装不会被刺穿。

四是订书钉。作为办公用品，订书钉很常见。但是，在生产车间不得使用订书钉。因为很难控制使用订书钉的个数，一旦数量没有控制，掉入产品的风险是巨大的。不使用订书钉，可以选择文件夹来固定文件或记录。

五是海绵。很多人喜欢用海绵来吸水。然而，我们知道，海绵吸的水暂时会"躲"在海绵里面，很容易滋生细菌。当外围湿度降低时，海绵中暂存的、吸来的"水"将慢慢跑到空气中。因此，在生产车间应禁止使用海绵拖把，同时也不得使用其他形式的海绵制品。

六是弹簧笔。在生产车间，特别是包装车间，有些人喜欢使用弹簧笔、普通的水笔和圆珠笔，这些笔如果管理不当将成为潜在的异物隐患。建议使用那种自成一体的圆珠笔，因为它不会掉配件，圆珠笔的笔尾巴需要钻孔，并用结实的细线（比如风筝线）绑在用于书写的不锈钢写字板上。

七是布条墩布。日常生活中使用的布条墩布不适合在生产车间使用，特别是在产品曝露的区域。我们知道，这种墩布上的布条和线头特别容易脱落，尤其是使用一段时间之后，脱落会更多。地面如果要清洁可以选择质地比较结实的毛巾。

6.7.4 使用在线异物控制装置应注意什么？

为了控制异物，会在生产线上安装很多异物控制的装置，例如过滤的滤网、过筛的筛网以及磁选的磁棒，对于这些异物控制装置，应该注意什么呢？

(1) 不要让异物控制装置成为污染源

有这些控制装置是好事，但不要让这些异物控制装置成为新的污染源。我们必须确保这些装置（例如滤网、筛网以及磁棒），它们的材质、它们的设计以及它们的维护不出问题。比如，我们需要考虑，滤网的材质是否属于食品级，是否会断裂；筛网筛丝的材质是否属于不锈钢，会不会生锈，周围有没有毛边，毛边在使用的过程中是否会脱落断裂；磁棒的强度是否足够，磁棒是否会漏磁等。

因此，在引入这些控制装置之前必须先作全方位评估，评估是否有异物风险，是否存在安全隐患，以及安装的位置是否得当，以确保这些异物控制装置不会成为污染源。

(2) 在流程图上体现异物控制装置

这些异物控制装置是保证产品质量一种手段，也能够增强客户对产品的信心，在制定HACCP流程图时要体现这些异物控制点。在对供应商进行审核的时候，经常会发现，不少人喜欢把它们藏着掖着，生怕别人知道，这很奇怪。采取异物控制措施的目的就是为了防止异物进入产品，既然是起控制异物的作用，为什么不体现出来呢，这也不属于什么机密。

把这些异物防控装置在流程图上体现出来，还有一个好处，就是方便做HACCP的危害分析。在做危害分析时需要清楚地知道每一个点每一个步骤每一个物料会产生什么样的危害，这些危害可以通过什么样的措施来加以控制。安装的在线异物控制装置主要是用于控制看得见的异物，或者说是会直接造成食品安全危害的异物。

(3) 异物控制装置需要定期检查并记录

异物控制装置不是摆设，是为了控制异物。怎样才能知道这些装置是否有效，是否处于正常工作状态呢？必须要检查。至于怎样检查，需要根据异物控制装置本身的属性以及异物的风险程度来确认。也就是说，检查的频次以及如何检查不是拍脑袋决定的，而应该有科学的依据。其实，做质量管理的其他方面也应如此，做出任何决策前都需要足够多的事实依据。

检查过后，要及时记录检查的结果，记录得越翔实越精确越有利于后续的质量判定。检查切忌流于形式，我们要知道检查了什么，发现了什么，谁检查的，什么时候检查的。在检查中，若发现控制参数呈连续性上升或者下降，增加或者减少，或出现突然性变化，都应保持高度警惕。检查发现的所有问题以及后续采取的措施要如实记录。

6.7.5 使用金属探测器应注意什么？

在食品行业，对于金属异物，使用最多的检测设备是金属探测器，金属探测器是利用电磁感应原理来检测金属杂质的。金属探测器最核心的部分——检测线圈通电后会产生迅速变化的磁场，当有金属进入磁场时，其内部会感生涡电流，涡电流又会产生磁场，反过来影响原来检测线圈产生的磁场，从而引发探测器发出鸣声，并由此判断有金属杂质。

在食品链行业，金属探测器（或称金属探测仪、金属检测机、金属检测仪，简称金检或金探）一般有两种：一种是管道式（亦称为喉箍式，如图22），用在包装前；另外一种是隧道式（亦称为传送带式，如图23），用在包装后。

图22 管道式金属探测器

图 23 隧道式金属探测器

在使用金属探测器时，应注意以下几个方面。

(1) 标准测试块并非越小越好

对金属探测器进行验证一般是用已知大小的标准测试块（或称标准测试片、标准模块），检查这些测试块通过金属探测器时是否会报警，是否会被正确剔除。在食品行业，使用的标准测试块有三种：铁（Fe）、非铁（Non Fe，一般是铜）和不锈钢（SS 或者 SUS）。对于同样大小的三个标准测试块，最敏感、最容易被探测出来的是铁，其次是非铁，最后是不锈钢。换句话说，在三个同样大小的测试块中，不锈钢最不敏感、最不容易被探测出来。

有人会说，既然如此，那么我们把标准测试块尽量定小一点吧，例如，$\phi 0.5mm$ 铁、$\phi 0.75mm$ 非铁和 $\phi 0.75mm$ 不锈钢。可以吗？可以，客户恨不得你把不锈钢测试块的尺寸定在 0.01mm。作为客户，他会很满意，因为 $\phi \geqslant 0.75mm$ 的金属异物都会被剔除出来。但是，金探的灵敏度提高，不仅费用会增加，而且金探误报警的概率也大大增加，因为灵敏度高的金探受外界环境的影响更大。出现那么多的误报警并不是由于物料本身含有金属，而是因为外界环境对金探线圈的干扰，如果要对产生误报警的原因进行调查，却根本做不到。

因此，选择测试块的大小很有讲究，不能太大，也不能太小，雀巢公司就要求金属探测器使用的标准测试块直径不得大于 2mm，如果公司能将三个测试块的大小保证在 1.2mm 以下就非常不错了。

(2) 需要有在线剔除装置

金属探测器，是用来发现金属异物的。发现异物怎么办，必须能够剔除，而且是在线剔除。有人说，通过人工来剔除也可以做到。除非生产的速度非常慢、金探有报警功能、需要被剔除的产品能够被隔断，这才行得通。实际操作中，金属探测器报警了只能说明产品中可能有异物，还需要确定是否真的混有金属异物。

仅通过人工来剔除可能含有金属异物的产品，可能会由于人的视觉疲劳或者注意力不集中而造成异常产品进入下道工序，最后进入消费者或者客户环节。因此，安装在线异常产品剔除装置是非常有必要的。

(3) 有效使用金探的计数功能

很多金探都有计数功能，但是多数企业都没有使用起来。这个功能的设置非常好，推荐使用。一般说来，这个计数计的是金探报警的次数。把这个次数减去用标准测试块正常验证金属探测器的报警次数就是金探异常打击的次数，判断这个次数和剔除产品的数量（件数或者重量等）是否吻合，如果不吻合，则说明有异常产品进入下道工序。

有些人不想启用此功能是因为觉得很麻烦，因为经常有金探受干扰而发生的误报警。其实，若真出现此情况，则说明对金探的维护要更加到位，以确保金探可以正常连续工作。

(4) 验证金探的方法需要验证

对金探的验证是很有学问的，特别是对于隧道式的金属探测器。因为管道式的金属探测器口径比较小，金属异物被误通过的可能性也很小。而隧道式的金属探测器，产品可以放置的区域相对比较宽，所以要保证异物出现在任何一个部位都报警并被准确击落（剔除）的难度大。因此从帆布输送带运行方向的左、中、右三个部位以及在产品包装的最上面（顶部）、中间部位和最下面（底部）都需要用标准测试块进行验证，确定能否被发现并被正确击落。经验告诉我们，隧道式金属探测器最不敏感的点是金属探测器空腔对角线交汇处。

要通过验证来确定对金属探测器如何验证，特别是对于隧道式金属探测器。帆布输送带左、中、右三点每个点几次？是放在产品的顶部、底部，还是中部？同时，我们要规定多长时间验证一次，在开班前、生产中、收班后，以及任何维修、维护或调整之后，都必须按照既定的要求对金属探测器进行验证。而且，还必须明确，验证的时候是带料还是空载，如果是空载，要确定能反映出最真实的情况。上述这些要求要做详细说明并形成制度。

(5) 并非所有的物料都适合用金探

金属进入由检测线圈通电产生的磁场时会在其内部感生涡电流，从而触发金探报警，因此，通过金探可以探测并剔除金属异物。但需要注意的是，并非所有的物料都适合用金属探测器。例如焦磷酸铁、乙二胺四乙酸铁钠经过金属探测器时，很容易发生报警。对于这类物料，建议不要使用金属探测器，而是转用筛网，并作为 CCP 点来控制，因为这是最后一道关卡。

(6) 金探需要由第三方定期维保

在本书第 5.7.1 节曾指出："用于监测关键限值的设备必须经第三方检定"。如果金属探测器作为 CCP，就必须对执行 CCP 操作的金属探测器进行第三方检定。然而，实际上，国内并没有哪家法定的计量检测机构有此资质可以检定金属探测器。基于这种情况，我们可以要求金属探测器的供应商在做年度维保时加入此项目，检测标准测试块是否可以被正常击落，这样做是为了确保金探处于正常的工作状态。

6.7.6 对玻璃等易碎品管理的注意事项

这里说的易碎品包括车间的镜子、玻璃器皿、灯罩、各种仪表、玻璃门窗、设备上的玻璃（塑料）观察孔（窗）以及硬塑料元件等。对于食品安全来说，要特别注意易碎品，因为它会直接损害人的身体健康。对于玻璃等易碎品该如何进行管理呢？

(1) 更衣室的玻璃镜子可以更换成不锈钢材质

食品工厂，需要更换工作服，之后需要照照镜子看看自己的着装是否规范。在我们的印象中，镜子都是玻璃材质的。但是，在食品工厂，更倾向于使用不锈钢的镜子。我们知道，很多不锈钢上面都会贴一层保护膜，这层膜撕掉之后就是一个镜子。使用不锈钢材质镜子的目的是防止玻璃镜子成为食品安全隐患。

更衣间使用的镜子在安装时要充分考虑到镜子与墙壁间的清洁，如果不好清洁，建议把不锈钢镜子四周与墙面进行密封，因为里面最容易藏污纳垢。

(2) 建议在产品曝露区避免使用玻璃材质的紫外灯

一般说来，紫外线杀菌的有效距离是1～1.5m。而如果为防止产生玻璃碎片给紫外灯灯管贴膜，将大大降低杀菌的效果，该怎么办呢？这就要求我们在设备选型的时候，尽量不选用紫外灯杀菌，可以考虑其他方式，比如臭氧消毒（杀菌）。如果因产品特性不能更换，只有一种办法，就是在使用前后对紫外灯进行检查并记录。

(3) 对产品曝露区的玻璃门窗进行贴膜防护

有些公司对供应商审核时，要求供应商的原料、辅料、包材和成品仓库的窗户都进行贴膜处理，以防止玻璃破碎，这是典型的"眉毛胡子一把抓"！我们需要关心的是窗户上的玻璃破碎的概率有多大？如果破碎了对产品的影响会在哪里？对玻璃门窗进行贴膜防护，个人认为应更关注产品曝露的区域，比如包装车间，假如确实有玻璃破碎的可能，应进行贴膜处理。贴膜后，万一玻璃破碎，碎片会被粘住，不会飞溅到产品里面去。

(4) 建立车间易碎品清单并按规定进行检查

在本书第6.7.2节第一条说到异物控制"必须像做5S管理一样，把不用的工器具、可有可无的东西全部清除出此区域，到达什么程度呢？就像一个人，他想犯错都没有犯错的可能，这才是最佳的状态。"对于玻璃等易碎品的管理也是如此。首先，必须要把不用的、可有可无的易碎品全部彻底清出车间；其次，易碎品可以被替代的尽最大可能进行替代；最后，对于那些必须使用且无法替换材质的易碎品进行编号，并建立易碎品台账，然后每天或者在生产前后逐个认真进行检查。

这里说的是逐个认真检查，不是流于形式的检查。对玻璃等易碎品的检查，因为数量大，比较合适的做法是，拿着检查记录表按照编号依次进行检查，必要时要用手电筒，切忌走马观花。

(5) 易碎品出现了破碎（破损）的处理方法

如果易碎品出现了破碎（破损），该如何处理呢？这要分析具体情况。破碎的时候产品是否在生产？如果不是在生产，就不可能进入产品；如果在生产，还要看是不是在产品加工的周围，如果离产品有相当一段距离，风险又降低很多。但如果离产品很近已经有破碎的碎片进入产品，这时该如何处理呢？首先，必须要求生产线立即停工，并隔离产品可能受到潜在污染的生产区域；然后对生产区域进行彻底清洁，特别是角角落落，在重新启动生产线和设备前必须检查；最后，得到批准后方可继续生产。此外需要注意的是，受污染的工作服需要更换，工作鞋也需检查，以防止玻璃碎屑残留。对于玻璃破碎这类恶性的异物事件，要保持好所有的相关记录。

6.8 做变更，要小心

很多人说，这个世界唯一不变的就是"变"。对于生产企业，特别是食品生产企业，该如何正确管理变更，才不会因为变更而造成不必要的损失和一些不确定的影响呢？

笔者认为，在变更的过程中一定要注意以下几点。

(1) 变更要慎之又慎，频次尽量少

一些人热衷变更，想怎么变就怎么变，最后变得太多连自己都忘记了以前的样子。我们知道，在变更的过程中，肯定会出现很多变化，这种变化将影响产品的质量。但对客户来讲，最希望的却是产品质量稳定。

基于这种认识，在实施变更前，我们需要很慎重，一定要反复问自己：一定需要变更吗？这种变更会不会影响到产品的质量？这种变更客户会不会接受？这种变更会给公司带来增值吗？如果回答是负面的，那么应该不考虑变更。变更有很多的事情需要去做，变更会产生很多意想不到的结果，如果没有认真全方位地评估，可能会因为一次随意变更而造成不可估量的损失。做工厂管理的每一个人都希望生产具有连续性，没有太多变化，这样可以最大限度保证产品质量的稳定性。

(2) 变更需要认真实施并保存所有记录

经评估，如果确定这种变更是必不可少的，接下来的事情就是认真实施变更。在变更之前，我们需要做一些试验。下面以某种原物料的变更为例做说明。

首先，必须要了解这种物料的特性，包括物理、化学和其他一些特性。如果是现有的原料，会相对简单一些，只需要关注这种新物料和之前用的物料是否完全一样，如果不一样，要查找不一样的原因在哪里。如果是新增的原料，需要做的工作会更多，必须做全方位了解，比如要了解这种原料从工艺上是否会影响到终产品的质量。

其次，在了解物料的特性后，需要小试。小试因产品、企业而异。有些企业会把小试放在实验室完成，而有些企业则会在生产线上完成。个人更倾向于后者，即小试在生产线上完成。通常，在实验室可以完成对物料的检测，以帮助了解其特性。而在生产线上，试验一批、两批，或者三批，可以看出使用新物料对设备和人员的适用性，是不是存在什么问题？有什么异常？

最后，小试过后，对这个新物料有了较全面的认识，并确定可以进入下一个阶段：中试和商业化生产。对于正常化生产来讲，必须连续试用几个生产班次，或者相对长的一段时间。只有这样，才能够把该物料的不足充分暴露出来。有些物料，在样品测试和小批量试用时，不会出现问题，但是经过长时间的连续运行后，就会出现这样或者那样的问题。

经过这些试验，会产生很多记录，这些记录都必须保存好。当然，这里说的记录必须是真实的。在这些记录里面，我们要特别关注的是出现异常情况的记录。一个东西你说它不好，要知道不好在哪里；你说它好，要知道好在哪些方面。记录完全可以承载这些内容，保存好记录就是保存了将来，一旦出现问题可以作为参考。

（3）变更必须在 HACCP 批准后方可实施

我们知道，HACCP 是关乎产品生产和质量的。可以说，生产所使用的每一种原辅料包材、每一道加工工序都可以在 HACCP 计划书里面找到踪影。经常有人会问，我变更了，该如何处理？是先变更再修改 HACCP 计划还是先修改 HACCP 计划再实施变更？

HACCP 相当于企业的根本大法，是最重要的指导性文件。任何变更都需要在 HACCP 计划批准后方可实施，即使这个变更已经评估过，反复试验过。其实，应该这么说，在有变更这个打算之前，就应该先向 HACCP 小组提出变更申请：为什么要变更？打算变更什么？打算怎么去变更？前期得到 HACCP 小组同意后才可以做后续的变更试验。如果 HACCP 小组不同意，还存在着分歧，去做这个变更就没有意义了。

变更由 HACCP 批准后，同样需要更新 HACCP 计划中的相关内容，包括原物料特性描述和危害分析，甚至 HACCP 计划表等。更新之后，还要对相关人员进行培训，让他们知道这个变更，确保不会因为变更而影响到正常的生产过程。

（4）重大变更需得到客户书面批准确认

上面提及，变更可能会影响产品的质量和生产过程。根据影响程度，我们一般会将变更分成微小变更、一般变更和重大变更（或称关键变更）。一些人在做变更管理时，经常把一些文件，例如作业指导书和记录的更改也纳入。个人认为除了产品标准外的文件记录更改时，其他的没有必要纳入变更台账，我们要关注的是和产品质量和加工过程有直接关联的变更。

对重大变更，也就是会影响到原料功能、质量、配料的组分或者工艺的变更，在实施前必须得到客户的书面批准确认。一般说来，在客户给的质量协议上都会提及这项要求，要求这类变更必须提前多少天告知，否则可以不履行合同。

6.9　客户投诉了，我们该注意些什么？

客户投诉（简称客诉）是指客户对企业产品质量或服务不满意而提出的书面或口头上的异议、抗议、索赔和要求解决问题等行为。通俗来讲，就是客户对你的产品质量、服务，甚至价格不满的一种抱怨。这种抱怨，可以是正式的，也可以是口头上的，最后因出现的损失可能相见于法庭。

随着消费者维权意识的不断提高，人们的投诉意识也越来越强，更多的企业也设置了客户服务（简称客服）这样的岗位，专门处理客户投诉一类的问题。在食品链工厂，对于客户投诉，我们该注意哪些方面呢？

（1）必须认真对待每一起客户投诉

很多人在回复客户投诉的时候，经常会提及"立即组织相关部门展开全面调查"，实际上呢？并没有。只是客服专员或者质量部的某个人自己想出来的。他们并没有第一时间组织相关部门，也没有到现场进行调查，通常都是想当然。这样的处理，怎么可能会让客户开心，又怎么能找出问题出现的根本原因呢？

我们要知道，客户进行投诉，不论是属于产品质量方面的，还是销售服务方面的，总之是存在问题。既然有问题，作为产品提供方，就必须改进。按理说，这是多么好的一次机会，可以提高产品质量，可以提高公司的管理水平。客户对你进行投诉，给你一些建议，也意味着客户在乎你，想和你有下一次业务往来。如果他们不想继续和你合作，客户应该不会费那么多的口舌去投诉了。

作为生产企业，包括食品生产企业，不可能将产品做得非常完美，肯定会出现或多或少的瑕疵。作为使用方或者消费方的客户，对你产品的质量好还是不好更具有发言权。出现了投诉，特别是反复发生的投诉，一定要组织相关部门讨论，从人机料法环等五个方面去找出问题出现的根本原因，然后对症下药制定纠正和纠正预防措施，确保下次不出现同样的问题。只有珍惜每一次这样的客户投诉改进的机会，才有可能把产品和服务质量做得越来越好。反之，如果只是走过场，哄客户开心，最终的恶果必将自己咽下去。

（2）客户投诉处理时限需要明确

接到客户投诉，有些人的态度就是两个字："拖"和"等"。客户没有催，我就拖着。客户催一下，我就走一步；不催我就不动；客户没有反应，我就等，反正"坐等"就是我的工作。个人认为，这是一种极其消极的不作为态度。

客户为什么要投诉？肯定是因为产品质量出现了问题，影响到了客户产品的正常生产，或者影响到了客户的正常消费。我们可以站在对方角度来考虑这个问题，如果你正在使用的产品出现了同样的问题，也投诉到了供应商，但是供应商的处理却慢腾腾的，甚至置之不理，不管不问，你会是什么样的心情，估计下次下单前肯定会仔细掂量一番。因为你的心理阴影一直没有被驱散开。

因此，对于客户投诉必须要有处理时限要求。当然，客户投诉的处理时限取决于其严重程度。个人觉得，对于客户投诉，不论大小，都必须在 24 小时内给予回复。这个答复有可能是对客户投诉的调查结果和处理意见，也有可能是告诉客户此投诉正在调查处理中，这样做的目的是让客户知道你已经重视并有行动。对于那些性质比较严重的客户投诉，处理时限也不得超过 7 天，因为客户的忍耐是有限度的。

（3）对客户投诉的答复必须跟踪效果

这里说的跟踪，包含两层意思，只有这两层意思做到了，才表示这个客户投诉被关闭。

一是客户对我们给出的调查结果、处理意见和后续的整改方案是否满意。很多人把调查结果以及整改方案发给了客户，认为就万事大吉了，认为客户没有提出异议，就表示默许。但却没有想过，这些处理措施，客户满意吗？有没有异议？如果有，怎么办？没有提出异议，也许是因为客户太忙，或者是你的调查太没有诚意，客户今后不想和你打交道呢。在对客户投诉进行调查并给出方案后，应及时通过电话或者邮件等方式了解客户对这些调查、处理意见是否满意，如果不满意，必须及时调整。

二是公司承诺客户的整改措施是不是已经确确实实完成，不能开空头支票，说一套做一套。产品质量出现问题，承诺客户会改进，那就要做到。同样的问题一而再再而三地被投诉，客户会慢慢失去信心，必会寻求可以替代的供应商。

从一定程度上说，对待客户投诉，就是对待我们的未来。

好记性不如烂笔头！发现好东西，立马记下来！

随心所感（6）：

第 7 章

体系保证

体系保证，通俗讲就是用体系的方法来保证加工的产品或者提供的服务持续不走样。在企业管理中，常见的保证体系有 ISO 9000 质量管理体系、ISO 14000 环境管理体系、ISO 45001 职业健康安全管理体系、ISO 22000 食品安全管理体系和 HACCP 危害分析与关键控制点体系。

7.1 ISO 9000，告诉你不知道的秘密

ISO，如雷贯耳。本书不谈新版 ISO 9000 如何变化，只对几个比较易迷惑的问题做说明。

(1) 什么是 ISO？

ISO 是国际标准化组织（International Organization for Standardization）英文的简称，成立于 1947 年 2 月 23 日，是目前世界上最大、最权威的综合性国际标准化组织。

ISO 的宗旨是"在世界上促进标准化及其相关活动的发展，以便于商品和服务的国际交换，在智力、科学、技术和经济领域开展合作。"换句话说，就是建立全球标准。很多人以为 ISO 离我们很遥远，其实它就在我们身边。例如，现在我们最常用的 A4 纸就是根据国际标准化组织的 ISO 216 来定义的，规格为 (21×29.7)cm（210mm×297mm，长是宽的$\sqrt{2}$倍）。

(2) 为什么大家都说 ISO 9000 而不说 ISO 9001？

我们都知道，ISO 质量管理体系类似于一个"家族"，有不少成员，包括 ISO 9000：2015《质量管理体系　基础和术语》（GB/T 19000—2016）、ISO 9001：2015《质量管理体系　要求》（GB/T 19001—2016）和 ISO 9004：2018《质量管理组织质量持续成功指南》（英文名称"Quality management—Quality of an organization—Guidance to achieve sustained success"，ISO 在 2018 年 4 月发布，截至目前我国还未发布等同采用的国家标准）。通俗来讲，ISO 9000 指的是基本概念；ISO 9001 是指最起码的要求；ISO 9004 则表示，"我想一直成功，该怎么办？"我们通常意义上说的 ISO 9000 是"ISO 9000 族标准"的统称，而非特指 ISO 9000:2015 标准。

(3) ISO 9001:2015 与 GB/T 19001—2016 在形式上存在哪些细微差异？

2016 年 12 月 30 日，原国家质量监督检验检疫总局、国家标准化管理委员会批准并发布了新一版的《质量管理体系　基础和术语》（GB/T 19000—2016）和《质量管理体

系　要求》（GB/T 19001—2016）。结合国家公布的信息，我们可以读出 ISO 9001:2015 与 GB/T 19001—2016 在形式上的一些细微差异。

ISO 9001:2015 中"ISO"与"9001:2015"有一个空格，"9001"与"2015"之间用的是英文中的冒号"："，"2015"代表此标准为 2015 年发布（发布日期：2015 年 9 月 15 日）。

GB/T 19001—2016 中"GB"是国家标准简称"国标"二字汉语拼音"guó biāo"的缩写，"T"是指"推（tuī）荐"的拼音缩写，"GB/T"是指推荐性国家标准，表示可做可不做，不强求；而"GB"则表示强制性国家标准，表示不得不做，没有任何讨价还价的余地。例如《食品安全国家标准　预包装食品标签通则》（GB 7718—2011）就是强制性标准。"19001"与"2016"用的是中文的横杠"—"，"2016"代表此标准为 2016 年发布（发布日期：2016 年 12 月 30 日）。

(4) 什么是 IDT？

2001 年 12 月 4 日原国家质量技术监督局发布的《采用国际标准管理办法》明确规定了三种国际标准的采用方法。

① IDT 是等同采用（identical）　指与国际标准在技术内容和文本结构上相同，或者与国际标准在技术内容上相同，只存在少量编辑性修改。可以说技术内容完全相同，相当于翻译版。

② MOD 是修改采用（modified）　指与国际标准之间存在技术性差异，并清楚地标明这些差异以及解释其产生的原因，允许包含编辑性修改。可以说技术内容不尽相同，相当于改进版。

③ NEQ 是非等效采用（not equivalent）　指与相应国际标准在技术内容和文本结构上不同，它们之间的差异没有被清楚地标明。可以说技术内容差异重大，天壤之别。

1993 年 12 月 13 日国家技术监督局发布的《采用国际标准和国外先进标准管理办法》，当时还规定另外一种采用方法。

④ EQV 是等效采用（equivalent）　指主要技术内容相同，技术上只有很小差异，编写方法不完全相对应。可以说技术内容尽量相同，相当于变通版。1988 年版的国际质量体系标准 GB/T 10300 就是等效采用 1987 年版的 ISO 9000。

因等效采用不被其他国家认可，自 2001 年 12 月 4 日，等效采用被废止。

(5) 多长时间换版一次？

质量管理体系自 1987 年发布第一版，7 年后的 1994 年发布第二版，再 6 年后的 2000 年发布第三版，再 8 年后的 2008 年发布了第四版，再 7 年后的 2015 年发布了现行版，即第五版。可以看出，ISO 9000 每 6~8 年更新一次。

7.2　要让审核服务于质量改进

工厂管理，各式各样的审核很多，有涉及产品的，有涉及人的，也有涉及过程的。如何对这些审核进行有效管理，让审核真正服务于工厂，服务于质量管理，这其中是有很大学问的。

7.2.1 审核是什么？

什么叫审核？在 ISO 19011:2018《管理体系审核指南》中，审核定义为"为获得审核证据并对其进行客观的评价，以确定满足审核准则的程度所进行的系统的、独立的并形成文件的过程。"通俗来讲，审核就是找到的客观证据与审核准则的匹配程度。有人将审核和审计混为一谈，比如经常说客户审计。虽然审核和审计在英文里面都是用"audit"这个词，但是审核指的是审查核对，不需要计算，通常用于质量、环境和食品安全等方面；而审计更侧重于计算，多用于财务方面，比如说财务审计。

一般说来，审核可以分成三类：第一方审核、第二方审核和第三方审核。不少人对这些分类还是不明白，特别是何为第二方审核，何为第三方审核。其实很简单，可以类比到人称，第一人称、第二人称和第三人称，见表19。审核实施方是"我"，即以组织自身或者组织的名义实施审核，都是第一方审核，或者称之为内部审核。例如，公司请外部专家对公司做 ISO 22000 审核，就属于第一方审核；集团公司下有几家工厂，工厂 A 质量部人员对工厂 B 做 ISO 22000 审核，也属于第一方审核。这两个例子都是涉及组织自身，而和客户和第三方认证机构没有任何关联。第二方审核看似比较复杂，其实也很简单，就是由组织的相关方，这里多指客户或者以客户的名义实施的审核，毋庸置疑，如果客户到组织现场去审核，属于第二方审核；如果第三方以客户的名义到组织的现场实施审核，还是属于第二方审核，这两类审核实施方都是客户，不是组织也不是第三方认证机构。第三方审核就比较明确，相当于获证审核，审核目的之一就是能够获得认证证书。

表 19 不同类型审核对比

审核类型		审核实施方	记忆类比
内部审核	第一方审核	组织自身	第一人称（我）
外部审核	第二方审核	客户	第二人称（你）
	第三方审核	认证机构（第三方）	第三人称（他）

在这三类审核中，最能受益的是第二方审核，即客户审核。很多问题，自己经常看见，却没有认真分析，时间久了就习以为常。而客户审核，站的角度不一样，思考问题的方式也不一样，可以发现自己不能发现的问题。若能针对性地解决，会让自己好的地方做得更好，不好的地方加以改进。然而有人会说，不同的客户有不同的要求，如果每一个要求都满足，每一个客户的审核发现都一一整改，岂不是没有了自己，没有了方向。真正视客户为上帝，以客户为核心，并不是客户任何要求都必须满足，而是站在公正的立场，从互利互惠的角度，做出客观、公正的判断。要去想，客户提出的要求，发现的问题，是不是对我们产品质量的提高有帮助，是不是更能够增加客户满意度，需要有多大的成本投入，有没有更好的办法用最少的投入来满足客户的要求。

现在很多大公司，特别是国际化的大公司，在新供应商供货之前都要求做审核，没有通过审核，就不能成为合格供应商。但是有些供应商没有理解这一点，总觉得审核是在找碴，认为没有订单不能接受审核。客户审核对供应商产品质量的提高所带来的好处是不言而喻的，这个审核相当于一次测试，相当于对自己做了一次全方位体检，却不用出任何费用。而且，对客户审核发现的问题，一般说来，都会要求供应商进行整改，这个整改需要具体全面，要整改到位。一次、两次、三次，甚至每年几十次的审核，几十次的整改，能够解决多少问题，这样能让企业从平庸迈向优秀，从优秀走向卓越。许多非常优秀的公司，正是通过一次次的客户审核，一次次认认真真地解决发现的问题，最后让问题越来越少，做得越来越好，并让员工养成了好习惯，这里的关键是思维转变。

公司往往有各种各样的ISO体系认证审核，如果把ISO 9001质量管理体系、ISO 14001环境管理体系和ISO 22000食品安全管理体系一起审核，这类审核被称为"结合审核"。还有一种叫"联合审核"。在现实生活中，经常会碰到联合执法，就是多个部门一起行动，比如城市卫生管理行动，一般由城管局、卫生局、环保局等几个部门一起开展，这就属于联合执法。类比到联合审核，也就是多个（两个或两个以上）审核组织一起审核一个受审核方。

7.2.2 不要让审核老师想太多

企业在运行的过程中，会和不同的组织发生关联，特别是与客户之间的接触非常紧密且频繁。为了确保企业拥有持续提供合格产品的能力，需要各式各样的审核。执行审核工作的人，被称为审核官、检查官、审核员，或者审核老师，他们一般都是"眼观六路，耳听八方"，经验丰富。作为被审核方，在审核的过程中，要坚持一条最基本的原则，那就是：不要让审核老师想太多。以下用四个例子做说明。

例子1：上锁的小黑屋

审核老师在现场检查时发现一间小黑屋，上锁，且门上没有标识。作为审核老师，他会想，"这锁着的小黑屋里面藏的是什么？不合格品？造假的质量记录？禁止使用的原辅料？还是本应该报废但是舍不得扔的产品？"在简单询问陪同人员后，作为有经验负责任的审核老师，接下来，他必定要求打开这间小黑屋，然后仔细查看里面到底存放了什么。估计小黑屋打开之后，一些问题也就暴露出来了。

例子2：无标识的产品

在一家食品公司成品仓库，审核老师发现，在一托盘成品堆的某一个侧面，12箱中有1箱无标签。作为审核老师，他必定会想，"为什么这1箱没有张贴标签？是故意不贴、漏贴还是返工品呢？"在问过仓库陪同人员后，他必定要求把这一箱搬出来，看看到底有没有张贴产品标签。如果真的没有，后面一系列的问题就来了，比如：为什么这一箱没有标签？在得到现场陪同人员的解释之后，他肯定要查看这个批次产品的批记录、这批产品的标签打印张贴记录以及这一批产品的出货或者返工记录。这涉及标签的管理、追溯的管理、甚至取样的管理、不合格品处理等诸多问题。

例子3：在车间垃圾桶里发现葵瓜子壳

一般说来，在现场检查时，很多审核老师对两个地方比较感兴趣，一个是垃圾桶，还有一个是犄角旮旯的地方，这些地方是容易被忽视的地方。如果这些地方的卫生状况很好，物品摆放很整齐，估计其他地方也不会有太大问题。就像五星级酒店的卫生检查，往往关注马桶和窗台死角的卫生状况。如果在生产车间,特别是在洁净车间的垃圾桶内发现了花生壳、葵瓜子壳、核桃壳或牛奶包装外袋等。作为审核老师,他必定会想,"为什么这些东西会带入车间?为什么可以在生产现场食用?公司如何管控 GMP?如何管理过敏原?有没有进行员工培训和日常稽核?"接下来,他会去问现场员工在车间能不能吃东西,有没有专门的区域用于饮食,检查公司对员工的培训记录以及过敏原控制程序等。

例子 4:不能及时提供所要求的记录

所有的审核老师都会查看记录,因为记录可以证明某项工作确实做了。针对在现场检查或者在文件审核时发现的一些问题,审核老师会问有没有相关记录。如果回答说有,那么会要求提供。如果找记录花费很长时间,甚至在审核快要结束时才提供,作为审核老师,他必定会想,"为什么找一份记录要用这么长的时间?这份记录是不是造假了?平时是不是没有对记录进行审核归类?"接下来,审核老师会扩大范围,直至找到问题为止。

审核老师的这种发散性思维,其实给我们的工作提供了思路,就是"不要让审核老师想太多"。这一原则是"站在别人的角度想问题"的另外一种表达,不仅仅适用于审核工作,也同样适用于其他方面。

7.2.3 一看二问三查四确认,告诉你如何审核

在很多人看来,审核就是看文件,这种认识是错误的,是对被审核方和客户很不负责任的一种表现。实际上,审核是一个发现差距的过程,就是要认真检查说、写、做是否一致。如何实施审核呢?下面以审核老师的角度从以下四个方面来阐述。

(1) 看

看什么?当然不是盲目看。不要看那些别人可以看得到的,特别是他人天天都可以看得见的,而是应该看那些别人看不到的,或者是别人不让看的地方。往往在看这些区域的过程中,会发现很多问题,而这些问题又将直接影响到产品的质量或者食品安全。很多人会说,我不想让人看的地方,我会上锁,让公司贴上封条。但对经验丰富的审核老师来说,你不让看的,你不想被看到的,他特别感兴趣,都会要求你打开,工具柜、"小黑屋",如果你不让他看,他就会浮想联翩,这样审核通过的可能性将大大降低。

该如何看呢?看哪些方面呢?

一般说来,看的时候应该遵循"上下左右前后"的原则。以生产车间为例,"上",看看上方的天花板会不会掉东西,日光灯有没有安装灯罩,灯罩里面有没有飞虫?在投料口的正上方有没有冷凝水,有没有机油滴漏等;"下",看看地面有没有坑洼,墙裙有没有破损,地漏有没有清洁,有没有用消毒剂液封等;"左",看看左手边的墙面是否干净卫生,工具箱中的物品是否有清单,是否做过检查,是否有缺失等;"右",看看右手边的设备是否在运转,是否做好了设备的卫生和状态标识,是否有对应的生产和清洁记录等;"前",看看在前面进入车间的人是否遵循 GMP 要求,比如头发有没有外露,是否正确地洗手消毒,是否穿着工作服到处乱走等;"后",看看后方是否有什么不满意的地方,例如员工是否有及时关门、及时填写记录的好习惯等。

要看到这些，除了要求具备"眼观六路耳听八方"的能力外，还要求有配套的装备，比如强光手电筒等。

(2) 问

随着审核次数的增多，被审核方会采取越来越多的策略来"反"审核，例如每个岗位都安排了"对外发言人"，并经过了大量的"反复灌输"强化，他被清楚地告诉了当审核老师问哪些问题该如何作答，说话的语速以及方法都做了明确要求。如果审核老师问这个人，也许会一直点头称赞。作为负责任的审核老师，会绕开"对外发言人"和该岗位的负责人（例如主任），而去询问那些最基层的一线员工——正在操作设备、正在填写记录的人。通过问他们，甚至请他们重新操作一下该岗位的工作过程，真正了解之前到底是怎么做的。这样的结果会更直观，更有客观性。

(3) 查

在现场，去看也好，问也罢，目的就是发现线索。有时候在检查时，会要求被审核方提供一份文件或者记录，这时需要把这份文件或记录的名字用笔记下来，并在后面提醒，以防被审核方不提供，因为这些文件也许不存在或不完善。

在生产现场或者仓储区域，要检查现场的卫生，适当地查看记录。在这个过程中，要求拿着被审核方提供的工艺流程图一个步骤一个步骤去核对每一个工序，看看有没有遗漏，看看其中可能的、潜在的质量风险是否已经被监控到。需要指出的是，在现场检查时，被审核方的陪审人员必须在场，以便确认。在条件允许的情况下，要拍照作为审核的证据。

(4) 确认

通过上面的"一看二问三查"，可以获得一些线索，根据这些线索，可以有针对性地再查阅一些文件资料，例如核对作业指导书，查核相关的生产记录和质量检查表格，以确认这些是否能满足既定的要求。这个阶段就是进一步排除或者确认那些带有疑问的线索，或者说进一步判定这些线索的不符合项的严重程度，是轻微的、严重的，还是关键的。

一些审核人员在审核时花大量的时间去审核文件，甚至抄写下来。不得不说，这是一种不负责任的行为。个人认为，应该重视生产现场。我们经常说，生产现场就是战场，现场卫生如何、物品摆放是否规范、记录是否认真及时等都能显示出公司的管理水平。现场管理得很到位，而文件记录稍微逊色一些也是可以接受的。相反，如果现场管理一团糟，但是文件和记录都很"漂亮"，那也是不可接受的，因为那些文件和记录都有造假的嫌疑，无法让人信服。

有些时候，审核老师受其客户或者委托方的要求，需要完成长长的检查表（Checklist），不得不花很多的时间在文件记录上面，否则他无法完成委托的任务。然而，作为审核老师，在时间的分配上，必须充分认识到现场管理的重要性，必须花更多的时间去现场检查确认，因为只有这样审核才可能督促审核方持续改进。

7.2.4　做审核需要哪些装备？

在实施审核的时候，带一些装备，可以让你看起来更专业。那么需要准备哪些装备呢？

(1) 手电筒

在上下左右前后检查时，大多数是用眼睛看，但如果观看的距离比较远或者光线相对昏暗，就必须借助手电筒了，如图24。

手电筒的选择是有讲究的。第一，应该是强光，光程比较远。在仓库检查时，会看看屋顶是否会漏雨，排风扇是否有纱窗，这个高度只能用手电筒去照，检查员爬上去不方便，也有危险。第二，必须有线绳，以防脱落，导致形成异物隐患。因此，在审核时应牢牢把手电筒套在自己的手上。第三，电池最好可以反复充电。因为使用频繁，若是电池一次性使用，开支会比较大，特别是那些强光手电。

图24　强光手电筒

在使用手电筒的时候，特别要"照顾"那些平时可能被忽略的地方，去检查那些犄角旮旯的场所，去重点关注"习惯成自然"的区域。

(2) 写字板

对于现场发现的问题，必须要记录，必须第一时间把看到的异常或者发现的问题写下来。如果拿着一个厚厚的笔记本到现场，会很累，而且笔记本的卫生也很难保证。因此，要用写字板。写字板最好是不锈钢材质的，考虑到经常出差，背着会很辛苦，可以使用韧性较大的软塑料写字板，如图25。写字板应定期清洁并消毒，防止对产品的间接污染。需要注意的是，如果进入洁净车间，必须严格管理所使用的笔，如果可能，建议使用金属可探测的笔，或者按照被审核方的要求选择笔。

在使用前，要检查塑料写字板上有没有可以移动或者易脱落的零部件，如小螺丝等，若有，必须把它去除方可使用。

图25　审核用的写字板

写字板上要配置做记录的纸和笔。有些人喜欢用检查表，有些人喜欢用白纸，而我喜欢的是已经画好横线的横格纸。这种纸，在做笔记的时候很清晰，不会出现混淆。至于审核用到的笔，建议有两种颜色，例如黑色和红色，前者用来正常书写，后者用于划重点，例如哪些区域可能会存在重大不符合项，哪些文件资料要求被审核方以后提供，起到提醒的功能。

(3) 签到表

不少人都忽略了审核签到表。签到表（见表20）很重要，可以证明确实做过了这个审核，为今后留下一个凭证。通过签到表，可以看出被审核公司对审核的重视程度，如果来的人都是普通工作人员，或者只有质量部的几个人参与，说明对审核不是很重视；如果参与的人很多，从总经理、各部门经理到部门骨干，甚至公司的老板都来了，说明他们很重视。

表 20 审核签到表

序号	姓名	职位	出席审核的主要人员			
			参与审核的哪些阶段(√)			
			首次会议	文件审核	工厂参观	末次会议
1			☐	☐	☐	☐
2			☐	☐	☐	☐
3			☐	☐	☐	☐
4			☐	☐	☐	☐
5			☐	☐	☐	☐
6			☐	☐	☐	☐
7			☐	☐	☐	☐
8			☐	☐	☐	☐
9			☐	☐	☐	☐
10			☐	☐	☐	☐

(4) 相机

审核就是一个寻找证据的过程，为了锁住问题，必须要保留证据，最好的办法就是拍照了。用手机或者相机拍照，把照片贴在报告里面，有利于其他人了解问题到底出在何处，是什么样的问题。但有些公司考虑到工艺配方的保密性，往往不让拍照，那么可以请他们自己拍照，拍完后发送给审核员。

(5) 电脑

审核结束，要完成审核报告，这是审核员最费神的事情。在写报告的时候，要用到电脑。在审核的过程中，特别是在查文件的时候，若有可能，直接输入电脑，以免以后忘记或产生歧义。因此，需要准备电脑。

(6) 扫描仪

现场做了很多检查记录，为了方便储存和查找，建议及时扫描归档处理。

7.3 内部审核

内部审核，简称内审，对公司而言，其实就是一个全身体检，看看在管理过程中到底存在哪些问题，判断这些问题是否会不断扩大，影响到公司的健康发展或者给产品质量、食品安全带来隐患。然而，现在有些公司是在走形式，而有些又把内部审核妖魔化了。

7.3.1 内部审核，不能这样做

世界之大，无奇不有。2016 年在某公司审核，查看其内部审核和管理评审报告，发现其不符合项和往年极其相似。于是，就多想了想，"该不是抄去年的吧？"于是要求提供 2015 年的内部审核和管理评审报告。在经过数小时的漫长等待之后，终于看到了 2015 年

的内部审核和管理评审报告。令人震惊的是，通过对比发现，2016 年的内部审核报告和 2015 年的相似度达到了 99%，发现的不符合项、原因分析以及采取的纠正措施均相同，只是签名有点不一样；2015 年的管理评审报告和 2016 年相比，匹配度更高，可以说完全一样，只是把年份从 2015 改成 2016。

内部审核出现这样的情况，怀疑有以下两方面的原因。

(1) 内部审核确实没有实施

参考 ISO 9000：2015 第 3.13.1 条的定义，内部审核是指用于"内部的，由组织自己或者组织的名义进行"，"为获取审核证据并对其进行客观的评价，以确定满足审核准则的程度所进行的系统的、独立的并形成文件的过程"。请注意两个关键词："组织的名义"和"客观的评价"。根本没有去做，或者说制定了审核计划，也有审核发现，全都是自己编的，这有什么用呢？没有去获取审核证据，如何做到客观评价呢？

还有一种情况是，审核确实做了，但是太肤浅。根据审核计划，分成两小组每组 3 人两天时间对公司的四体系（质量、环境、职业健康安全和食品安全）进行内审，结果才发现了两个轻微不符合项。然而，在某客户审核的两天时间内，仅仅食品安全这方面就提出了多达 20 个不符合项，其中严重不符合项超过 10 个。说是去做了，但是有没有认认真真去做，那得打一个大大的问号。谁都不会相信，公司 6 个人的能力合起来还抵不上一个客户的审核老师。

(2) 公司领导确实没有去关注

领导确实很忙，但是内部审核，就相当于一年一次的健康体检，非常重要，必须给予足够重视。作为管理者，至少应该过目一下下属制定的审核计划，去实地查看一下审核的进展，最后还应该审批一下内部审核报告。亲历了这些，相信才真正知道自己公司哪些地方存在问题，哪些地方必须给予高度重视。其实，当看到通篇较好而只有 2~3 个不痛不痒不符合项时，最应该着急的不是别人，恰恰是这个公司的领导，因为问题没有被发现，隐患随时可能爆发。

7.3.2 内部审核的八个注意事项

如何制定内部审核计划、如何编制不符合项报告和怎么完成内部审核报告，在网上有很多资料，这里不再叙述。下面对内部审核应该注意的八个方面做简单说明。

(1) 内审员不一定要有内部审核员资格证书

以前做内部审核，需要先获得内部审核员资格证书，若没有，则必须花钱去外部参加培训。现在不同了，只要有相关能力，能胜任内部审核工作就可以了，并不要求必须获得内部审核员资格证书。

要想胜任内部审核工作，要靠平时的积累，多学习，不仅学习体系标准，更要向有经验的同事、朋友学习。在工作中不断融会贯通，在学习中不断去领悟。只有这样，才能真正成为管理体系专家。

(2) 建议不要把所有的体系夹杂在一起进行内审

随着各个领域管理体系的日益增多，每个体系都会要求做内部审核。把不同体系的内审放在同一时间实施，就变成了不折不扣的"大杂烩"。比如，把 ISO 9001、ISO 14001、ISO 45001、ISO 22000、HACCP、BRC、FSSC 22000、SA8000、Halal、Kosher 等都堆在一起，恐怕很难做到对这些标准条款的真正审核。

把这些放在一起，只能是摆设。看到这样堆砌的审核计划和审核报告，以及那几个不痛不痒的审核发现（也就是不符合项），审核老师心里一般都会犯嘀咕：没有把内部审核当一回事，得好好查一查。

因此，个人建议，可以把一些相关体系的内部审核合并，例如，将 ISO 9001、ISO 22000、HACCP、BRC、FSSC 22000 等放在一起，而将不相关的体系内部审核分开。

（3）审核周期不要求一年一次

很多人一说到审核周期，会想当然认为是一年一次。在 ISO 9001 和 ISO 22000 等管理体系中，只是指出"组织应按照策划的时间间隔进行内部审核"，并没有强调具体的审核周期。因为我们知道，每个组织所处的环境、人员的能力、产品的复杂性以及管理水平都存在着明显的差异。作为组织管理体系的基本要求，不会也不可能规定具体的审核频次。

作为组织本身而言，应该最了解自己做得好不好，可以据此来确认审核周期，是一年一次，还是一年两次，或者每季度一次。个人认为，如果认真去实施内部审核，一年一次的周期是远远不够的，至少要保证一年两次。应通过内审去发现问题，通过内审去找到自身的病痛点，通过内审去完善管理体系。

（4）审核计划不要求安排在一个时间点

很多人制定的审核计划是集中式的，集中在一个连续的时间段完成。例如，把审核分成几个审核小组，设置一个组长或者若干个副组长，各个成员参照拟定的审核计划，在规定的时间内完成既定的审核项目。这样做比较好，也是大多数人愿意采纳的，因为可以在一段时间内完成全部工作，使审核工作更有连贯性，而且大家也可以在这段时间内加深对管理体系的认识。

当然，我们也可以把审核的内容拆开。比如，可以在上半年或者某个季度审核某些条款，在下半年或者另一个季度审核其他条款。相比于集中式的审核，时间相对自由，但由于跨度比较大，在连贯性上会存在一定的局限性。

（5）公司领导一定要参与内部审核

作为公司领导，不论再忙再累，都应该抽出时间参与公司内部审核，要通过体检去发现公司到底得了什么病，只有知道病根，才能对症下药，制定措施。"领导作用"被排在质量管理八大原则的第二位，说明领导确实占据着关键的位置。一些人认为，内部审核是质量部的事情，与领导无关，这是错误的观点。只有领导关注了，其他部门才会高度重视。而且，作为公司领导，也应该体验一下内审员的工作。

（6）通过部门交叉内审充分暴露问题

一个人能不能实施审核，不取决于有没有内部审核员资格证书。只要具备发现问题、表述问题的能力和必要的专业知识，就可以做内部审核。有人说，质量部不能审核质量部的工作，这也是不对的，质量部负责体系管理的人完全可以审核质量部负责现场管理的人的工作。当然，部门交叉审核，不能把平时对工作的怨恨和对他人的不满，通过内审去发泄，而应该按照要求把问题的本来面貌挖掘出来，以便管理层改进。如果一家公司下面有几家分公司或者工厂，兄弟工厂之间的内审是最佳方式，不仅可以帮助发现问题，做得好的地方也可以相互借鉴。

(7) 不刻意隐藏内审发现的问题

每次查阅被审核方的内审不符合项报告，仅看到了几条不痛不痒的问题，我心里总是犯嘀咕：这个公司的内审肯定是走过场，有问题，得好好查一查。通过一两天的审核，往往真能发现很多问题。这些问题并不是他们不会查，而是没有认认真真参照管理体系的要求，结合制定的内审计划去执行。也可能是发现了不少问题，但写在报告里的只是几个无关紧要的不符合项。

一些人认为，内审发现的不符合项越多，说明公司存在的问题越多，这些问题都是公司的"家丑"，不可外扬。其实，这是错误的。发现的问题多，说明是在认真做事情，从一定程度上来说，是在帮助公司谋发展，而不是残害公司。我们都知道，越是不好的东西，越需要有勇气将它暴晒在太阳底下，只有这样，才会杜绝此类问题不反复出现。从另外一个角度看，作为外部审核老师，从你投入实施内审的人力、物力、财力和发现问题的多寡，也可以推断出公司的管理水平到底怎么样。前面提到的两个内审小组六个人两天时间才发现两个不痛不痒的问题，暗示公司管理肯定存在问题。这也意味着，审核老师会查得更严格更仔细。

(8) 保持内部审核的原始记录

随着电脑和网络的普及，越来越多的人青睐文档的电子化，但并不是所有的东西都可以电子化。例如审核计划可以电子化，因为如果内外部环境没有什么变化，审核的内容估计也不会有什么变化，但是检查发现的问题就不建议电子化。

其实，现场审核的第一手资料应该是没有经过任何加工的，所以保持最直接最真实的手工填写资料最好。我们知道，在用电脑制作新文档时，人们倾向于从原文档直接拷贝，这就不可避免地造成一些内容上的重复，从而降低了作为证据的审核检查表的可信度。面对一堆打印的没有任何手工填写迹象的审核检查表和一堆用纯手工但详细记录了审核时发现的问题并且看起来有点杂乱的检查表，作为外部审核老师，当然是更倾向于后者，为什么？因为他不会浮想联翩。

7.3.3 内部审核的两个要求

关于内部审核，除了上一节说到的应该注意的八个方面外，还应该特别关注以下两点。

(1) 内审员并非不能审核自己所在部门的工作，而是建议不审核自己的工作，以保证客观公正

在 ISO 9001:2008《质量管理体系 要求》第 8.2.2 条有这么一句话："审核员不应审核自己的工作"。但是，在最新版，也就是在 ISO 9001:2015 中，这句话就已经被删除了，只是指出"选择审核员并实施审核，以确保审核过程客观公正"。

如何才能做到客观公正呢？你负责体系管理，然后再去审核体系管理相关的问题？能发现问题吗？能做到客观公正吗？估计得打一个大大的问号。如果你是生产主管，然后去审核生产车间，能对发现的问题做出客观公正的判断吗？相信不能。为什么，因为你会找出一万条理由加一千个同情心去抹杀发现的问题。况且，一个人做一件事情时间久了，慢慢会形成一种思维定式（或称惯性思维），最终，在你看来这个问题根本就不是问题。通过"第三者"，才有可能让问题充分暴露出来。

因此，实施内部审核时，强烈建议不审核自己的工作。

(2) 内审发现的问题必须要找出根本原因并有针对性地制定整改措施，而且要跟进直至问题解决

PDCA 闭环管理，大家都很熟悉。对于内部审核，什么是闭环呢？编制内审计划，实施内部审核，编写不符合项报告，到此并不是表示审核已经结束。后续还有很多工作要做，例如对不符合项进行调查，找出导致问题出现的根本原因，然后对症下药，制定纠正和预防措施。到了这里，还没有结束，最后还需要做什么？还需要对制定的纠正和预防措施进行跟进并验证，看看那些措施是否实施了，看看那些措施是否真有效果。

如果采取了措施，但是没有效果，说明没有找到导致问题出现的根本原因，或者措施没有执行。对于已经采取的措施，需要留下相应的证据，例如文档、记录、照片等。

因此，对整改措施进行跟进直至完成，才表示本次内部审核终结。

7.4 管理评审

什么是管理评审？首先，我们来看看 ISO 是怎样定义评审的。在 ISO 9000：2015 上是这样定义的："对客体实现所规定目标的适宜性、充分性或有效性的确定。"在上一版的 ISO 9000：2005 如此定义："为确定主题事项达到规定目标的适宜性、充分性和有效性所进行的活动。"至于管理评审，在标准上都有准确的、具体的说明。例如，ISO 22000：2005 第 5.8.1 条"总则"要求"最高管理者应按策划的时间间隔评审食品安全管理体系，以确保其持续的适宜性、充分性和有效性。"在 ISO 9001：2015 第 9.3.1 条也有这样的说明。

现在很多企业都通过了多种体系认证，都按照要求做了管理评审，但是他们的管理评审仅限于完成一个会议签到表，再加上各部门的工作总结。事实上，真正按要求做到管理评审了吗？负责外审发证的第三方审核机构的审核老师们确实按照标准的条款对管理评审的有效性进行过审核吗？估计答案是一个大大的问号。

不论是 ISO 22000：2005 还是 ISO 9001：2015，对管理评审该输入哪些内容，该输出哪些内容，在标准里面都做了详细的规定，这里就不一一阐述。

在这里，针对在做管理评审时容易疏忽或者经常做不到位的地方，提出以下四点要求。

(1) 做管理评审必须有最高管理者参加

前面提到，在 ISO 22000：2005 第 5.8.1 条明确要求"最高管理者应按策划的时间间隔评审食品安全管理体系，以确保其持续的适宜性、充分性和有效性。"因此，在召开管理评审会议时，必须有最高管理者参加，管理者代表也不行，食品安全小组组长更不行。

为什么？做管理评审是向公司要资源的一个绝好机会，如果最高管理者都不参加，那么如何去获得必需的资源呢？只能是一句空话。

然而，有人会说，总经理（最高管理者）都很忙，怎么办？忙，可以提前预约时间。如果约不到最高管理者，就不要召开管理评审会议。如果一年一次或者半年一次的管理评审，最高管理者都不能参加，那么可以想象出最高管理者对产品质量的关心程度。

(2) 必须回顾上次管理评审的输出，并产生本次管理评审的输出

这一条经常会被人遗忘！做管理评审，对部分问题进行了讨论分析，肯定会发现一些问题并制定一些措施，这些措施是否落地，这在 ISO 22000:2005 和 ISO 9001:2015 都有明确的规定："以往管理评审的跟踪措施"和"以往管理评审所采取措施的情况"。如果不跟进，就偏离了 PDCA 的精髓。

在进行管理评审时，会提出一些意见或者建议，有些建议很有价值，但如果没有被实施，也将毫无意义。

同样，管理评审还需要有输出，需要做哪些改进，需要哪方面的资源，需要由谁执行，需要什么时候完成，需要由谁进行跟踪等。只有这样，才可能让管理评审不流于形式，才能真正为企业"增值"，带来效益。

(3) 必须回顾食品安全/质量目标，未达成的需要有行动计划

目标就像指挥棒，它可以告诉我们做什么，需要达到什么程度。在 ISO 9001:2015 第 9.3.2 条要求输入"质量目标的实现程度"，在 ISO 22000:2005 第 5.8.3 条要求"组织食品安全方针和相关目标的修订"。在做体系管理时，我们都会设定目标，不论是关于食品安全的还是关于质量的。既然设定了目标，就需要评审。何时进行回顾呢？就应该是在管理评审的时候。需要注意的是，这里的目标应该是企业层面的，是汇总的，而不是部门或者班组长层面的。如果目标没有达成，必须要有可实施的行动计划。

其实，目标不应该等到做管理评审时才进行跟踪，而应该是每个月每个季度进行回顾，当时没有达成就应该辅以具体的行动计划，详情可以参阅本书第 2.4.4 节。

(4) 管理评审应该紧跟内部审核

有些企业的管理评审和内部审核的步调不一致，例如 2016 年 12 月做管理评审，然而上一次内部审核在 6 个月前的 2016 年 6 月，下一次内部审核在 6 个月之后的 2017 年 6 月。试想，隔了这么久，内部审核发现的问题还能记清楚吗？前面提到，内部审核其实是一个"全身健康体检"，看看这段时间内"体系运行"得到底怎么样？有没有毛病或者到底有多大的问题？有没有得治？当然，这里说的内审必须是认真的、全面的，确实是本着发现问题的态度进行的。因此，推荐的做法是内部审核结束后，一两周内约定最高管理者进行管理评审。

7.5 模拟召回

模拟召回是一种手段，目的是要验证体系管理的有效性。

7.5.1 做模拟召回时，应注意什么？

我们经常会问：如果出现食品安全问题，该怎么办？

怎么办？召回！国家对此有非常严格的规定。根据2020年10月23日修订的《食品召回管理办法》（国家市场监督管理总局令第31号），"不安全食品是指食品安全法律法规规定禁止生产经营的食品以及其他有证据证明可能危害人体健康的食品"。对于不安全食品，必须立即停止生产经营，采取通知或者公告的方式告知相关食品生产经营者停止生产经营、消费者停止食用，并采取必要的措施防控食品安全风险。

上面谈及的是已经出现了食品安全问题，作为食品生产经营者必须遵守的法规要求。然而，因为是食品，如果不安全，食用后将直接影响到消费者的身体健康。为了做到未雨绸缪，必须打预防针，即做模拟召回。

ISO 22000:2005 第7.10.4条指出："组织应通过应用适宜技术验证并记录撤回方案的有效性（如模拟撤回或实际撤回）"。标准考虑到召回实施的主体，用了撤回二字。其实，没有必要在乎召回与撤回之间的细微差别，不妨直接理解为模拟召回。个人认为，模拟召回基本上等同于实际召回，唯一不同的是，模拟召回可以不把产品真正从客户那里拉回来。事实上，有些公司为了真正验证整个流程的顺畅性，在实施模拟召回时，真的把产品从客户那里拉回来，虽然会产生一定的费用，但是相比带来的实际效果，还是值得的。

在实施模拟召回的时候，需要注意什么呢？编者认为以下几点值得重点关注。

(1) 模拟召回的时间最好选择在非正常上班时间

出问题经常都是在领导不当班或者放假的时候。而在这期间，联系到该联系的人难度很大，比如下班后、周末或者客户不上班的时候。此时，若产品出现大的质量问题该怎么办？估计很多人都没有真正想过这个问题。很多企业实施的模拟召回都是在正常上班的时候，例如8:30上班，模拟召回演练放在了9:00开始，有用吗？只能说，效果不大，因为没有考虑到极端的情况。因此，强烈建议模拟召回选择在非正常上班时间进行。在这个非正常时间，检验能否在最短的时间（或者规定的时间）内联系到相关的管理人员，能否联系到你的客户，能否把出现问题的产品控制住。

(2) 召回是模拟的还是实际的，最好先不要告知客户

如果不事先告诉客户这是模拟召回，而让客户认为这是真正的召回，相信他们会快速反应，积极行动，提供所有必要的资料，并立即对异常的原料和产品进行隔离等待处理。相反，如果告知了这是模拟召回，就有可能会影响到信息反馈的效率。在模拟召回中，一般都有召回时限的要求，获得需要召回产品的信息越快，说明企业对产品的控制越有效，也说明企业管理体系比较完善。当然，有些人担心自己的模拟召回方案设计得不太完善，可能会影响客户的心情，继而对企业销售造成负面的影响。因此，建议一步一步来，第一次告诉客户这是模拟召回，第二次第三次也是，等到了第四次，有经验了，就可以不告诉客户这是模拟召回，让客户认为这是真正的召回，以获得最佳的效果。

(3) 慎重选择模拟召回的原因

在模拟召回表格里面，有些人动不动就填上"沙门氏菌超标""重金属超标""含有未曾标注的过敏原""金黄色葡萄球菌超标"等原因。这些"大块头"对于做食品行业的人来说，是非常具有杀伤力的，有时甚至会引起社会的恐慌。为了减少不必要的麻烦，在选择模拟召回原因时务必慎之又慎，建议和第（2）一样，在前期可以先从简单的入手，例如颜色异常（偏黄、偏淡等）、有客户投诉发现本批次产品中含有一根铁钉等。这类问题不至于让客户觉得恐慌，利于模拟召回的顺利完成。等有经验了，可以把模拟召回的原因做适当调整，也可观察客户对不同因素引起的产品召回的真实感受。

7.5.2 模拟召回，我们到底该怎么做？

下面我们来探讨一下如何做模拟召回。

(1) 模拟召回的策划

凡事预则立，这是很简单的道理。除了前面谈的三点注意事项外，还需要做如下准备。

① 建立产品召回工作小组　小组成员必须包括与产品处置相关的人员：销售人员，和客户打交道；生产人员，产品是他们做出来的；质量管理人员，对产品的品质把关；仓库管理人员，对产品储存和处理。其中最重要的那个人，是有权发出产品召回指令的人，这个人可以是最高管理者，也可以是授权人。没有他的同意，产品召回将无法实施。

② 事先准备好相关的表单　在实施模拟召回的过程中，会用到不少的记录表单，在策划阶段必须对这些表单进行设计并反复推敲，例如模拟召回计划、客户告知函、召回确认函等。这些记录准备得充分与否直接影响到模拟召回效果的优与劣。当然，这些表单未必一次就能考虑得很周全，也是要经过数次模拟召回实践，并不断修改，才能更符合要求。

③ 每个成员都要很清楚召回的流程　建立了召回工作小组，每个人该做哪些事情，必须要详细规定。若有必要，必须对全体成员进行培训，让每个人都熟悉模拟召回流程，知道在召回中应该做什么。

(2) 模拟召回的实施

① 销售通知客户锁定产品　在签署召回指令的时候，务必写上具体的日期和时间。这个很重要，因为这个点就是召回开始的时间，下一个时间点是拟召回产品数量已经确定并告知客户被隔离的产品可以正常放行的时间，这两个时间差即是锁定异常产品的时限。它作为一个非常重要的指标，用以评估召回的效果。

销售通知客户，可以打电话，发邮件，或者通过其他即时通信工具。无论通过什么方式，都要表明具体几点几分把指令发给了客户，都必须保留相应的证据。我们需要知道客户能在多长时间内做反馈。比较好的做法是先给客户发邮件，然后再打电话通知一下。这个阶段和客户沟通的目的是要统计需要召回产品的数量，有多少已经被使用，有多少在仓库，还有多少在途中。对于没有使用的产品，包括库存的和在途的，都必须立即隔离等候处理。

② 核对拟召回产品的数量　根据销售反馈的客户产品信息（批号以及对应的数量），核对该产品的库存量、该批次产品生产时产生的零头以及质量检验部门的取样量，确认四者的合计是否与实际生产量相吻合，也就是计算物料平衡。如果物料平衡不能达到

100%，说明有数据出现问题，必须重新排查计算。通常，这些数量里面，销售请客户统计的数量往往是最耗时的，特别是对于有外销的产品。

③ 对拟召回产品出现问题的原因进行调查　前期已经确定拟召回产品存在问题，所以在获得所有的信息之后，必须对该问题出现的原因进行调查。一般说来，从人机料法环等五方面进行排查，此时记录就能派上用场了。可以想象，如果这些记录是不真实的，后果会怎样？肯定追查不到，估计只能拍脑袋定了。根据找到的具体原因，要制定纠正和预防措施。由于是模拟召回，在把产品召回来之后还必须对这些产品进行处理，填写相应的报废记录。

④ 销售告知客户被"隔离待处理"产品的处理意见　这点很重要！你不告诉客户最终的处理意见，估计客户还在原地等着呢！同样，也建议先给客户发邮件，然后电话确认。作为一个负责任、服务到位的企业销售人员还必须得到客户的回执，确认这些产品被"无罪释放"。此时，要感谢客户的大力支持，并告知客户，这是企业根据 ISO 22000 管理体系和法律法规的要求实施的一次模拟召回。

(3) 模拟召回效果的评估

一般说来，模拟召回效果好与不好，可以用以下两个指标来衡量。

① 锁定异常产品的时间≤4 小时　模拟召回的初衷是要以最快的速度锁定不安全产品，因为模拟召回可能并没有把产品真正从客户那里拉回来，所以关注消耗在确认产品数量和质量上的时间是有必要的。时间越短，说明流程越顺畅；反之，说明沟通存在很大的问题，必须采取措施去解决。

② 物料平衡必须达到 100%　如果不能达到 100%，则说明有产品被遗漏、被食用或者使用，那么预示着可能有人将受到伤害。其实，统计这项指标是非常简单的，只是需要获得客户提供的准确的产品信息。

7.6　追溯管理

追溯管理的终极目的就是要提供有效的证据确保可以准确及时溯源。

7.6.1　正确理解可追溯性

2017 年 4 月 1 日，原国家食品药品监督管理总局发布的《总局关于发布食品生产经营企业建立食品安全追溯体系若干规定的公告（2017 年第 39 号）》（本节简称《公告》）要求"食品生产经营企业通过建立食品安全追溯体系，客观、有效、真实地记录和保存食品质量安全信息，实现食品质量安全顺向可追踪、逆向可溯源、风险可管控，发生质量安全问题时产品可召回、原因可查清、责任可追究，切实落实质量安全主体责任，保障食品质量安全。"

这则公告里的"食品安全追溯体系"，在 ISO 22000:2005 里，被称为"可追溯系统"。应该说，可追溯性系统包含的面比食品安全追溯体系更广。因为可追溯性系统还可应用在其他行业，例如五金制造、机械加工等。若限定在食品安全这个范畴，两者的意思是一样的。

那什么是可追溯性呢？可追溯性是指，如果产品出现质量问题，是否可以通过某个特定的字符，称之为"批号"，追溯到该批次产品是用哪些原辅料、加工助剂和包装材料，通过什么方法，哪些人，用何种设备设施加工出来的。这句话很简单，但是包含的信息很多。

(1) 是否可以追溯到所用的原辅料包材

这一点是最核心的。我们知道，产品是通过对一些原辅料进行加工，再通过一定方式的包装形成终产品，然后再卖给下游客户。公司的管理体系是否可以提供足够的证据（这里指的是记录），证明原辅料包材是从哪家供应商采购过来的。根据原辅料包材批号信息是否可以追溯到供应商产品加工的相关信息，例如使用到的原辅料包材、加工设备设施、加工人员等。原辅料到达工厂后，是否经进货检验合格，从入库到储存，再到发料，最后到生产车间是否对追溯过程给予管控，这些都需要有记录。

(2) 是否能够追溯到加工用的设备设施

产品需要加工，而加工必然用到设备设施。如何能够追溯到设备设施？有些公司直接用产品包装上的批次代码来体现，例如生产线以及特定的设备用不同的字符来表示。只要看到了这个字符就知道这个产品是在哪条生产线上生产出来的，非常直观，也十分方便追溯。此外，还有一种方法，就是建立设备的使用台账。设备使用台账，就是使用日志，某年某月某日，是谁使用了这台设备来加工什么，在加工的过程中设备有没有出现故障，出现的故障，最后是由哪个维修工修好的，等等。目前，一些公司没有很好地建立起设备台账，设备出现问题就报修，修好了再用，如此反复。如果可以建立详细的使用及维修台账，不仅可以为以后设备再次出现同样问题提供维修方法，同时也可为后续设备的保养提供参考。

(3) 是否可以追溯到产品加工的相关人员

人是最关键的因素。产品在加工过程中要使用到原辅料，也要使用到设备设施，但是更重要的是，是有人的参与实施。没有人，产品不可能被生产出来。在食品生产过程中，人的要素往往是第一位的。人的身体状况，以及个人卫生等都直接影响到产品的质量。此外，可能存在的恶意行为对食品安全也是一个不可忽视的因素。如果产品出现质量问题，就需要追溯到相关人员，因此，在生产记录上必须体现出所有加工人员的姓名。当然，并不是说，把这些人的名字写在一张纸上，而是要分摊到其负责的岗位上去。需要特别指出的是，体现的加工人员建议由编制记录者签字，以便后续有效追溯。

要做到产品的可追溯性，需要做到以下两点。

① 记录必须真实有效　禁止随意捏造、更改记录。否则，当某一天产品出现了质量问题或者食品安全问题需要追溯并召回时，估计会悔不当初。

② 记录必须妥善保存　记录既然如此重要，就必须妥善保管。有公司把记录保存在一间阴暗的小黑屋里，从来不管不问，结果房间漏雨把记录都淋湿发霉了还不知道。因此，记录需要存放在防火防水防鼠防盗的地方。至于保存期限，至少应该保存至产品有效期后一年。对于涉及产品重要信息的记录，建议长期保存。现在做得更好的公司，每一份记录都扫描存入电脑，光盘刻录备份，永不丢失。

关于什么样的记录才是真正的质量记录，以及记录的重要性，可以参阅本书第 7.7.1 和 7.7.2 节。

7.6.2　顺向可追踪，逆向可溯源——教你如何做追溯演练

与模拟召回相平行的，是追溯演练。

什么是追溯演练？简单地说，告诉一个批号，能否追溯到这个产品或者原料的所有相关信息。在《公告》附件中，当谈到工作目标时，用到的十个字特别经典：顺向可追踪、逆向可溯源。这十个字真正道出了追溯的精髓。"顺向可追踪"就是指我们常说的正向追溯；而逆向可溯源说的是反向追溯。下面分别给予说明。

（1）正向追溯（Forward traceability）：从原料到成品

所谓正向追溯，就是告诉原料（也可以是辅料或者包材）的一个批号以及数量，能够顺着生产流程追踪到该批次该数量的原料用到哪些产品中。

有人会说很简单，也有人会说很复杂。因为原料有散装的、还有袋装的、桶装的、罐装的；有液体的，还有固体的；有用量很小的（每进货一次，要用很长时间），也有用量很大的（一批一两天就用完了）……为了验证追溯的有效性，不建议选择那种简单的用量很大的原料，而强烈建议选用用量小每批次可以用很长时间的原料，或者是液体散装原料。通过追溯，如果发现问题，可有针对性地制定措施加以改进。

在正向追溯的过程中，需要计算物料平衡，即所有成品中用到的该批次物料（指原料）的数量加起来是否和当时该批次物料的进货数量相吻合。当然，需要考虑生产过程中对物料进行配置时的损耗，以及来料时物料超重或者分量不足的情况。举一个简单的例子，麦芽糊精每袋的标识净含量为 25kg，可能它的实际净含量为 25.250kg，多出来 250g，如果在生产使用时，每次使用 250g，对这一袋来说，不考虑过程损耗，它的物料平衡就达到了 101%。如果这一袋的实际净含量不到 25kg（但在规定允许的范围内），比如只有 24.95kg，若过程损耗了 200g，那么它的物料平衡只有 99%。因此，我们必须事先科学地设置好物料平衡的允许范围。如果最终追溯计算出来的物料平衡数值不能达到要求的数值，就必须调查分析，制定措施并重新进行追溯演练。

（2）反向追溯（Backward traceability）：从成品到原料

所谓反向追溯，一般是指反着生产过程或者说逆着工艺流程，能追溯到指定批号成品所用到的所有的原料、辅料和包装材料的相关信息，包括批号、使用数量，此批的到货数量、取样记录和供应商信息。

反向追溯也需要关注物料平衡，产出成品的物料平衡。实际产出多少，有多少被取样，有多少被报废，有多少零头，有多少成品正常入库。这项物料平衡必须达到 100%，否则说明生产过程存在问题，要么是出现了混批，要么是重量出现错误。

不论是正向追溯还是反向追溯，都有时限要求。告诉一个批号，花很长时间才完成追溯，是不允许的。要在最短的时间获得要追溯的信息，这个最短的时间，通常要求是不超过 2 小时。为了确保这个时间的准确性，以告知大家拟实施追溯原料或者成品的邮件上的发送时间为起始点，设定必须完成的时间，看看能否在规定的时限内完成追溯任务。

通常，追溯演练每年都需要进行，至少包括一次正向追溯和一次反向追溯。如果产品比较多，建议每一个产品都去演练一下，以验证追溯系统的有效性。当我们认为追溯效果不佳时，有必要增加追溯演练的频次，比如每半年或者每季度一次。

要想获得好的追溯效果，需要平时的积累和锤炼。在设计、整理记录的时候，就应该有意识地对每一批产品做好追溯演练，设计好表格，把产品生产所使用的原料、辅料和包材的批号，产生中间体的批号信息等全部汇总起来。

7.7 记录控制

记录作为有效证据之一，管理得好与坏将直接影响到后续出现异常时的调查与改进效果。

7.7.1 什么是真正的质量记录？

一说到质量记录，大家就头疼，那么多的表格，那么多的签名，要花费很多的时间。这些记录之所以称为质量记录，就是因为它能为质量服务，更确切地说是为产品服务。当产品出现问题时，我们可以通过查阅质量记录，去寻找原因，然后制定措施加以改进；当过程需要改进时，我们可以回顾质量记录，对工艺过程参数进行统计分析，发现趋势，寻找对策，以持续提高。

但如今，一些企业却"变异"了质量记录。质量记录又多又繁，员工不想去填写，因为要写的空格实在太多，花费时间太长，感觉太累；技术人员不想用质量记录上的数据去参考回顾，因为不可信的成分太多，没有太大的参考价值。最后，质量记录不像质量记录，失去了应有的价值和意义，质量记录反而成为一种负担。

在 ISO 9000 中，对记录有明确的定义："阐明所取得的结果或提供所完成活动的证据的文件"。同时，在 ISO 9001 中也再次指出，"记录是一种特殊类型的文件"。所谓特殊，指的是在未填写之前，属于一般的文件，但是填写完毕后即成记录，不允许对其更改或更新。其实，质量记录与文件之间没有严格的界限，也没有必要进行清晰地定义。质量记录和文件都是为产品质量服务，都是为了满足客户要求。

既然质量记录如此重要，那就要做好管理。这里说的管理是指从质量记录的设计、实施到改进的所有过程，也遵循 PDCA 循环。简单来说，一份高水平的质量记录，可以提供所需要的任何信息，简约但不简单。要做到简约而不简单，有点难。每出现一个质量问题，我们都制定措施进行改进，而制定的措施在很大程度上包括控制点的增加或检查频率的加大，这些都少不了记录。因此质量记录在不断增加，由最开始的没有记录，到一份记录、两份记录，到最后的多份记录。记录的增加，不仅让管理者头疼，更让填写记录的员工头疼，要知道，如此多的记录，浪费的不仅仅是纸张，更是时间、成本和信任。

因此，摆在我们面前的问题就是如何优化质量记录，如何尽可能减少记录，同时又可保证我们所需要的信息都能满足。细心分析会发现，在我们的工作中，有很多记录都可以整合到一起，都可以优化。整合优化质量记录，就像我们做 5S 管理一样：整理、整顿、清扫、清洁、素养。

首先,整理。看看哪些记录必须要做,哪些记录可以不做,哪些记录可做可不做。

其次,整顿。对于那些可做可不做的记录以及那些可以不做的记录,坚决不做;对于那些必须要做的记录进行优化。可以写英文字母的地方不写中文,可以写阿拉伯数字的地方不写英文字母;尽可能做选择题,而不是填空题;可以打"√"做选择题的地方不写阿拉伯数字做填空题。

然后,清扫。不要做的质量记录,全部当成垃圾一样给予清扫,要对质量记录进行优化。

再者,清洁。记录经优化设计后,要尽可能涵盖到最多的内容,尽可能可以少写字。一份好的记录单,并不是设计好了立即去印刷,而是在印刷之前,让填写记录的一线人员去试填写,比如半个月、一个月,看看哪些地方还可以提高改进。这些记录单都是让员工填写的,因此他们对记录单的设计和优化有建议权和选择权。流水号印刷,每一页都有唯一的流水号。因此每一页都必须好好保管,即使填写错误,也不可撕毁,只能按照质量记录的要求,用斜杠"/"划掉,并署上划斜杠者的姓名和日期。这样既可减少浪费,又保持了记录的严肃性,更极大地保持了记录的可追溯性。

最后,素养。每一本记录上面都可以制做一个封面,封面上注明记录的名称、收藏整理者的姓名,记录起止日期,同时可以在记录本的正下方用黑体粗字写上"质量记录,妥善保管,谁丢失,谁当班,谁负责"等字样,让任何一个填写记录收藏记录的员工知道这是一份质量记录,不是草稿纸。现场只保留一份记录,并实行以旧换新,因此现场不可能出现五花八门的记录。

7.7.2 质量记录为什么如此重要?

质量记录的重要性主要体现在以下三个方面。

(1) 产品质量追溯

质量记录就是把产品生产过程中出现的一切情况如实地进行记录。这里需要强调的是"如实"二字,换句话说,不需要加任何修饰词,是什么就写什么,没有就没有,有就有。只有这样,才能够真正地体现产品在生产过程中的质量状况。我们知道,产品生产出来之后,如果没有质量记录,就无法知道在生产过程中,用到了哪些原辅料、包材,也不知道用到了哪些设备,更不知道是谁把这些产品做出来的。后续的产品检测,也只能是针对产品本身的质量状况。如果没有质量记录,要实现产品追溯就是一句空话、套话。只有通过真实有效的质量记录,才能确定最终产品的批号信息,追溯到产品用到的所有原物料、加工设备和操作人员;才能去查找某一批原物料用于哪些成品;一旦产品出现质量问题,才能通过这些记录,去查找过程出现的偏差,继而制定措施解决。

(2) 产品工艺改进

工艺改进,是一个永恒的话题。随着技术的革新、设备的改良,产品生产所使用的工艺也需要改进。如何对工艺进行改进呢?第一步是要判断之前的工艺如何?那么通过什么样的办法来判定之前的工艺呢?拍脑袋、凭经验都不可取,这种判断存在主观上的偏差。可以获得的第一手资料应该来源于质量记录——之前产品生产所使用的工艺参数以及在此参数下生产出来的产品的质量状况，通过对之前大量的生产和产品质量数据进行分析，我们就可以知道过程控制水平并有针对性地加以改进。只有这样，才能够确保不做无用功，不走弯路，不浪费有限的资源。试想，如果之前记录的工艺参数都是假的，如何去分析，如何去改进？很多时候，有些人对自己填写的记录都不相信，那么使用这些工艺数据进行分析，就更不可靠了。这样的质量记录，只能是一堆废纸。

(3) 检查审核的需要

检查和审核，是一个寻找证据的过程。参照标准，看看说的、做的、写的是否与标准一致。如果是，那就是符合；如果不是，那就是不符合。某件事情，你说你做了，那有没有证据可以证明你做了呢？如果没有，说了也没用。有些人会说，那还不简单，随便写一份记录就可以了，若碰到很"友善"的审核老师，估计问题不大。但是，如果是很有经验的审核老师，他会从你的记录中看出端倪，分析出这份记录是否真实，是否是编造的，是否有人代签名等。从查阅记录看出的一些疑点，让他可能扩大抽样的量并查阅更多的记录，以证实他的猜疑，因此不能抱有侥幸心理。

既然质量记录如此重要，那我们该怎么做呢？个人认为，应谨记以下三点。

一是该签名的地方要签名，不可以代签。一份完善的记录，首先必须做到的是，该填写的地方必须填写，不需要填写的地方应按照要求划掉。该签名的地方就要签名。注意，这里所说的签名，是指谁做的谁签名。很多人，对签名的严肃性认识不够，认为不就是一个签名嘛，随便代签就可以了。例如，一份记录上出现的三四个名字，签名的字迹是一样的，那就说明由人代签了。很多企业，对代签名特别反感，一旦发现，直接被判处"死刑"。这也就是为什么，现在很多审核老师，要求被审核的公司提供一份管理人员的签名清单，然后逐个核对签名的真实性，看有没有造假。在他们看来，连签名都可以伪造，还有什么不能造假的呢？因此，在任何记录上，都不能出现代签名，应让每一个签名的人都真正负起该负的责任。

二是写错的地方用横线划掉，并在旁边签上修改人的姓名。很多人还一直保留着学生时代养成的"好习惯"，写错的地方，用修正带、涂改液或者胶带粘掉，然后再写上正确的数据。对于质量记录，是不允许的。质量记录要求真实、有效，用修正带、涂改液或者胶带粘掉，怎么知道是谁修改的呢？怎么知道之前错在哪里呢？之前的错都被覆盖掉了，怎么才能从错误中吸取教训，避免不再第二次、第三次犯同样的错误呢？所以，正确的做法是：把写错的地方用"——"划掉，并在旁边签上修改人的姓名和修改的日期。要求修改人签上自己的姓名，是为了让修改人真正负起责任，真的是修改人自己，而不是别人修订的；写上修改日期的目的是方便今后查阅。

三是不可以做假记录，更不要抱侥幸心理。

对于假记录，一些人存有侥幸心理，认为审核老师没有那么厉害，监管机构也没有那么仔细。因此，遇到自己没有的或者做不到的，往往想到"造假"二字。其实，造假是需要付出代价的，有时候付出的代价是无法估量的。随着全社会对食品安全的日益重视，越来越多的人，包括媒体开始以各种各样的方式参与到对食品安全的监督中，这要求食品生产企业不得抱有任何幻想，必须脚踏实地一步一个脚印做好产品质量，管理好食品安全。与其让造假这个"不定时炸弹"藏在身边，还不如从现在开始，杜绝任何形式的记录作假，安心地过好每一天。

记录如此重要，要妥善保管，必须防火、防水、防鼠和防盗。

7.8 文件管理

文件的多寡并不能代表体系管理的优与劣，关键是让文件有效，能够真正增值。

7.8.1 编制操作指导书，向宜家学习

添置新家具，去了一趟宜家（IKEA），买了一套可折叠式餐桌。在买的时候一直犯嘀咕，就我这水平，能安装好吗？店员告诉我说，其实很简单，只要照着安装示意图一步一步来，你看，这里摆的所有样品都是我们自己安装的。

把家具运到家，拆开外包装，一份安装示意图出现在眼前，如图26。

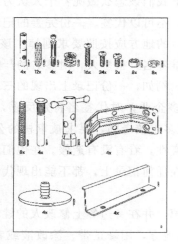
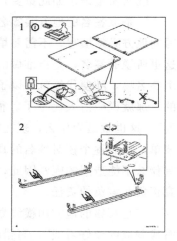
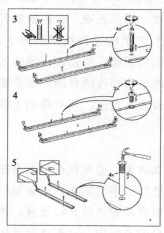
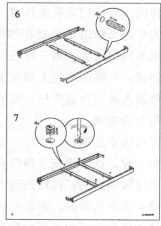
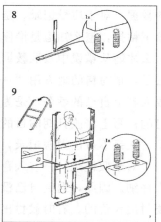

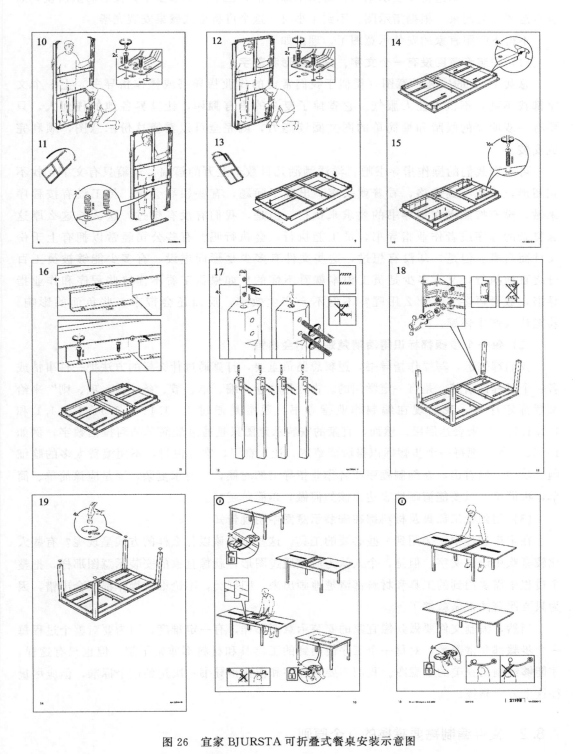

图 26 宜家 BJURSTA 可折叠式餐桌安装示意图

刚开始，看到这份安装示意图，有点不知所措，也不想那么多了，按照店员所说，照着示意图安装起来。根据指示图，不到 1 小时，这个可折叠式餐桌安装完毕。

不得不叹服宜家的安装示意图了，理由如下。

(1) 安装示意图没有一个文字，只有图形和数字

总共 15 页的安装示意图（类似于我们常说的作业指导书或操作指导书）上一个文字都找不到，不得不让人服气。它省掉了复杂的语言翻译，让世界各地的任何人，只要有一双明亮的眼睛和最简单的图文阅读能力，就完全可以看懂这份示意图，顺利完成安装。

再看看我们的操作指导书吧，洋洋洒洒几百数千上万的篇幅，通篇只有文字，找不到图形，也找不到表格，看着就头疼。出现了问题，有些领导会说，员工没有按程序来做，没有按照操作指导书的要求来执行。但是，我们有没有想过，这么长这么厚这么复杂的程序或者作业指导书，员工能执行，会执行吗？有些公司经常以拥有上千份文件而自豪。但是，却没有想过，这些文件有多少是形同虚设，有多少能够被员工百分之百地执行，又有多少是员工根本就看不懂的！如果员工看不懂这些程序和作业指导书，数量再多又有什么用呢？不但不会产生效率，反而还会带来一些负面的影响，甚至让人产生怀疑。

(2) 每一个步骤都标识得清清楚楚，不会出错

我们都知道，写操作指导书，逻辑思路最重要，打算通过什么样的方法把一件事情或者一个过程说清楚，是有一定学问的。古人用"卷、编、章、节、条、款、项、则"来给文章标定序号，我们现在编制作业指导书，通常是通过 1、1.1、1.1.1、1.1.1.1 和 1.1.1.1.1 等来表达层级。然而，宜家的安装示意图只是通过最简单的阿拉伯数字，例如 1、2、3 等就把每一个步骤标识得清清楚楚。让人看了，赏心悦目，不用浪费太多的脑细胞。从中可以看出，在编制程序或者作业指导书的时候，不要求复杂，而是应该简单、简单，再简单。只要能清晰地表达出该如何做，越简单越好。

(3) 用到的工器具及材料都在安装示意图中明确告知

在生产过程中，会用到一些必要的工具。这些工具该以什么样的方式呈现呢？有些人比较喜欢用语言文字，但是，个人认为应该通过图形，就像宜家的安装示意图那样，把整个过程中需要用到的工具和材料都清楚地画出来，归好类，不论谁来操作都不会出错，因为只要照着图来做就够了。

当然，编制文件要做到像宜家的安装示意图那样，有一定难度，因为要对整个过程每一个步骤都非常熟悉，对每一个工序使用到的工器具和材料都非常了解，但也只有这样，才能够绘制出完美的示意图。我们不要求程序和作业指导书一次达到这个标准，但应尽量往这个方向靠拢。

7.8.2 文件编制需要掌握的几个原则

文件编制，在质量管理中很常见。我们需要编制文件明确各部门的职责，去告诉他人该如何做一件事情，去规范操作流程，以保证生产出来的产品不走样。我们可以从文件的编写看出一个人的能力，看出一个人的业务水平。文件也可以反映出编写人对流程的熟练程度。编制文件有以下四个原则供参考。

(1) 文字并不是越多越好

一些人写的文件像小说但又不像小说，洋洋洒洒几千上万字，内容却很空洞，没有人乐意看。去工厂审核时，会发现文件很新，不是因为保存得很好，而是因为没有人看。只有谁看？新员工和审核老师。如果文件不能用来指导生产、不能用来指导操作、不能用来指导流程，即使拥有上千份文件，也没有意义。

翻开写的文件，通篇都是描述性文字，一看内容就很空洞、乏味。我们在编制文件的时候一定要"机灵"些，可以用图片的就用图片，可以用表格的就用表格，甚至于可以用多媒体的就用多媒体。编制作业指导书等文件的目的就是要让不明白的人清楚该做什么，该如何做。如果不能达到此目的，说明文件编制得不到位。

曾经见过一份高质量的作业指导书，是关于设备操作的。在这份作业指导书里面，有文字，也有图像，它把设备的操作面板拍了一幅照片，然后画了一个九宫格，让每个按钮落入单元格内，这样每个单元格就对应了唯一的操作按钮，据此在文件上规定如何操作，非常简单也非常有效。

(2) 部门职责需讨论确定

在质量管理中，有很多文件是涉及部门职责的。既然涉及其他部门该做什么，就必须在编制文件之前确定下来。试想，如果别人都不知道他该做什么，文件谈何实施呢？因此，在确定流程之前必须充分讨论，大家讨论越激烈，问题暴露得越彻底，说明大家对这个流程越在意。如果大家僵持不下，就请领导统一安排。

需要强调的一点是，已经开会讨论决定了的事情，就必须执行。应做到在会议室讨论时发出不一样的声音，离开会议室没有声音。切忌在会议室一团和气，出了会议室却一片怨气。而且，会议上怎么决定的，在文件上就怎么写，切忌把没有讨论的、没有经过确认的内容放入文件流程中，以免造成不必要的纷争。

(3) 层级并不是越多越好

关于文件的编写有不少国标，例如《标准化工作导则 第 1 部分：标准的结构和编写》（GB/T 1.1—2009）以及 GB/T 20000.1～5《标准化工作指南》系列。我们在编制文件时，往往会对文件的正文分成不同的层次，这在 GB/T 1.1—2009 有说明，如图 27。

这个怎么理解？我们可以说第 5 章、第 5.1 条、第 5.1.1 条……根据此标准第 5.2.4 条对"条"的规定，一直可以细分到第 5 个层次，例如第 5.1.1.1.1.1 条、第 5.1.1.1.1.2 条。实际上，不用细分到 5 个层次，最多会用到 2 个或者 3 个层次，例如 5.1.1 条和 5.1.1.1 条，层次过多，让人看了很不舒服。

因此，在编制文件时，层级不能太多。至于多少层级比较合适，可以参照国家的相关标准。

(4) 文末最好附流程图

很多人认为文件最后画上一个句号就完美了，其实不然。个人认为这个时候并没有结束，即使在文件编制的过程中使用了表格、图形，甚至多媒体，在最后还是需要画一个流程图,看看文件中写的那些文字是不是可以在一个流程图里体现出来,这个流程图不需要太大,最多一张 A4 纸。如果不能在流程图上完整地表达出之前的文字部分,说明前面制定的流程不顺畅,需要重新修订。考虑到第二方审核文件时查阅方便,建议流程图上的一些文字有中英文对照,这样即使是外国人也能看懂是什么意思。

层次	编号示例
部分	××××.1
章	5
条	5.1
条	5.1.1
段	[无编号]
列项	列项符号;字母编号 a)、b)和下一层次的数字编号 1)、2)
附录	附录 A

图 27　GB/T 1.1—2009"层次及其编号示例"

7.9　整改措施

在体系管理中经常会碰到"纠正""纠正措施""预防措施"等字眼,整改措施是对它们的统称。

7.9.1　纠正、纠正措施和预防措施,你是否分得清

何为纠正?什么是纠正措施?什么又是预防措施?在 ISO 9000:2005 中对纠正、纠正措施和预防措施有过定义:"纠正——为消除已发现的不合格所采取的措施;纠正措施——为消除已发现不合格或其他不期望情况的原因所采取的措施;预防措施——为消除潜在不合格或其他不期望情况的原因所采取的措施。"

从定义可以发现,纠正措施比纠正更强调"原因",预防措施比纠正措施更突出"潜在"。但是很多人对纠正、纠正措施和预防措施一知半解,即使在经过 ISO 9000、ISO 14000、ISO 45001、ISO 22000 等培训后,还是未能真正理解这三个词的精髓。

其实,这三个专用词可以概括为 18 个字,现阐述如下。

纠正,"就事论事"。《现代汉语词典》(第 7 版)对"就事论事"解释为"根据事情本身情况来评论是非得失"。这里所说的"就事论事"就是指错了就改正,把不对的改成正确的,并不要求你想太多。例如,洁净车间的门未关,那么"纠正"就是把门关上,而至

于门为什么没有关上，是门轴坏了，还是门本身的问题导致关不上，就不是"纠正"所关心的问题。

纠正措施，"找到根本原因，对症下药"。纠正措施研究的是"不合格或其他不期望情况的原因"，有两层意思，不合格的原因和其他不期望情况的原因。纠正措施需要找到根本原因，只有找到了根本原因，才可能对症下药；只有对症下药，才能杜绝此类问题的再次发生。一般说来，出现问题很难找到根本原因，根本原因可以从人机料法环等五个方面去寻找，但是最简单、最方便的方法却是"5个为什么"。问题已经产生，为了找到根本原因，连续问多个为什么，一般说来都不超出5个为什么就可以挖掘到问题产生的根源，即"根本原因"，英文中的"root cause"。

"5个为什么"最经典的应用莫过于美国华盛顿广场杰斐逊纪念馆大厦斑驳原因的查找了。这座大厦在1943年落成，历经风雨沧桑，表面斑驳陈旧。政府非常担心，派专家调查原因。

为什么出现斑驳？因为冲洗墙壁所用的清洁剂对建筑物有强烈的腐蚀作用，而该大厦每天被冲洗的次数大大多于其他建筑，所以受损严重。

为什么要每天冲洗多次呢？因为大厦被大量的鸟粪弄得很脏。

为什么大厦有那么多鸟粪？因为大厦周围聚集了很多燕子。

为什么燕子专爱聚集在这里？因为建筑物上有燕子爱吃的蜘蛛。

为什么这里的蜘蛛特别多？因为墙上有蜘蛛最喜欢吃的飞虫。

为什么这里的飞虫这么多？因为飞虫在这里繁殖特别快。

为什么飞虫在这里繁殖特别快？因为尘埃在从窗外射进来的强光作用下，形成了刺激飞虫生长的温床。因而有大量的飞虫聚集在此，以超常的激情大肆繁殖。

因此解决问题的最终方法是：拉上窗帘。据说，杰斐逊纪念馆大厦至今完好。

找到了"根本原因"，然后对症下药，有的放矢，进行根治。如果实施了纠正措施，但之前的问题仍然出现，说明两点：要么是根本原因没有找到，要么就是制定的纠正措施没有被百分之百执行。前者属于能力问题，可以原谅；后者属于态度问题，不可接受。

预防措施，"举一反三"。举一反三需要你有高超的智慧和坚定的执行力。好比一台石磨，我们每推一下，不希望这个石磨只转一圈甚至半圈，我们更希望这个石磨，推一下能转三圈、四圈甚至五圈。上面提到的例子——洁净车间门未关，我们找到的根本原因是这个门轴承用得时间长了，磨损断裂，维修未及时更换。那么我们的预防措施就是维修这个门并检查其他地方的门的门轴承是否有断裂的情况，只有这样，才能杜绝类似的问题再次出现。

正确理解纠正、纠正措施和预防措施的本质含义，有助于彻底解决出现的问题，让同样的问题不再发生或者不在其他地方发生，真正实现持续改进。

7.9.2 加强与强化，想说爱你不容易

在日常工作中，我们经常可以看到加强和强化二词，它们似乎是灵丹妙药，很多人都

喜欢使用，而且是被广泛使用，但使用的效果如何呢？很少有人去认真思考。

那么，什么是加强？什么又是强化呢？根据《现代汉语词典》的解释，"加强"指的是"使更坚强或更有效"。例如，加强团结，加强领导，加强爱国主义教育。"强化"指的是"加强；使加强巩固"。例如，强化记忆，强化训练。没有看出明显的区别，为什么很多人都热衷于使用加强和强化呢？个人认为，不外乎两个方面的原因：第一，内心深处一直反感采取措施。出现问题，需要对问题产生的原因进行分析，找出根源，然后采取措施。但是，有些人认为这不是他的问题，只是迫于领导的压力，不得不制定的措施，因此只让措施停留在口头上。第二，真的不知道该如何制定措施。很多人都有这样的经验，好像加强和强化是放之四海而皆准的准则，只要制定措施，加强或强化就可使用，没有人可以说你做得对与不对，到位还是不到位。

然而，我们在说"加强培训""加强监督""强化管理"时，却没有考虑具体的操作细节。例如，加强培训到底该怎么加强？如何去培训？是指培训频次的增加，比如以前是一个月培训一次，现在变成每周一次或者每天一次；还是指培训内容的扩充，比如以前只限于培训员工如何洗手消毒，现在是需要和员工相关的卫生管理全部培训？当我们在说强化管理或者加强监督时，应考虑通过什么方式来加强？比如，以前是一个人做，现在是一个人操作，另外一个人检查；或者一个人检查之后再增加一个复核人员，这才是加强。

加强，可以成为一种口号，或者可以成为领导对某件事情的一种期望。例如，加强食品安全管理。一般说来，口号和期望所涵盖的内容比较广，所以可以是虚的，可以上墙，但是作为需要被执行的措施，虚了就无法被执行。如果制定的措施模棱两可，说了等于没说。做与不做都无法确定，措施就没有存在的价值。其实，这样的措施，对于要执行措施的人，也是一种痛苦，因为他不知道该如何执行。更重要的是，后续也无法对措施进行验证，因为真的不知道这个措施有没有被执行。

在制定纠正和预防措施时，用到强化或加强这样的词，往往会被上司斥责，"你有什么资格说加强，你有什么资格说强化"。只有把措施具体到每一个点，让每个措施的每一步都能落地可执行，才能判断所制定的措施是否有效，才能判断是否找到了问题产生的根本原因。例如，某个问题的出现是因为包装员工对某个程序不熟悉，则措施可以这样写："对包装岗位员工就《不合格控制程序》进行培训，责任人：向峰，完成时限：2019年1月6日"。再如，产品净含量的不足是由于员工校验电子秤的时候没有人复核，那么措施这样写："包装电子秤在使用前，每天由包装组长用25kg标准砝码对其进行校验。校验时，由现场品管复核。责任人：包装组长、现场品管。"这样的措施远比加强培训或者加强监督有效。

因此，加强与强化，想说爱你不容易！在我们日常工作中，也应该杜绝使用这类强化词，让我们的心态回归。同时，也需要避免使用一些形容词，措施里面应是满满的"干货"。

好记性不如烂笔头！发现好东西，立马记下来！

随心所感（7）：_____

第8章
持续改进

什么是持续改进？ISO 9000:2015 对"改进"和"持续改进"的定义是这样的：改进，提高绩效的活动；持续改进，提高绩效的循环活动。从定义上，"持续改进"比"改进"多了"循环"二字，表示要不断地改进，就是每天或者每次进步一点点。要做到改进很难，要做到持续改进更难。在工厂管理过程中，要改进的方面很多，例如员工的薪资福利、工作条件、工厂的硬件设施、降低不良率和管理成本等。对质量工作人员来说，希望通过持续改进质量管理体系、食品安全管理体系来达到持续改进产品质量，减少食品安全隐患的目的。

8.1 做体系的最高境界，你觉得是什么？

做体系，特别是以制造业为根基的企业，首先要把体系做好，然后不折不扣地执行。做体系的最高境界就是五个字：说、写、做一致。

什么是说？很简单，就是你说出来的话，包括你和别人谈及的，你回答审核老师的提问等。说是很严肃的事情，关于体系管理，如果不清楚不能说，更不能乱说。有时候会因为一句话，影响到整个体系的权威性，影响到客户对企业的态度。有人会说，我在说的时候没有考虑到这些。既然不懂，就应该去学习，向更优秀的人学习，让自己变得优秀，让说出去的话更有分量。话已经说出去了，便没有回旋的余地，只有去执行，这样做是为了保证说的严肃性。

什么是写？也很简单，就是指文件上怎么规定的，包括程序文件、作业指导书以及法律法规要求。企业有很多文件，但未必管理得很好。文件多，说明维护成本高；规定多，员工做到遵守每一项规程就比较难。这就要求，写文件的人多到现场去学习，去每个点核对，和基层员工沟通，让作业指导书更接地气。文件一旦制定，就必须执行。

什么是做？还是很简单，就是指在实际操作中的表现。很多事情，讲一百遍，不如认认真真做一遍。做了，才知道自己是不是胜任；只有做了，才能真正明白做的是不是满足写的要求，行胜于言就是这个道理。

做工厂管理，来不得半点虚假，只有一个字，做，怎么做？按照作业指导书上写的来做。怎么说？按照作业指导书上写的来说。如果背离这个规则，说一套，做一套，那么这样的管理，这样的体系，没有价值。

有人说，要保持说写做一致很难，确实如此。但是，当你考虑到体系的严肃性和长远性，就必须坚持下去，并让体系相关的人都养成好习惯。如果不长期坚持，不可能达到做体系的最高境界。

8.2 两种解决问题的方法：DMAIC 和 PDCA

发现问题，出现异常，怎么办？一些人，一旦遇到问题，如果很棘手或者之前没有碰到过，会手足无措；一些人，总是建议要保持冷静，说会有办法，其实也没有办法。保持冷静很重要，但更重要的是，一定要常备一些解决问题的方法，无论面对什么样的难题，至少有原则可以遵循。

笔者推荐两种特别有用、能够解决问题的方法，现分别做介绍。

(1) DMAIC：定义、测量、分析、改进、控制

DMAIC，来自六西格玛（6σ）管理，其每个步骤环环相扣，目前被广泛应用于项目管理和解决发现的异常问题。

D(Define)：定义，定义问题，即问题的根源在哪里？

找到问题的根源很重要，否则，那意味着只是浮在问题的表面。要找问题的根源，应发挥众人的智慧，充分利用头脑风暴。根源找到了，估计问题已解决过半。

M(Measure)：测量，测量差距，即要达到目标，需要获取哪些数据？

要通过现场实地考察，获取实际数据，必要时，需借助一些工具。在这个阶段，需要做大量的工作，一个人很难完成，必须依靠团队中的其他成员，此时，团队成员间的积极沟通、有效交流和彼此信任显得尤为重要。

A(Analyse)：分析，分析数据，确定根源，即用实打实的数据找出问题到底出在哪儿？

获取了大量的数据，接下来要对这些数据进行分析。有时会用到一些分析工具，因为分析工具不仅能保证结果的可靠性，还能节省宝贵的时间。当然，正确使用分析工具不是一蹴而就的事情，需要不断地学习和实践。

I(Improve)：改进，改进过程，执行方案，即制定方案，并不折不扣地执行！

通过前面三步，已经知道造成这个问题的原因是什么了，需要制定措施，来解决问题。正确有效的措施应充分考虑人机料法环等五个方面。有时，措施涉及的部门会比较多，因此各部门间的协调与配合显得尤为重要。

C(Control)：控制，标准化，即为确保结果不走样，用文件把它固定下来。

我们有这样的经验，很多事情，做到最后都变形了。其实，最主要的原因是没有把已经达成的成果以书面的形式固定下来。今天张三这样做，明天李四那样做，如此这般怎能不走样。标准化不仅能规范方式和方法，还能统一大家的思维习惯。

(2) PDCA：计划、执行、检查、行动

PDCA，又称为"PDCA 循环""PDCA 模式""质量环""戴明循环""戴明圈""闭环管理"，来源于 ISO 9000。

ISO 9000 发布至今已有数十年的时间，很多人早就接触了关于 PDCA 各式各样的培训，相信对这一理念已有充分的认识。

P(Plan)：计划、策划，即想。

凡事预则立，不预则废。做任何事之前，一定要想，做这件事情，到底要达到什么样的效果，有什么样的期望。产品是检验出来的理念，早就成为过去；产品是生产出来的理念，也慢慢过时；而产品是设计出来的理念，已开始渐渐深入人心。

D(Do)：执行、实施，即做。

说千遍道万次，不如做一回，古人说的"行胜于言"就是这个道理。措施已经制定，是好是坏只有试了才知道。不去做，再好的措施也发挥不了作用。不论困难有多大，能往前走一步，意味着离目标又近了一步。

C(Check)：检查、核查，即查。

制定的措施是否有效，必须回头看，回头看就是一个反思的过程。认真检查原先制定的计划是否有偏差，检查措施是否被不折不扣地执行。对于检查发现的问题或者存在的偏差需要及时修正。古人推崇的"三省吾身"，说的是这个道理。

A(Act)：处置、行动，即动。

对于检查发现的问题或者存在的偏差，要及时"动"起来。不采取行动，意味着偏差会越来越大，也意味着距离既定的目标会越来越远。我们可能有这样的经验，开始是一个小小的错误，没有及时去纠正，后面就变成一个大问题，无法控制。千里之堤，毁于蚁穴，不得不小心。

上述两种解决问题的方法，很实用。个人认为，PDCA 是简缩版，而 DMAIC 则像精装版。这些方法，不但要学习，要记忆，还要尽可能去使用，这样才能在需要时应用自如。其实这两种方法，不仅可以用在工作中，还可以应用于生活和学习中。

8.3　如何寻求问题的答案，并做持续改进？

8.3.1　如何寻求问题的答案？

不论在学习、生活还是工作中，我们经常会遇到很多疑问，如何找到这些问题的答案呢？建议通过以下几种方式解决。

(1) 自己思考

这是非常关键的。不论遇到什么问题，首先，要静下心来仔细想想，这个问题有没有经历过？以前有没有碰到过类似的问题？如果有，是怎么解决的？这些思考对解决问题很有帮助。

(2) 查找专业书籍

书是知识的海洋，书上的知识往往是作者几年甚至数十年的沉淀，特别是经典著作，能把你带入另一个境界，可以把你的人生提高到另一个高度。在学习、工作和生活中，甚至精神上存在疑问，可以从书中寻求答案。这里面的答案，应该是最经济实惠、最值得信任的。专业书能给你专业的解答。

(3) 网络搜索引擎

科技改变生活，科技让各种事情都变得很简单。不用调焦，用手机就可以拍出专业的照片；不用 Photoshop，也可以做出漂亮的美图；不用出门，能购买到你想要的东西；不用动脑，用网络搜索工具可以找到问题的答案。但也要注意，我们不能完全依靠网络，对已经给定的答案，应该三思而后行。一定要想想，为什么是这样？当初为什么没有想到，是否还有不一样的答案，以扩充自己的知识面。

(4) 同事朋友帮忙

"一个好汉三个帮，一个篱笆三个桩。"人在这个世界，总会和这样的人、那样的事发生各种联系，身边离不开亲朋好友。因此，在我们遇到困难、自己无法解决的时候，会得到他们的帮助。很多时候，正是因为他们的帮助，克服一个又一个的困难，让我们发展成长。向朋友同事寻求帮助，可以节省时间，还能在沟通的过程中增进彼此的了解。"不耻下问"这个词流传到今，有它深刻的道理。

(5) 获得老师帮助

既然称为"老师"，那就说明，他或者她在某一方面比我们强，可以给我们指导和帮助。在工作中，会碰见各种难题，老师往往可以从专业的角度给出建设性的意见。当然，在征求老师意见之前，必须做足功课。自己已经想了，但是想不出来；在网上寻找答案，但是答案不能解决问题；寻求过亲朋好友同事的帮助，但是没有到达想要的效果。建议此时才寻求老师的帮助。当然，老师也许只是指点方向，具体该怎么做还需要自己去领悟。"师傅领进门，修行靠个人"，说的是这个道理。

综上所述，当遇到困难或者出现问题，自己不能解决的时候，先要自己努力去思考，可以结合书本知识，实在想不出来可以问问身边的亲朋好友，然后在网上查阅答案，最后还是不满意，再请教老师。只有通过这个过程，才会进步更快，同时又能掌握各种寻求知识的技能。

8.3.2 持续改进应从哪几个方面着手？

有人计算过：如果每天进步1%，365天之后就变成了原先的37.8倍；如果每天退步1%，365天之后就变成了原先的0.03。这印证了《增广贤文》里面的一句话："学如逆水行舟，不进则退"，也很好地诠释了"持续改进"这个概念。

那么，站在质量管理的角度，该如何做持续改进呢？个人认为应该考虑以下五个方面。

(1) 重视顾客投诉和反馈

客户为什么要投诉？说明在某一方面或多或少存在问题，如果重视这些问题并从中去查找原因，也许会有发现。如果不重视，不去调查研究，将来客户会转而寻找其他供应商。有时不是投诉，因为产品质量或者服务并不存在问题，而是客户的一些反馈，作为有心人，可以从中发现一些改进的地方，提高产品的质量或者研发出新产品，以满足更多客户的需求。

(2) 审核发现的问题

审核就是参照标准去发现不符合之处。不符合项，就是问题，就是可以改进的地方。这个审核不局限于内部审核（第一方），还包括所有的外部审核（第二方客户审核和以获证为目的的第三方审核），同时，也应该包括来自政府机构的法规部门的检查。这里特别需要关注客户审核。现在越来越多的客户把自己的供应商当成自己的前道车间来管理，尽其所能帮助供应商去发现潜在的问题，然后帮助供应商一起去做改进，而且不需要供应商承担任何的审核或者咨询费用。不能说是"大公无私"，但是反映出客户对产品质量的持续追求。

如果能对审核发现的问题做到举一反三，那么可以改进的地方更多。将发现的所有问题列入问题清单，明确责任人和完成时限并及时跟踪，同时定期进行统计分析，直接纳入各部门的绩效考核。持续下去，相信问题会越来越少。从另外一个角度来看，也是一种持续改进。

(3) 深究不合格的产品或者过程

为什么会出现不合格？我们需要去深究。通过对不合格的原因进行调查和研究，一定可以发现很多以前做得不到位、需要改进的地方。有些地方，也许以前不太重视，也许有些地方被忽略，也许有些地方习惯成自然，这都是问题，需要各个击破。其实，在追求卓越的路上，就是发现一个问题解决一个问题，不断完善、不断自我修正的过程。如果对于出现的不合格置之不理，或者听之任之，问题会越积越多，越变越大，最后导致不可控。

(4) 善用过程能力指标

不论是生产过程，还是中间品，或产成品，经常会检测很多指标，获得很多数据。这么多的数据，能够为我所用吗？我们能够从这些"死沉沉"的数字中看出什么端倪，发现一些趋势吗？这就是过程能力指标（C_{pk}）可以解决的问题。通过运用 SPC 统计技术，对错综复杂的过程数据进行分析，算出 C_{pk}，看看过程能力到底如何。如果 $C_{pk} \geqslant 1.33$，表示过程能力稳定；反之，说明过程能力一般，特别是当 $C_{pk} < 0.87$ 时，必须调查，找到原因，寻求改进。

(5) 审核供应商

一些企业会认为供应商都比自己做得差，其实并非如此。供应商能给你供货，并立足于社会，说明它在某一方面一定有点"本事"。我们可以从供应商那里学到一些方法，获得一些经验。有时候即使是负面的，也可以从中得到一些教训。因此，在日常的管理中，对于供应商出现的问题，需要查看自己是不是也存在同样的不足。要尽可能去审核自己的供应商，学习它们做得好的地方，避免它们犯的一些错误。这是持续改进的一个重要方面，不可忽视。

8.4 如何让数据说话？

在产品生产过程中会有很多质量控制点，需要控制并记录制造过程中的工艺参数，同时需要对原料、半成品和成品的质量指标进行检测，这样将获得大量的数据。如何对这些数据进行统计分析，让它们说话，这是一项重要工作。

如何分析？有人会想到旧 QC 七大手法：检查表、层别法、柏拉图、因果图、散布图、直方图和控制图；以及新 QC 七大手法：关联图、系统图、亲和图、矩阵图、过程决策程序图（PDPC）、矩阵数据分析图和箭条图。现在，更有 Minitab 软件帮助绘制各种图形，以更好地进行质量统计分析。其实，个人觉得，食品行业属于传统制造业，质量控制过程还远远没有达到需要用如此高深的工具进行统计分析的水平。然而，对于一些简单且有用的质量数据统计工具必须要熟练掌握并经常使用。

以下分享几种简单、有效且增值的统计过程控制（SPC）图。

(1) 柱状图

柱状图是一种以长方形的长度为变量的统计报告图，由一系列高度不等的纵向条纹表示数据分布的情况，用来比较两个或以上的价值（不同时间或者不同条件），如图 28。这类图很常见，也很简单，但是我们在绘制的时候一定要清楚自己想要表达什么，哪些信息需要体现出来，哪些信息可以隐藏等。柱状图还可以使用双纵坐标以表示不同的比较项目。目前，各种软件绘制包括柱状图在内的各种图形已经相当简单，而且形式多样，可以根据各人喜好以及面对的受众加以选择。

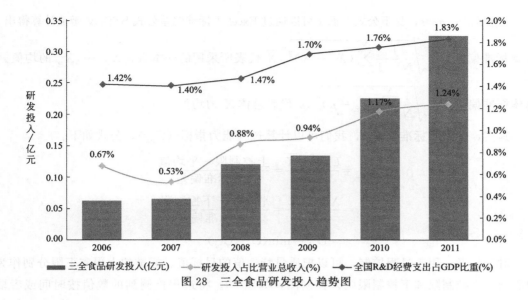

图 28　三全食品研发投入趋势图

（2）控制图

控制图，也叫管制图，是用来分析和判断过程是否处于稳定状态并带有控制界限的图形。ISO 9004-4：1993 对控制图有这样的说明："控制图是用于区分异常或异常原因所引起的波动和过程所固有的随机波动的一种统计工具"。这句话因为是标准条款比较难以理解，个人还是更喜欢百度百科上的定义："控制图就是对生产过程的关键质量特性值进行测定、记录、评估并监测过程是否处于控制状态的一种图形方法"。

控制图既可以用于对已经获取的数据进行分析，也可以用于过程控制。

对于前者，为随着时间获取的质量特性值，可以将这些数值分别布点在控制图上，看看它们是否在标准控制上限和下限之间，并呈现出正态分布。同时，我们也可以根据获得的数据得出质量特性值的控制范围：平均值可以设为目标值，即中心线（CL）；上控制限（UCL）为"平均值+3σ"；下控制限（LCL）为"平均值-3σ"，如图 29。

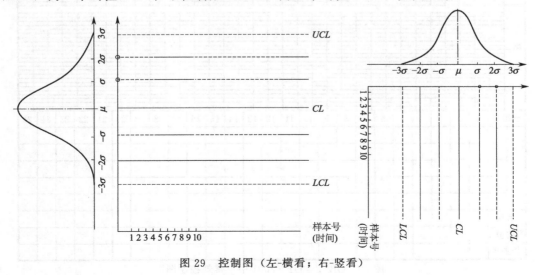

图 29　控制图（左-横看；右-竖看）

一般说来，$\sigma \approx s$，见下公式，而 s 可以通过 Excel 中标准偏差公式 STDEV 函数计算得出。

样本标准偏差 $s = \sqrt{\dfrac{1}{N-1}\sum\limits_{i=1}^{N}(X_i-\overline{X})^2}$，$\overline{X}$ 代表所采用的样本 $X_1, X_2, \cdots, X_n$ 的均值。

总体标准偏差 $\sigma = \sqrt{\dfrac{1}{N}\sum\limits_{i=1}^{N}(X_i-\mu)^2}$，$\mu$ 代表总体 X 的均值。

其实，知道了标准偏差 s，我们可以计算过程能力指标（C_{pk}），公式如下：

$$C_{pu} = \dfrac{UCL - \overline{X}}{3s} = \dfrac{上控制限 - 平均值}{3 \times 标准偏差}$$

$$C_{pl} = \dfrac{\overline{X} - LCL}{3s} = \dfrac{平均值 - 下控制限}{3 \times 标准偏差}$$

$$C_{pk} = \min(C_{pu}, C_{pl})$$

对于后者，用于过程控制，可以把质量特性值的目标值、标准的上限和下限分别作为中心线、上控制限和下控制限画入控制图，如图 30。将过程检测到的数值按时间或者取样的次序依次填入对应的点。这些点是否超出范围（即上下限），一目了然，非常直观。

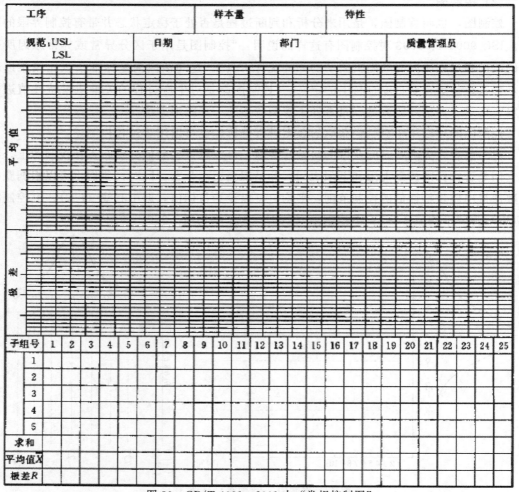

图 30　GB/T 4091—2001 中"常规控制图"

(3) 帕累托图

帕累托图,也被称为柏拉图、排列图(主次因素排列图),是一种按发生频率排序的特殊直方图,如图31。其核心就是二八法则,即80%的问题是由20%的原因所造成的。通过帕累托图,我们可以从纷繁复杂的原因中找到占主导作用的少数原因,然后再有针对性地制定措施,这样不至于浪费人力、物力和财力。

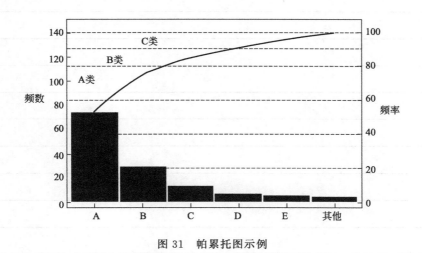

图31 帕累托图示例

(4) 特性要因图

特性要因图,也称因果图、鱼骨图,通过头脑风暴、集思广益,从造成结果的各个方面(一般说来是人机料法环等五个方面)去查找问题出现的原因,然后逐个分析,找出关键原因并制定对策,如图32。这种方法层次分明,条理清楚,因此经常被使用。

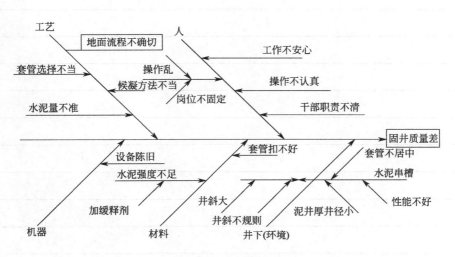

图32 特性要因图示例

好记性不如烂笔头！发现好东西，立马记下来！

随心所感（8）：_____

第9章
符合法律法规要求

产品要满足相关法律法规的要求,这是必须做到的。不局限于终产品,也包括生产加工过程。

9.1 食品销售包装上打印的生产日期,应注意什么?

对于食品,涉及日期的法律法规主要有:

[1] 2018年12月29日起施行的《中华人民共和国食品安全法》;

[2] 2012年4月20日颁布实施的《食品安全国家标准 预包装食品标签通则》(GB 7718—2011);

[3] 2014年2月26日原国家卫生和计划生育委员会公布的《预包装食品标签通则》(GB 7718—2011)问答(修订版);

[4] 2014年1月出版的GB 7718—2011《食品安全国家标准 预包装食品标签通则》实施指南。

食品生产日期如实打印非常重要,下面对日期打印几个注意事项进行说明。

(1) 生产日期打印必须清晰、正确、完整

《食品安全国家标准 预包装食品标签通则》(GB 7718—2011) 4.1.7.1规定"应清晰标识预包装食品的生产日期和保质期。"这是法规方面的要求,作为生产企业,还应加上两个词,变成了清晰、正确、完整。首先,我们应该检查打印的日期是否清晰、容易辨认?特别是当有些食品的销售包装比较花哨的时候,例如,日期的黑色油墨打印在蓝色或者黑色的包装底色上往往很难看清楚。然后,应该检查打印的日期是否正确?打印的是不是生产当天的日期?上面提及的《食品安全国家标准 预包装食品标签通则》是这样定义"生产日期(制造日期)":食品成为最终产品的日期,也包括包装或灌装日期,即将食品装入(灌入)包装物或容器中,形成最终销售单元的日期。生产日期,切勿早产。最后,要检查打印的日期是否完整。现在很多日期打印采用线条喷码的方式,比如把日期喷在饮料瓶盖上,打印的日期经常缺胳膊少腿,很难辨认。对企业来讲,是一种风险,更是一种对品牌不负责任的行为。

(2) 打印的日期建议加注保质期限

不得不说,《食品安全国家标准 预包装食品标签通则》(GB 7718—2011)规定的日期打印五花八门,几乎能想到的标准都帮你考虑到了,如图33。看起来是好事,但多了就复杂，多了就容易混乱。

```
C.3 日期的标示
    日期中年、月、日可用空格、斜线、连字符、句点等符号分隔，或不用分隔符。年代号一般应标示4
位数字，小包装食品也可以标示2位数字。月、日应标示2位数字。
    日期的标示可以有如下形式：
2010年3月20日；
2010 03 20；  2010/03/20；  20100320；
20日3月2010年；3月20日2010年；
（月/日/年）：03 20 2010；  03/20/2010；  03202010。
C.4 保质期的标示
    保质期可以有如下标示形式：
最好在……之前食（饮）用；    ……之前食（饮）用最佳；    ……之前最佳；
此日期前最佳……；    此日期前食（饮）用最佳……；
保质期（至）……；保质期××个月（或××日，或××天，或××周，或×年）。
```

图 33 GB 7718—2011 附录 C

还有保质期，更是如此。有标注几天的、几日的、几个月的、几年的，甚至还有标注几周的，在购买或食用时需要用手机上的计算器计算。如果某食品的保质期是18周，18乘以7，得到保质期限，加上生产日期，估计要算半天。

从日期的打印方式上，往往可以看出企业是否重视产品质量，有没有真正把消费者放在第一位。个人认为，本着简单有效的原则，日期可打印成8位数，4位数代表年份，月日各占2位，中间没有必要用其他文字符号隔开；同时，再打印上"保质期至"或者"此日期前最佳"。以某公司2017年1月10日生产的蛋糕保质期10个月为例，生产日期打印成：20170110；"保质期至"或者"此日期前最佳"打印成：20171109。需要注意的是，有些公司会在日期旁边加上生产工厂、班次、班组、产品，甚至机器设备代码等作为追溯记录。强烈建议，将这些追溯字符加在日期的后面并与日期隔开至少一个字符的宽度。同时最靠近日期的第一个字符应为英文字母，这样不至于混淆。

为了保证日期打印格式不出错，建议在标签上注明打印的要求，是年月日、日月年，还是月日年，这样方便消费者辨认。年可以用英文"Year"中的第一个字母"Y"来表示，月（Month）用"M"、日（Day）用"D"来代替。例如，"生产日期（年月日〈YYYYMMDD〉）"就表示日期的格式为20170803（以2017年8月3日为例）；"生产日期（月日年〈MMDDYY〉）"则应打印成080317，表示2017年8月3日生产。

（3）打印的日期字符高度应该不小于1.8mm

在《预包装食品标签通则》（GB 7718—2011）问答（修订版）中明确提到这一点，中文字高应大于等于1.8mm，kg、ml等单位或其他强制标识字符应按其中的大写字母或"k、f、l"等小写字母判断是否大于等于1.8mm。因此，1.8mm成为一个字符高度是否合格的临界点，必须要牢记。看起来，日期打印得越大越好，但是，字符打得越大，成本越高，一定程度上也影响产品外观。

9.2 如何严格管理成品标签？

成品标签就是我们常说的标签，它相当于产品的"身份证"，用错或者打印错误都可能对消费者产生严重影响，对公司造成难以估量的损失，特别是生产食品配料的公司。因为有放大效应，某公司生产的一箱产品，到了客户那里就变成了100箱成品，到最终消费者那里可能涉及成千上万箱产品。一旦标签出现问题，产生的负面影响将是巨大的，因此，从标签的打印到最终标签的张贴和报废都必须严格管控。

(1) 标签的设计

标签的设计不仅要考虑产品销往区域的法律法规要求，还要能满足客户的特定要求。标签面对的是使用者或消费者，通过标签，他们可以获得想要的关键信息，例如产品名称、配料表、净含量、生产者和（或）经销者的名称、地址和联系方式、生产日期和保质期、批号、储存条件和执行标准等。这些信息对于使用者，特别是终端消费者，是非常有用的。这也是为什么在我国现行《食品安全法》中明确规定"进口的预包装食品、食品添加剂应当有中文标签"的原因。在我国，《食品安全国家标准　预包装食品标签通则》（GB 7718—2011）对直接提供给消费者的预包装食品标签和非直接提供给消费者的预包装食品标签有详细要求。也就是说，不论是直接针对终端消费者的食品，还是提供给食品加工企业的食品和食品添加剂，都必须满足此国家标准要求。

产品标签的设计是一件非常严肃且要求极高的事情，因为需要考虑诸多方面的问题。如果有可能，建议得到客户的确认，以避免后续出现不能满足法规要求的情况。即便如此，也难免百密一疏，因此，在我国现行《食品安全法》中也特别指出，对"食品的标签、说明书存在不影响食品安全且不会对消费者造成误导的瑕疵的"，不会被要求赔偿。

(2) 标签的印刷或者打印

标签设计好了，接下来就要去印刷或者打印。有些公司因为标签用量大，采用批量印刷的方式，在包装需要使用时只需打印生产日期和批号等少量信息；有些公司因为用量少，采用打印机打印的方式。还有一些公司，虽然用量少，但是也将标签的印刷外包给第三方，让其提供标签的印刷或者打印服务。外包是一种好方式，但是与外包公司之间的沟通和衔接必须到位，以免出现纰漏。无论什么方式，都需要保证标签的质量。

(3) 标签的检验或者确认

标签印刷好后送到公司之前，或者标签打印好后准备下一步生产之前，必须检查或者确认。外部印刷的标签，由公司质量部负责包材质量的品管员进行检验，确认是否合格，是否满足当初设计的要求。很多时候，对于标签，都会有签样，品管员要做的事情就是看看到货的标签是否满足签样的要求。如果标签是由本公司生产或者仓管人员打印，同样需要由质量部人员确认；如果标签由质量部人员打印，必须由质量部的另外一个人进行确认，以保证标签的正确性。

（4）标签的张贴

标签经过检验合格，生产人员就可以领用了。需要注意的是，标签管理的每一个步骤都必须建立真实的记录，包括入库数量、抽样数量、领用数量、张贴数量以及后面提及的报废和销毁的数量。在张贴之前，如果标签是印刷了但还没有打印生产日期、保质期以及批号的，在包装时要把这些信息打印好。打印完成之后，仍然需要得到品管员的确认，确认打印得是否清晰、正确、完整。在张贴时，可能有张贴不到位需要撕掉重新张贴的，或者在张贴时破损需要更换的，那么，这些破损的标签必须实行"以旧换新"，换句话说，必须把破损的标签拿回来才能换新标签，同时要给予记录。

这里有一个非常好的做法，每次打印的标签，都随生产记录留样一份，不同的客户不同的规格全都留样一份。这样做的目的，是为了万一今后出现问题，有证据可查。

（5）标签的报废或者销毁

对于报废的标签，如何处理？随便扔掉？不行！随便划掉？也不行！报废的每一张标签都要记录，而且数量应等于领用的数量减去使用的数量。换言之，标签的物料平衡必须100%。如果报废，最好用碎纸机或者放在锅炉里面烧掉，也可用剪刀剪成碎片，但要保证标签上的关键信息，例如产品名称、生产日期和批号不再是完整的。而且，标签在报废或销毁时，必须要有见证人——监销人（监督销毁人）在现场，以确保那些报废的标签确实被销毁了，不会再进入到正常的产品包装上。销毁完成之后，销毁人和监销人必须同时在记录上签字。

一些公司经常是在一定时间后，也就是作废标签达到一定数量后再行销毁。个人建议是每批销毁一次，至少保证每天销毁一次。不要堆积，堆积过多，或者时间过长，往往容易出错。

9.3　与法规部门来往需要注意什么？

这里说的法规部门，一般指的是监管机构。不论从事什么行业，都能找到对应的监管部门，作为食品企业，最直接的监管部门是市场监督管理局，与他们来往，该注意哪些方面呢？

（1）必须建立迎接法规部门检查的书面程序

和监管部门打交道是一件很严肃的事情，如果与监管部门合作不好，将给企业正常运营带来一定的影响，一些大企业或外资企业一般都会设"合规部"，它们希望通过专业的交流，避免法律法规方面的风险。

为了规避风险，确保不会因为法规部门的检查而对企业的正常生产，甚至对客户的产品造成影响，必须建立迎接法规部门检查的程序。程序应该明确规定有关事项。首先，需要识别可能会遇到的法规监管部门；其次，这些监管机构到达企业之后，应由谁去接待，由谁来回答问题；接着，如果监管机构需要取样，样品由谁来操作，取样多少，是否需要备份，或者需要提供资料，必须经过谁复核才能对外提供；最后，如果需要企业提供整改方案，也必须经由企业授权人员同意后方可提供。上述这些，都必须在程序里清清楚楚地写下来,并尽可能详细。

编制好程序,才是第一步,最重要的是第二步:对相关人员进行培训。第一次不达标,必须进行第二次、第三次,直到对这个程序很清楚为止。如果条件允许,可以适当做几次演练,看大家能否按照既定的要求进行应对。如果有问题,必须再次修正,并重新培训。

(2) 若被抽样,需先扣留该批次产品并告知客户

监管机构经常会要求企业作随机抽样,并送到第三方检测机构进行检测,以确定产品是否满足标签上指定标准的要求。如果产品被抽样?该做什么?第一,抽样之后,应在被抽样的产品中再取样一份,并按照标准要求去检测,看看是否有问题;第二,因为送到第三方检测需要一定的时间,不可能很快拿到最终的检测报告,因此,需要对被抽样批次的产品进行隔离;第三,如果这批次产品是为某客户定制或者正要发给指定的某客户,必须通知到这个客户,告知产品被监管机构抽样,暂时发不了货,需要收到检测报告并确认检测结果合格才可以正常发货。这样做的目的,是为了防止如果抽样检测结果不合格,需要销毁或者召回此批次产品。

(3) 必须永久保存法规部门检查的书面记录

监管机构检查之后,一般都会留有一式几联的记录。切记,一定要保存好这些记录,包括后续的产品检测报告。如果监管机构确实没有提供记录,建议企业尽可能生成一些相关的记录,例如,什么时候到达工厂、什么机构、来者是谁、去了哪些区域抽样、抽了什么样品、哪个批号等。有些客户审核时,也会查阅这些记录,他们会特别关注法规部门检查发现的问题是不是都已经解决了。如果不能符合法规的要求,对客户来讲,就意味着原料的供应商存在风险。

好记性不如烂笔头！发现好东西，立马记下来！

随心所感（9）：

第 10 章
特殊要求

过敏原和转基因,两个不一样的概念放在一起,似乎没有太多的关联,前者考虑了少数人的诉求,后者却是大众关注的焦点。

10.1 过敏原管理

随着食品工业的迅猛发展,食品的花样变得越来越多,人们可以选择的余地也越来越大,但是有一类威胁也正在悄悄地影响人们的生活,有时候会让人出现各种不适,严重者夺走生命,这就是食品过敏。

10.1.1 什么是过敏原?

过敏原,标准中称之为"致敏原",《预包装食品中的致敏原成分》(GB/T 23779—2009)将其定义为"能够诱发机体发生过敏反应的抗原物质"。换言之,过敏原就是能引起过敏或过敏反应的物质。过敏原有可能是食品,也有可能是非食品。生活中最常见的三种过敏原:花粉、果仁和尘螨,只有一类属于食品。

那什么是"食品过敏原"呢?同样根据 GB/T 23779—2009 定义,指的是"普通食品中正常存在的天然或人工添加物质,被过敏体质人群消耗后能够诱发过敏反应"。我们这里讲的过敏原,指的是食品过敏原。

有些人经常会把"过敏原"写成"过敏源",这是不对的。其实,过敏原和过敏源是两个概念。过敏原的英文是"allergen",其中的后缀"-gen"(原)一般表示物体或状态产生的动因,类似的英文单词还有 antigen(抗原)、pathogen(病原〈体〉)。而过敏源对应的英文是"source of allergy",即表示过敏出现的源头,比如,对花生过敏,那么花生是过敏原,而含有花生的食物则是过敏源。

食品过敏轻度者,会出现皮疹、起痒、呼吸急促、咳嗽、心率改变、恶心呕吐、难以下咽和说话困难等症状;中度者,出现咽喉和舌头干燥、腹部痛性痉挛、胃胀、腹泻、虚脱、呕吐和神志不清等症状;严重的可引起死亡。

10.1.2 过敏原管理为什么很重要?

2004 年 8 月 2 日,美国 FDA 颁布了《2004 年食品过敏原标识和消费者保护法规》(Food Allergen Labeling and Consumer Protection Act of 2004,简称 FALCPA),并于

2006年1月1日起实施。该法规提到,"(1) it is estimated that—(A) approximately 2 percent of adults and about 5 percent of infants and young children in the United States suffer from food allergies; and (B) each year, roughly 30,000 individuals require emergency room treatment and 150 individuals die because of allergic reactions to food."(据估计:在美国,近2%的成年人和约5%的婴幼儿和青少年遭受食物过敏的困扰;每年大概有30000人需要进急诊室治疗,150人死于食品过敏反应。)而在英国,据报道每年大约有5000人由于过敏性反应住院,大概有10人死亡。过敏症状会影响到人的身体健康,严重的致人死亡,必须高度重视。

根据原国家质检总局官网2015年1月22日转载的消息称,美国农业部总结发现,2014年美国因过敏原召回事件大幅上升,占到了总比例的将近一半。我们经常可以见到食品因为过敏原标识不到位而被监管机构要求召回的案例。

2008年7月2日,雀巢宣布召回一批为8个月以上婴儿制作的罐头食品——番茄牛肉罐头,该产品的配料中含有硬麦糊,而罐头的标签上却错误地标注了"不含谷蛋白"字样,这可能会给那些对谷蛋白过敏的婴儿带来危害。

2015年3月4日,据中国新闻网报道,澳新食品标准局(FSANZ)官网发布消息称TEK SHING TRADING PTY公司宣布将召回新州亚洲超市的一款辣酱,因产品并未申报含有花生成分,包装也未标明,对花生过敏的购买者食用后,可能会发生严重过敏反应。

10.1.3 欧盟、美国和中国对食品过敏原的界定

由于种族和饮食习惯的不同,各个国家对过敏原的界定也有差别。据2008年4月8日的《中国医药报》报道,危及生命的过敏反应中有20%是由花生引起的。因此对花生过敏原的控制是重中之重。

(1) 欧盟指令 2007/68/EC

该指令2007年11月27日发布,列出了14大类过敏原,见表21。该指令对有些过敏原进行了细分或者排除,例如第1、4、6、7、8类过敏原。

表21 欧盟指令2007/68/EC过敏原清单

序号	英文(原版)	中文(翻译)
1	Cereals containing gluten(i.e. wheat, rye, barley, oats, spelt, kamut or their hybridised strains) and products thereof.	含有麸质的谷物及其制品(例如:小麦、黑麦、大麦、燕麦、斯佩耳特小麦、卡姆小麦或其杂交品系)
2	Crustaceans and products thereof.	甲壳纲(动物)及其制品
3	Eggs and products thereof.	鸡蛋及其制品
4	Fish and products thereof.	鱼及其制品
5	Peanuts and products thereof.	花生及其制品
6	Soybeans and products thereof.	大豆及其制品
7	Mike and products thereof(including lactose).	牛奶及其制品(包括乳糖)
8	Nuts, i.e. almonds(Amygdalus communis L.), hazelnuts (Corylus avellana), walnuts(Juglans regia), cashews(Anacardium occidentale), pecan nuts [Carya illinoiesis (Wangenh.) K. Koch], Brazil nuts (Bertholletia excelsa), pistachio nuts(Pistacia vera), macadamia nuts and Queensland nuts(Macadamia ternifolia), and products thereof.	坚果及其制品(例如:杏仁、榛子、胡桃、腰果、美洲山核桃、巴西坚果、阿月浑子果、澳洲坚果和昆士兰坚果)

续表

序号	英文(原版)	中文(翻译)
9	Celery and products thereof.	芹菜及其制品
10	Mustard and products thereof.	芥末及其制品
11	Sesame seeds and products thereof.	芝麻及其制品
12	Sulphur dioxide and sulphites at concentrations of more than 10mg/kg or 10mg/litre expressed as SO_2.	浓度超过10mg/kg或10mg/L的二氧化硫和亚硫酸盐以SO_2计。
13	Lupin and products thereof.	羽扇豆及其制品
14	Molluscs and products thereof.	软体动物及其制品

这份过敏原清单，品类最多，也是最全的。

(2) 美国 FALCPA

FALCPA，即《2004年食品过敏原标识和消费者保护法规》，其中的"主要食物过敏原"(major food allergen，占食品过敏的90%)有八大类，见表22。

表22　美国 FALCPA 过敏原清单

序号	英文(原版)	中文(翻译)	备注
1	milk	牛奶	
2	egg	蛋	
3	fish(e.g., bass, flounder, or cod)	鱼类(如，鲈鱼、比目鱼或鳕鱼)	必须标注具体的食品名称
4	Crustacean shellfish (e.g., crab, lobster, or shrimp)	甲壳贝类(如，蟹、龙虾或虾)	必须标注具体的食品名称
5	tree nuts (e.g., almonds, pecans, or walnuts)	树坚果类(如，杏仁、美洲山核桃或胡桃)	必须标注具体的食品名称
6	wheat	小麦	
7	peanuts	花生	
8	soybeans	大豆	

(3) 中国 GB 7718—2011

我国的食品安全国家标准《预包装食品标签通则》(GB 7718—2011)也规定了八大类致敏物质，如图34。

4.4.3 致敏物质

4.4.3.1 以下食品及其制品可能导致过敏反应，如果用作配料，宜在配料表中使用易辨识的名称，或在配料表邻近位置加以提示：

　　a) 含有麸质的谷物及其制品（如小麦、黑麦、大麦、燕麦、斯佩耳特小麦或它们的杂交品系）；
　　b) 甲壳纲类动物及其制品（如虾、龙虾、蟹等）；
　　c) 鱼类及其制品；
　　d) 蛋类及其制品；
　　e) 花生及其制品；
　　f) 大豆及其制品；
　　g) 乳及乳制品（包括乳糖）；
　　h) 坚果及其果仁类制品。

4.4.3.2 加工过程中可能带入上述食品或其制品，宜在配料表临近位置加以提示。

图34　中国 GB 7718—2011 过敏原清单

该标准上的过敏原清单与《预包装食品中的致敏原成分》(GB/T 23779—2009)完全一致，都是在1999年国际食品法典委员会(CAC)第23次会议公布的常见致敏食品清单中去掉了"亚硫酸盐"。虽然《预包装食品标签通则》(GB 7718—2011)是国家强制标准，但是对过敏原的标识却是推荐性的，换一句话说，可标注也可不标注，只是"鼓励企业自愿标识以提示消费者，有效履行社会责任"。

需要注意的是，随着饮食结构的调整，在我们周围对某些特定食品，例如牛奶、鸡蛋和坚果等有过敏症状的人越来越多；随着国际交流的日趋频繁，进入我国的外籍友人越来越多，他们中的一些人对某些特定食品容易过敏。虽然我国当前的法规没有对食品过敏原标识作出强制要求，但相信在不久的将来，监管机构必定会出台相关的管理规定。作为一个企业，一个负责任的企业，现在就应该行动起来，去关注过敏原，去采取适当的措施控制过敏原，以防止其对消费者的身体健康造成危害。

(4) 北京 DB11/Z 521—2008

在我国，当有大型运动会的时候，会有不少世界各地的运动员、教练员和其他服务人员来到中国，因饮食习惯不同，需关注过敏原。例如，在北京举办第29届奥运会时，北京发布了地方标准——北京市标准化指导性技术文件《奥运会食品安全食品过敏原标识标注》(DB11/Z 521—2008，2008年3月28日发布，如图35)。2009年，广州市发布其地方标准——广州市地方技术规范《亚运会食品安全食品过敏原标识标注》(DBJ440100/T 28—2009，2009年5月22日发布)，针对的是2010年11月12日至27日在广州举办的第16届亚洲运动会和2010年12月12日至19日在广州举办的第10届亚洲残疾人运动会。

5.2.3 以下配料可能导致过敏反应，应始终对这些配料加以标示：
——含有谷蛋白的谷物（小麦、面筋、荞麦、黑麦、燕麦、斯佩耳特小麦或它们的杂交品系及其产品）；
——甲壳类、贝类动物及其产品（虾、蟹、蛤、牡蛎、扇贝等）；
——蛋类及蛋类产品（鸡蛋，鸡蛋清，鸡蛋黄等）；
——鱼类及鱼类产品、海产品（鳕鱼、金枪鱼、三文鱼、鱿鱼等）；
——花生、大豆、芝麻及其产品；
——乳及乳制品（牛奶、奶酪、奶油等）；
——木本坚果及坚果类产品（榛子、开心果、腰果、核桃、杏仁等）；
——蔬菜、水果、食用菌（芹菜、胡萝卜、扁豆、豆芽、苹果、猕猴桃、草莓、桃、桔子、芒果、荔枝、桂圆、红毛丹、蘑菇等）；
——调料（味精、芥末、咖喱、黑胡椒、辣椒、花椒、小茴香、孜然等）；
——10mg/kg或更高浓度的浓缩亚硫酸盐。
5.3 在加工过程中可能带入的花生、鸡蛋、虾、牛奶、坚果、鱼、贝类、大豆和小麦也应提示。

图35 北京 DB11/Z 521—2008 过敏原清单

10.1.4 针对过敏原，个人和企业该怎么做？

(1) 个人

一般说来，食品过敏主要受两方面因素影响：遗传和个人体质。

据2008年4月8日《中国医药报》报道，父母中一方有过敏性疾病，其子女食物过敏患病率为 30%～40%；若父母双方均患有过敏性疾病，其子女患病率则高达 60%～80%。

最后，要学会辨识过敏原。如果在食用某种食物后经常出现皮疹、起痒、呼吸急促、咳嗽、恶心、呕吐等过敏症状，建议到医院做一个过敏原筛查；如果已经清楚对哪些食物存在过敏反应，在食用前，甚至购买前，通过食品包装的标签，去选择不含有让自己产生过敏反应的食品。

(2) 企业

对食品过敏原的控制是一种必然趋势，作为食品生产企业必须尽早行动，把工厂范围内出现的过敏原评估好、标识好、管理好。建议从以下几个方面管理过敏原。

① 对供应商做过敏原问卷调查并出具声明　对于供应商提供的原物料，你也许不知道它是用什么原材料通过什么方法制造出来的，更不知道它用到的物料里面有没有特定的过敏原成分，所以，需要对供应商做问卷调查。这个问卷调查不局限于你要采购的某一种原料，而应该涵盖供应商的整个厂区，包括生产区和仓储区。只有获得了这些详细的信息，才能判断自己所用的原料是否含有特定的过敏原，继而判定自己加工后的产品有没有类似的过敏原。

仅做问卷调查还不够，供应商还需要提供过敏原的声明，该声明应具有法律效力，这样做是让供应商能够真正重视过敏原。

② 仓储和生产过程中对过敏原做好标识，工器具应专用　如果仓库接收了含有过敏原的物料，怎么办？首先，与正常的物料分开存放，确保不会出现交叉污染。其次，要做好标识，告诉他人这是含有什么过敏原的物料。对于生产过程也是如此，隔离并标识。

需要注意的是，用于过敏原存放区域清洁的工器具，例如扫把、抹布等，也需要存放在指定区域并通过颜色标识做到专用。

此外，要对对应岗位员工定期进行过敏原知识的培训，让他们知道什么是过敏原，过敏原会带来怎样的健康危害以及在自己的工作区域如何管控好过敏原。

③ 生产时需要考虑过敏原产品加工的先后顺序　当有过敏原的产品在生产时，需要考虑生产顺序，防止对产品造成交叉污染。如果可能，最好是专线专用，这样生产线之间特定的过敏原不会有交叉。如果不能做到专线专用，那么必须遵循过敏原从无到少再到多的顺序，也就是说要生产的下一个产品里面会包含有上一个产品所含的所有过敏原，最后一个产品的过敏原最多。最后一个生产环节结束后，若需要转到少过敏原的产品时，必须彻底清洁，也就是所谓的过敏原清洁。过敏原清洁需要更长的时间，因为需要清洁到生产设备的每一个角落、清洁工具的每一个部位，特别是犄角旮旯的地方，要保证不会有过敏原的残留。如果可能，还需要做过敏原的测试或者对过敏原深度清洁的有效性进行验证。

即使深度清洁，然后再做过敏原测试，也不能完全保证没有过敏原之间的交叉污染。因此，最保险的做法还是在产品标签上做好过敏原的标识，让顾客自己做出正确的选择。

④ 产品标签依法律法规要求做好过敏原标注　如果食品中含有过敏原，就需要告诉消费者，可以通过张贴或者印刷在产品包装上的文字来告知。如何标识，在原国家卫生和计划生育委员会 2014 年 2 月 26 日公布的《〈预包装食品标签通则〉(GB 7718—2011)问答(修订版)》第 62 条做了详细说明，如图 36。

> **六十二、关于致敏物质的标示**
>
> 食品中的某些原料或成分，被特定人群食用后会诱发过敏反应，有效的预防手段之一就是在食品标签中标示所含有或可能含有的食品致敏物质，以便提示有过敏史的消费者选择适合自己的食品。本标准参照国际食品法典标准列出了八类致敏物质，鼓励企业自愿标示以提示消费者，有效履行社会责任。八类致敏物质以外的其他致敏物质，生产者也可自行选择是否标示。具体标示形式由食品生产经营企业参照以下自主选择。
>
> 致敏物质可以选择在配料表中用易识别的配料名称直接标示，如：牛奶、鸡蛋粉、大豆磷脂等；也可以选择在邻近配料表的位置加以提示，如："含有……"等；对于配料中不含某种致敏物质，但同一车间或同一生产线上还生产含有该致敏物质的其他食品，使得致敏物质可能被带入该食品的情况，则可在邻近配料表的位置使用"可能含有……"、"可能含有微量……"、"本生产设备还加工含有……的食品"、"此生产线也加工含有……的食品"等方式标示致敏物质信息。

图 36　GB 7718—2011 问答（修订版）对过敏原标识的要求

标识涉及两种情况：第一是有意添加的过敏原，需要标注"含有……"，例如太平梳打芝麻口味饼干，标注的就是"过敏原信息：含有小麦、大麦和芝麻"，过敏原"小麦"来源于配料表中的"小麦粉"，过敏原"大麦"来源于配料表中的"麦精"，过敏原"芝麻"来源于配料表中的"芝麻"；第二是无意带入的，需要标注类似"可能含有"，例如在太平梳打奶盐口味饼干包装上标注的"此生产线也加工含有芝麻和蛋制品的产品"字样。

10.2 转基因控制

转基因，始于 20 世纪七八十年代。而今"转基因"争议不断，争论不休，在 2014 年被《科学美国人》中文版《环球科学》杂志评为年度十大科技热词之一。

10.2.1 关于转基因的几个概念

什么是转基因？转基因，一般指转基因技术，英文简称是 GM（Genetically Modified 的缩写），指将人工分离和修饰过的基因导入到目的生物体的基因组中，从而达到改造生物的目的。

什么是转基因生物？转基因生物，又称基因工程生物、现代生物技术生物，英文简称是 GMO（Genetically Modified Organism 的缩写），是指通过转基因技术改变基因组构成的生物。与之对应的是 Non-GMO，非转基因生物。

什么是转基因食品？是指利用基因工程技术改变基因组构成的动物、植物和微生物生产的食品和食品添加剂，包括三大类：转基因动植物、微生物产品；转基因动植物、微生物直接加工品；以转基因动植物、微生物或者其直接加工品为原料生产的食品和食品添加剂。

什么是农业转基因生物？根据《农业转基因生物安全管理条例》[据《国务院关于废止和修改部分行政法规的决定》（国务院令第 588 号）修改，2011 年 1 月 8 日发布施行]，指的是利用基因工程技术改变基因组构成，用于农业生产或者农产品加工的动植物、微生物及其产品，主要包括四大类：转基因动植物（含种子、种畜禽、水产苗种）和微生物；转基因动植物、微生物产品；转基因农产品的直接加工品；含有转基因动植物、微生物或者其产品成分的种子、种畜禽、水产苗种、农药、兽药、肥料和添加剂等产品。

根据《农业转基因生物标识管理办法》（2004年7月1日农业部令38号修订）规定，第一批实施标识管理的农业转基因生物目录有"5类17种"，包括转基因大豆、玉米、油菜、棉花、番茄五大类的种子及其直接加工制品，如图37。需要注意的是，我们生活中常见的小番茄、木瓜、豆腐和棉籽油等并没有纳入。

第一批实施标识管理的农业转基因生物目录

1、大豆种子、大豆、大豆粉、大豆油、豆粕

2、玉米种子、玉米、玉米油、玉米粉（含税号为11022000、11031300、11042300的玉米粉）

3、油菜种子、油菜籽、油菜籽油、油菜籽粕

4、棉花种子

5、番茄种子、鲜番茄、番茄酱

图37 《农业转基因生物标识管理办法》规定的第一批实施标识管理的农业转基因生物

10.2.2 食品企业如何管控转基因物料？

根据现行《农业转基因生物安全管理条例》，农业转基因生物安全是指"防范农业转基因生物对人类、动植物、微生物和生态环境构成的危险或者潜在风险。"关于转基因产品是否安全，人们一直争吵不休。对于转基因产品，世界各国也意见不一。有些国家支持转基因，有些国家则保持中立，处在观望中，还有些国家则旗帜鲜明地反对转基因。

作为一个企业，特别是负责任想持续发展的食品企业，应该通过什么积极措施来管控好转基因物料呢？个人认为，以下几个方面可以考虑。

（1）对供应商进行转基因问卷调查并出具声明

对于生产使用的原辅料，我们需要知道其来源，确定是否具有转基因的成分。对于一些大宗物料，比如大豆、玉米等，比较好判断，也会比较关注。但是，我们还需要特别注意一些辅料，例如发酵工序用到的发酵菌种，是否含有转基因成分。要想知道原辅料是否有转基因成分，可以咨询供应商。首先做问卷调查，看看是否在生产过程中用到含转基因成分的物料，仓储区域是否存放其他转基因的物料，然后出具声明，以表明是否含有转基因成分。如果有，要具体到哪些物料，并确定每隔多久做一次转基因检测。

（2）建立非转基因身份保持（IP）体系

2005年第2期《中国检验检疫》的文章《非转基因身份保持（IP）体系简介》是这样定义的：非转基因身份保持体系（Non-GM Identity Preservation Program，简称IP体系）是在非转基因产品生产供应链的过程中通过合理的控制措施，始终保持产品非转基因特性，保持产品完整追溯性记录，并通过检测对产品非转基因身份加以验证的生产管理系统。IP体系认证由第三方完成，证书有效期一般为一年。我们需要清楚的是，IP体系证书也并不是"尚方宝剑"，毕竟认证过程只是一个抽样监控的过程。

（3）对可疑原料和产品定期做转基因检测

根据转基因的定义，转基因是要把经修饰过的基因转移到某种特定生物体基因组中，

并使其有效表达。转基因生物中含有的经修饰过的基因成分（片段）通常不会在非转基因生物中发现，因此，此修饰过的基因成分（片段）可以作为检测是否为转基因的依据。目前，常见的转基因检测方法有两种：PCR 和 ELISA。

PCR 是指聚合酶链反应（Polymerase Chain Reaction），"一种通过扩增生物体内特殊 DNA 序列检测出转基因成分的酶反应"。ELISA 是"酶联免疫吸附测定"（Enzyme-linked Immunosorbent Assay）的简称，"一种可以灵敏地检测出样品中特异蛋白质的检测方法，依靠酶催化使颜色产生变化来测定样品中特异蛋白质的数量。"

通常，存在于物料中的转基因成分（片段）很难在后续的生产过程中去除，因此重在对原辅料的控制。如果在对原辅料进行转基因评估时发现了可能存在转基因成分，个人建议对此物料取样送第三方检测。如果确实含有转基因成分，可考虑更换供应商或者替换物料。如果无法实现更替，且后续过程不能去除，则需对最终的产品进行标识。对于加工后的成品也是如此，如果怀疑有转基因成分，建议取样做转基因检测，看看是否有转基因成分。若有，需要按照要求进行标识，让下道客户或者使用方知悉。

（4）产品标签依法律法规要求做好转基因标注

现行《食品标识管理规定》明确规定"属于转基因食品或者含法定转基因原料的"应当在其标识上标注中文说明。《预包装食品标签通则》（GB 7718—2011）第 4.1.11.2 条也要求"转基因食品的标识应符合相关法律、法规的规定。"在《农业转基因生物标识管理办法》第三条进一步给予明确，"在中华人民共和国境内销售列入农业转基因生物标识目录的农业转基因生物，必须遵守本办法。凡是列入标识管理目录并用于销售的农业转基因生物，应当进行标识；未标识和不按规定标识的，不得进口或销售。"同时，该法规对于如何标识，也给出了具体的要求。

好记性不如烂笔头！发现好东西，立马记下来！

随心所感（10）：

参 考 文 献

［1］ 詹姆斯·埃文斯，威廉·林赛. 质量管理与质量控制. 第7版. 焦叔斌主译. 北京：中国人民大学出版社，2010.
［2］ 苏秦. 现代质量管理学. 第2版. 北京：清华大学出版社，2013.
［3］ 王克娇. ISO 22000食品安全管理体系应用与实施. 北京：中国计量出版社，2011.
［4］ 张建华. 三全食品公司上市后的可持续发展研究［D］. 成都：四川大学，2012.
［5］ 王毓芳，肖诗唐. 供应商质量控制实用统计技术. 北京：中国计量出版社，2007.
［6］ 尼杰尔·希尔，约翰·布赖尔利，罗布·麦克杜格尔. 怎样测评客户满意度. 第2版. 陶春水，陶娅娜译. 北京：中国社会科学出版社，2007.
［7］ 陈国铭. 统计质量控制实用指南100例. 第二版. 北京：中国石化出版社，2009.